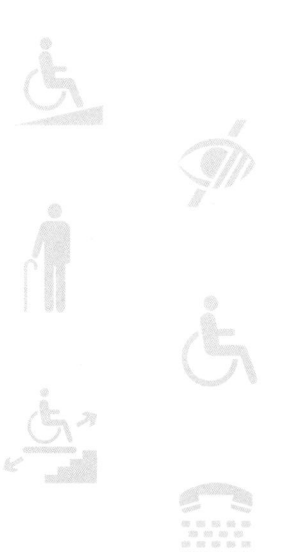

无障碍
环境建设法
适用指引

Wuzhang'ai Huanjing Jianshefa
Shiyong Zhiyin

中国法制出版社
CHINA LEGAL PUBLISHING HOUSE

编辑说明

《中华人民共和国无障碍环境建设法》已于2023年6月28日由第十四届全国人民代表大会常务委员会第三次会议通过。无障碍环境建设是残疾人、老年人等群体权益保障的重要内容，对于促进社会融合和人的全面发展具有重要价值，党和国家一直高度重视。[①] 2012年，《无障碍环境建设条例》颁布实施，为我国无障碍环境建设快速发展保驾护航。新颁布的《中华人民共和国无障碍环境建设法》共有八章，包括：总则、无障碍设施建设、无障碍信息交流、无障碍社会服务、保障措施、监督管理、法律责任、附则。

为了配合宣传《中华人民共和国无障碍环境建设法》，给读者学习掌握本法及其关联法律法规提供参考，本书全面收录了与《中华人民共和国无障碍环境建设法》相关的法律、行政法规、司法解释、部门规章及文件和团体规定，同时本书在附录部分还收录了最高人民法院发布的典型案例。

本书具有较强的专项性，收录的法律法规均围绕无障碍

[①] 《关于〈中华人民共和国无障碍环境建设法（草案）〉的说明——2022年10月27日在第十三届全国人民代表大会常务委员会第三十七次会议上》，载中国人大网，http://www.npc.gov.cn/npc/c30834/202306/897ff8202f714e229e2ba94719b6d197.shtml，2023年7月4日访问。

环境建设和残疾人、老年人权益保护这两个中心。无障碍环境建设和保障残疾人、老年人权益涉及社会生活的方方面面，本书收录的文件包括交通领域的《交通运输部办公厅关于印发 2023 年持续提升适老化无障碍交通出行服务等 5 件更贴近民生实事工作方案的通知》等；特殊教育领域的《残疾人中等职业学校设置标准》等；就业领域的《关于完善残疾人就业保障金制度更好促进残疾人就业的总体方案》等；康复医疗领域的《关于加快推进康复医疗工作发展的意见》等；信息管理领域的《关于切实解决老年人运用智能技术困难便利老年人使用智能化产品和服务的通知》等。为广大读者展现无障碍环境建设领域法律法规的全貌。

目录 Contents

法 律

中华人民共和国无障碍环境建设法 …………………………… 3
　　（2023 年 6 月 28 日）
中华人民共和国残疾人保障法 ………………………………… 16
　　（2018 年 10 月 26 日）
中华人民共和国老年人权益保障法 …………………………… 30
　　（2018 年 12 月 29 日）

行政法规及文件

促进残疾人就业三年行动方案（2022—2024 年）…………… 47
　　（2022 年 3 月 25 日）
"十四五"残疾人保障和发展规划 ……………………………… 54
　　（2021 年 7 月 8 日）
国务院办公厅印发关于切实解决老年人运用智能技术困
　　难实施方案的通知 ………………………………………… 78
　　（2020 年 11 月 15 日）

残疾预防和残疾人康复条例 ·················· 87
　　（2018年9月18日）
残疾人教育条例 ······························· 95
　　（2017年2月1日）
国务院关于加快发展康复辅助器具产业的若干意见 ······ 107
　　（2016年10月23日）
无障碍环境建设条例 ·························· 116
　　（2012年6月28日）
国务院办公厅转发教育部等部门关于进一步加快特殊教
　育事业发展意见的通知 ······················· 121
　　（2009年5月7日）
国务院办公厅关于进一步加强残疾人体育工作的意见 ···· 126
　　（2007年5月6日）
残疾人就业条例 ······························· 130
　　（2007年2月25日）

司法解释及文件

最高人民法院、中国残疾人联合会关于在审判执行工作
　中切实维护残疾人合法权益的意见 ·············· 139
　　（2018年7月13日）
最高人民检察院、中国残疾人联合会关于在检察工作中
　切实维护残疾人合法权益的意见 ················ 143
　　（2015年11月30日）

部门规章及文件

交通运输部办公厅关于印发2023年持续提升适老化无障
　碍交通出行服务等5件更贴近民生实事工作方案的通知 …… 151
　（2023年4月11日）
残疾人中等职业学校设置标准 ………………………… 162
　（2022年11月15日）
创建全国无障碍建设示范城市（县）管理办法 ………… 166
　（2022年7月22日）
市场监管总局、中国残联关于推进无障碍环境认证工作
　的指导意见 …………………………………………… 172
　（2021年12月3日）
关于加快推进康复医疗工作发展的意见 ………………… 175
　（2021年6月8日）
工业和信息化部关于切实解决老年人运用智能技术困难
　便利老年人使用智能化产品和服务的通知 …………… 182
　（2021年2月10日）
工业和信息化部、中国残疾人联合会关于推进信息无障
　碍的指导意见 ………………………………………… 187
　（2020年9月11日）
关于完善残疾人就业保障金制度　更好促进残疾人就业
　的总体方案 …………………………………………… 193
　（2019年12月27日）
残疾人服务机构管理办法 ………………………………… 198
　（2018年3月5日）

3

交通运输部、住房城乡建设部、国家铁路局、中国民用航空局、国家邮政局、中国残疾人联合会、全国老龄工作委员会办公室关于进一步加强和改善老年人残疾人出行服务的实施意见 ………………………… 205

（2018年1月8日）

国家邮政局、中国残疾人联合会关于进一步加强邮政行业无障碍环境建设等相关工作的通知 …………… 212

（2017年7月19日）

残疾人参加普通高等学校招生全国统一考试管理规定 ………… 215

（2017年4月7日）

促进残疾人就业增值税优惠政策管理办法 ………………………… 219

（2016年5月27日）

特殊教育教师专业标准（试行） ………………………………… 222

（2015年8月21日）

残疾人就业保障金征收使用管理办法 …………………………… 228

（2015年9月9日）

住房和城乡建设部、民政部、财政部、中国残疾人联合会、全国老龄工作委员会办公室等部门关于加强老年人家庭及居住区公共设施无障碍改造工作的通知 …………… 234

（2014年7月8日）

团体规定

辅助器具进校园工程实施方案 …………………………………… 241

（2022年8月9日）

关于"十四五"推进困难重度残疾人家庭无障碍改造工作的指导意见 …………………………………………… 244
　　（2021年10月28日）
机关、事业单位、国有企业带头安排残疾人就业办法 ………… 250
　　（2021年10月27日）
"十四五"提升残疾人文化服务能力实施方案 ………………… 255
　　（2021年9月1日）
中国残联办公厅关于做好中国残疾人就业创业网络服务平台推广应用工作的通知 …………………………………… 262
　　（2018年1月17日）

附　录

最高人民法院、中国残疾人联合会残疾人权益保护十大典型案例（节录） ……………………………………………… 269
残疾人权益保障检察公益诉讼典型案例（节录） ……………… 271

法　律

中华人民共和国无障碍环境建设法

（2023年6月28日第十四届全国人民代表大会常务委员会第三次会议通过　2023年6月28日中华人民共和国主席令第6号公布　自2023年9月1日起施行）

目　　录

第一章　总　　则
第二章　无障碍设施建设
第三章　无障碍信息交流
第四章　无障碍社会服务
第五章　保障措施
第六章　监督管理
第七章　法律责任
第八章　附　　则

第一章　总　　则

第一条　为了加强无障碍环境建设，保障残疾人、老年人平等、充分、便捷地参与和融入社会生活，促进社会全体人员共享经济社会发展成果，弘扬社会主义核心价值观，根据宪法和有关法律，制定本法。

第二条　国家采取措施推进无障碍环境建设，为残疾人、老年人自主安全地通行道路、出入建筑物以及使用其附属设施、搭乘公共交通运输工具，获取、使用和交流信息，获得社会服务等提供便利。

残疾人、老年人之外的其他人有无障碍需求的，可以享受无障碍环境便利。

第三条 无障碍环境建设应当坚持中国共产党的领导，发挥政府主导作用，调动市场主体积极性，引导社会组织和公众广泛参与，推动全社会共建共治共享。

第四条 无障碍环境建设应当与适老化改造相结合，遵循安全便利、实用易行、广泛受益的原则。

第五条 无障碍环境建设应当与经济社会发展水平相适应，统筹城镇和农村发展，逐步缩小城乡无障碍环境建设的差距。

第六条 县级以上人民政府应当将无障碍环境建设纳入国民经济和社会发展规划，将所需经费纳入本级预算，建立稳定的经费保障机制。

第七条 县级以上人民政府应当统筹协调和督促指导有关部门在各自职责范围内做好无障碍环境建设工作。

县级以上人民政府住房和城乡建设、民政、工业和信息化、交通运输、自然资源、文化和旅游、教育、卫生健康等部门应当在各自职责范围内，开展无障碍环境建设工作。

乡镇人民政府、街道办事处应当协助有关部门做好无障碍环境建设工作。

第八条 残疾人联合会、老龄协会等组织依照法律、法规以及各自章程，协助各级人民政府及其有关部门做好无障碍环境建设工作。

第九条 制定或者修改涉及无障碍环境建设的法律、法规、规章、规划和其他规范性文件，应当征求残疾人、老年人代表以及残疾人联合会、老龄协会等组织的意见。

第十条　国家鼓励和支持企业事业单位、社会组织、个人等社会力量，通过捐赠、志愿服务等方式参与无障碍环境建设。

国家支持开展无障碍环境建设工作的国际交流与合作。

第十一条　对在无障碍环境建设工作中做出显著成绩的单位和个人，按照国家有关规定给予表彰和奖励。

第二章　无障碍设施建设

第十二条　新建、改建、扩建的居住建筑、居住区、公共建筑、公共场所、交通运输设施、城乡道路等，应当符合无障碍设施工程建设标准。

无障碍设施应当与主体工程同步规划、同步设计、同步施工、同步验收、同步交付使用，并与周边的无障碍设施有效衔接、实现贯通。

无障碍设施应当设置符合标准的无障碍标识，并纳入周边环境或者建筑物内部的引导标识系统。

第十三条　国家鼓励工程建设、设计、施工等单位采用先进的理念和技术，建设人性化、系统化、智能化并与周边环境相协调的无障碍设施。

第十四条　工程建设单位应当将无障碍设施建设经费纳入工程建设项目概预算。

工程建设单位不得明示或者暗示设计、施工单位违反无障碍设施工程建设标准；不得擅自将未经验收或者验收不合格的无障碍设施交付使用。

第十五条　工程设计单位应当按照无障碍设施工程建设标准进行设计。

依法需要进行施工图设计文件审查的，施工图审查机构应当按照法律、法规和无障碍设施工程建设标准，对无障碍设施设计内容进行审查；不符合有关规定的，不予审查通过。

第十六条　工程施工、监理单位应当按照施工图设计文件以及相关标准进行无障碍设施施工和监理。

住房和城乡建设等主管部门对未按照法律、法规和无障碍设施工程建设标准开展无障碍设施验收或者验收不合格的，不予办理竣工验收备案手续。

第十七条　国家鼓励工程建设单位在新建、改建、扩建建设项目的规划、设计和竣工验收等环节，邀请残疾人、老年人代表以及残疾人联合会、老龄协会等组织，参加意见征询和体验试用等活动。

第十八条　对既有的不符合无障碍设施工程建设标准的居住建筑、居住区、公共建筑、公共场所、交通运输设施、城乡道路等，县级以上人民政府应当根据实际情况，制定有针对性的无障碍设施改造计划并组织实施。

无障碍设施改造由所有权人或者管理人负责。所有权人、管理人和使用人之间约定改造责任的，由约定的责任人负责。

不具备无障碍设施改造条件的，责任人应当采取必要的替代性措施。

第十九条　县级以上人民政府应当支持、指导家庭无障碍设施改造。对符合条件的残疾人、老年人家庭应当给予适当补贴。

居民委员会、村民委员会、居住区管理服务单位以及业主委员会应当支持并配合家庭无障碍设施改造。

第二十条　残疾人集中就业单位应当按照有关标准和要求，建设和改造无障碍设施。

国家鼓励和支持用人单位开展就业场所无障碍设施建设和改造，为残疾人职工提供必要的劳动条件和便利。

第二十一条　新建、改建、扩建公共建筑、公共场所、交通运输设施以及居住区的公共服务设施，应当按照无障碍设施工程建设标准，配套建设无障碍设施；既有的上述建筑、场所和设施不符合无障碍设施工程建设标准的，应当进行必要的改造。

第二十二条　国家支持城镇老旧小区既有多层住宅加装电梯或者其他无障碍设施，为残疾人、老年人提供便利。

县级以上人民政府及其有关部门应当采取措施、创造条件，并发挥社区基层组织作用，推动既有多层住宅加装电梯或者其他无障碍设施。

房屋所有权人应当弘扬中华民族与邻为善、守望相助等传统美德，加强沟通协商，依法配合既有多层住宅加装电梯或者其他无障碍设施。

第二十三条　新建、改建、扩建和具备改造条件的城市主干路、主要商业区和大型居住区的人行天桥和人行地下通道，应当按照无障碍设施工程建设标准，建设或者改造无障碍设施。

城市主干路、主要商业区等无障碍需求比较集中的区域的人行道，应当按照标准设置盲道；城市中心区、残疾人集中就业单位和集中就读学校周边的人行横道的交通信号设施，应当按照标准安装过街音响提示装置。

第二十四条　停车场应当按照无障碍设施工程建设标准，设置无障碍停车位，并设置显著标志标识。

无障碍停车位优先供肢体残疾人驾驶或者乘坐的机动车使用。优先使用无障碍停车位的，应当在显著位置放置残疾人车辆专用标志或者提供残疾人证。

在无障碍停车位充足的情况下，其他行动不便的残疾人、老年人、孕妇、婴幼儿等驾驶或者乘坐的机动车也可以使用。

第二十五条　新投入运营的民用航空器、客运列车、客运船舶、公共汽电车、城市轨道交通车辆等公共交通运输工具，应当确保一定比例符合无障碍标准。

既有公共交通运输工具具备改造条件的，应当进行无障碍改造，逐步符合无障碍标准的要求；不具备改造条件的，公共交通运输工具的运营单位应当采取必要的替代性措施。

县级以上地方人民政府根据当地情况，逐步建立城市无障碍公交导乘系统，规划配置适量的无障碍出租汽车。

第二十六条　无障碍设施所有权人或者管理人应当对无障碍设施履行以下维护和管理责任，保障无障碍设施功能正常和使用安全：

（一）对损坏的无障碍设施和标识进行维修或者替换；

（二）对需改造的无障碍设施进行改造；

（三）纠正占用无障碍设施的行为；

（四）进行其他必要的维护和保养。

所有权人、管理人和使用人之间有约定的，由约定的责任人负责维护和管理。

第二十七条　因特殊情况设置的临时无障碍设施，应当符合无障碍设施工程建设标准。

第二十八条　任何单位和个人不得擅自改变无障碍设施的用途或者非法占用、损坏无障碍设施。

因特殊情况临时占用无障碍设施的，应当公告并设置护栏、警示标志或者信号设施，同时采取必要的替代性措施。临时占用期满，应当及时恢复原状。

第三章　无障碍信息交流

第二十九条　各级人民政府及其有关部门应当为残疾人、老年人获取公共信息提供便利；发布涉及自然灾害、事故灾难、公共卫生事件、社会安全事件等突发事件信息时，条件具备的同步采取语音、大字、盲文、手语等无障碍信息交流方式。

第三十条 利用财政资金设立的电视台应当在播出电视节目时配备同步字幕，条件具备的每天至少播放一次配播手语的新闻节目，并逐步扩大配播手语的节目范围。

国家鼓励公开出版发行的影视类录像制品、网络视频节目加配字幕、手语或者口述音轨。

第三十一条 国家鼓励公开出版发行的图书、报刊配备有声、大字、盲文、电子等无障碍格式版本，方便残疾人、老年人阅读。

国家鼓励教材编写、出版单位根据不同教育阶段实际，编写、出版盲文版、低视力版教学用书，满足盲人和其他有视力障碍的学生的学习需求。

第三十二条 利用财政资金建立的互联网网站、服务平台、移动互联网应用程序，应当逐步符合无障碍网站设计标准和国家信息无障碍标准。

国家鼓励新闻资讯、社交通讯、生活购物、医疗健康、金融服务、学习教育、交通出行等领域的互联网网站、移动互联网应用程序，逐步符合无障碍网站设计标准和国家信息无障碍标准。

国家鼓励地图导航定位产品逐步完善无障碍设施的标识和无障碍出行路线导航功能。

第三十三条 音视频以及多媒体设备、移动智能终端设备、电信终端设备制造者提供的产品，应当逐步具备语音、大字等无障碍功能。

银行、医院、城市轨道交通车站、民用运输机场航站区、客运站、客运码头、大型景区等的自助公共服务终端设备，应当具备语音、大字、盲文等无障碍功能。

第三十四条　电信业务经营者提供基础电信服务时，应当为残疾人、老年人提供必要的语音、大字信息服务或者人工服务。

第三十五条　政务服务便民热线和报警求助、消防应急、交通事故、医疗急救等紧急呼叫系统，应当逐步具备语音、大字、盲文、一键呼叫等无障碍功能。

第三十六条　提供公共文化服务的图书馆、博物馆、文化馆、科技馆等应当考虑残疾人、老年人的特点，积极创造条件，提供适合其需要的文献信息、无障碍设施设备和服务等。

第三十七条　国务院有关部门应当完善药品标签、说明书的管理规范，要求药品生产经营者提供语音、大字、盲文、电子等无障碍格式版本的标签、说明书。

国家鼓励其他商品的生产经营者提供语音、大字、盲文、电子等无障碍格式版本的标签、说明书，方便残疾人、老年人识别和使用。

第三十八条　国家推广和使用国家通用手语、国家通用盲文。

基本公共服务使用手语、盲文以及各类学校开展手语、盲文教育教学时，应当采用国家通用手语、国家通用盲文。

第四章　无障碍社会服务

第三十九条　公共服务场所应当配备必要的无障碍设备和辅助器具，标注指引无障碍设施，为残疾人、老年人提供无障碍服务。

公共服务场所涉及医疗健康、社会保障、金融业务、生活缴费等服务事项的，应当保留现场指导、人工办理等传统服务方式。

第四十条　行政服务机构、社区服务机构以及供水、供电、供气、供热等公共服务机构，应当设置低位服务台或者无障碍服务窗口，配备电子信息显示屏、手写板、语音提示等设备，为残疾人、老年人提供无障碍服务。

第四十一条 司法机关、仲裁机构、法律援助机构应当依法为残疾人、老年人参加诉讼、仲裁活动和获得法律援助提供无障碍服务。

国家鼓励律师事务所、公证机构、司法鉴定机构、基层法律服务所等法律服务机构，结合所提供的服务内容提供无障碍服务。

第四十二条 交通运输设施和公共交通运输工具的运营单位应当根据各类运输方式的服务特点，结合设施设备条件和所提供的服务内容，为残疾人、老年人设置无障碍服务窗口、专用等候区域、绿色通道和优先坐席，提供辅助器具、咨询引导、字幕报站、语音提示、预约定制等无障碍服务。

第四十三条 教育行政部门和教育机构应当加强教育场所的无障碍环境建设，为有残疾的师生、员工提供无障碍服务。

国家举办的教育考试、职业资格考试、技术技能考试、招录招聘考试以及各类学校组织的统一考试，应当为有残疾的考生提供便利服务。

第四十四条 医疗卫生机构应当结合所提供的服务内容，为残疾人、老年人就医提供便利。

与残疾人、老年人相关的服务机构应当配备无障碍设备，在生活照料、康复护理等方面提供无障碍服务。

第四十五条 国家鼓励文化、旅游、体育、金融、邮政、电信、交通、商业、餐饮、住宿、物业管理等服务场所结合所提供的服务内容，为残疾人、老年人提供辅助器具、咨询引导等无障碍服务。

国家鼓励邮政、快递企业为行动不便的残疾人、老年人提供上门收寄服务。

第四十六条 公共场所经营管理单位、交通运输设施和公共交通运输工具的运营单位应当为残疾人携带导盲犬、导听犬、辅助犬等服务犬提供便利。

残疾人携带服务犬出入公共场所、使用交通运输设施和公共交通运输工具的,应当遵守国家有关规定,为服务犬佩戴明显识别装备,并采取必要的防护措施。

第四十七条 应急避难场所的管理人在制定以及实施工作预案时,应当考虑残疾人、老年人的无障碍需求,视情况设置语音、大字、闪光等提示装置,完善无障碍服务功能。

第四十八条 组织选举的部门和单位应当采取措施,为残疾人、老年人选民参加投票提供便利和必要协助。

第四十九条 国家鼓励和支持无障碍信息服务平台建设,为残疾人、老年人提供远程实时无障碍信息服务。

第五章 保障措施

第五十条 国家开展无障碍环境理念的宣传教育,普及无障碍环境知识,传播无障碍环境文化,提升全社会的无障碍环境意识。

新闻媒体应当积极开展无障碍环境建设方面的公益宣传。

第五十一条 国家推广通用设计理念,建立健全国家标准、行业标准、地方标准,鼓励发展具有引领性的团体标准、企业标准,加强标准之间的衔接配合,构建无障碍环境建设标准体系。

地方结合本地实际制定的地方标准不得低于国家标准的相关技术要求。

第五十二条 制定或者修改涉及无障碍环境建设的标准,应当征求残疾人、老年人代表以及残疾人联合会、老龄协会等组织的意见。残疾人联合会、老龄协会等组织可以依法提出制定或者修改无障碍环境建设标准的建议。

第五十三条 国家建立健全无障碍设计、设施、产品、服务的认证和无障碍信息的评测制度，并推动结果采信应用。

第五十四条 国家通过经费支持、政府采购、税收优惠等方式，促进新科技成果在无障碍环境建设中的运用，鼓励无障碍技术、产品和服务的研发、生产、应用和推广，支持无障碍设施、信息和服务的融合发展。

第五十五条 国家建立无障碍环境建设相关领域人才培养机制。

国家鼓励高等学校、中等职业学校等开设无障碍环境建设相关专业和课程，开展无障碍环境建设理论研究、国际交流和实践活动。

建筑、交通运输、计算机科学与技术等相关学科专业应当增加无障碍环境建设的教学和实践内容，相关领域职业资格、继续教育以及其他培训的考试内容应当包括无障碍环境建设知识。

第五十六条 国家鼓励机关、企业事业单位、社会团体以及其他社会组织，对工作人员进行无障碍服务知识与技能培训。

第五十七条 文明城市、文明村镇、文明单位、文明社区、文明校园等创建活动，应当将无障碍环境建设情况作为重要内容。

第六章 监督管理

第五十八条 县级以上人民政府及其有关主管部门依法对无障碍环境建设进行监督检查，根据工作需要开展联合监督检查。

第五十九条 国家实施无障碍环境建设目标责任制和考核评价制度。县级以上地方人民政府根据本地区实际，制定具体考核办法。

第六十条 县级以上地方人民政府有关主管部门定期委托第三

方机构开展无障碍环境建设评估,并将评估结果向社会公布,接受社会监督。

第六十一条 县级以上人民政府建立无障碍环境建设信息公示制度,定期发布无障碍环境建设情况。

第六十二条 任何组织和个人有权向政府有关主管部门提出加强和改进无障碍环境建设的意见和建议,对违反本法规定的行为进行投诉、举报。县级以上人民政府有关主管部门接到涉及无障碍环境建设的投诉和举报,应当及时处理并予以答复。

残疾人联合会、老龄协会等组织根据需要,可以聘请残疾人、老年人代表以及具有相关专业知识的人员,对无障碍环境建设情况进行监督。

新闻媒体可以对无障碍环境建设情况开展舆论监督。

第六十三条 对违反本法规定损害社会公共利益的行为,人民检察院可以提出检察建议或者提起公益诉讼。

第七章 法 律 责 任

第六十四条 工程建设、设计、施工、监理单位未按照本法规定进行建设、设计、施工、监理的,由住房和城乡建设、民政、交通运输等相关主管部门责令限期改正;逾期未改正的,依照相关法律法规的规定进行处罚。

第六十五条 违反本法规定,有下列情形之一的,由住房和城乡建设、民政、交通运输等相关主管部门责令限期改正;逾期未改正的,对单位处一万元以上三万元以下罚款,对个人处一百元以上五百元以下罚款:

(一)无障碍设施责任人不履行维护和管理职责,无法保障无障碍设施功能正常和使用安全;

（二）设置临时无障碍设施不符合相关规定；

（三）擅自改变无障碍设施的用途或者非法占用、损坏无障碍设施。

第六十六条 违反本法规定，不依法履行无障碍信息交流义务的，由网信、工业和信息化、电信、广播电视、新闻出版等相关主管部门责令限期改正；逾期未改正的，予以通报批评。

第六十七条 电信业务经营者不依法提供无障碍信息服务的，由电信主管部门责令限期改正；逾期未改正的，处一万元以上十万元以下罚款。

第六十八条 负有公共服务职责的部门和单位未依法提供无障碍社会服务的，由本级人民政府或者上级主管部门责令限期改正；逾期未改正的，对直接负责的主管人员和其他直接责任人员依法给予处分。

第六十九条 考试举办者、组织者未依法向有残疾的考生提供便利服务的，由本级人民政府或者上级主管部门予以批评并责令改正；拒不改正的，对直接负责的主管人员和其他直接责任人员依法给予处分。

第七十条 无障碍环境建设相关主管部门、有关组织的工作人员滥用职权、玩忽职守、徇私舞弊的，依法给予处分。

第七十一条 违反本法规定，造成人身损害、财产损失的，依法承担民事责任；构成犯罪的，依法追究刑事责任。

第八章　附　　则

第七十二条 本法自 2023 年 9 月 1 日起施行。

中华人民共和国残疾人保障法

（1990年12月28日第七届全国人民代表大会常务委员会第十七次会议通过　2008年4月24日第十一届全国人民代表大会常务委员会第二次会议修订　根据2018年10月26日第十三届全国人民代表大会常务委员会第六次会议《关于修改〈中华人民共和国野生动物保护法〉等十五部法律的决定》修正）

目　　录

第一章　总　　则

第二章　康　　复

第三章　教　　育

第四章　劳动就业

第五章　文化生活

第六章　社会保障

第七章　无障碍环境

第八章　法律责任

第九章　附　　则

第一章　总　　则

第一条　为了维护残疾人的合法权益，发展残疾人事业，保障残疾人平等地充分参与社会生活，共享社会物质文化成果，根据宪法，制定本法。

第二条　残疾人是指在心理、生理、人体结构上，某种组织、功能丧失或者不正常，全部或者部分丧失以正常方式从事某种活动能力的人。

残疾人包括视力残疾、听力残疾、言语残疾、肢体残疾、智力残疾、精神残疾、多重残疾和其他残疾的人。

残疾标准由国务院规定。

第三条　残疾人在政治、经济、文化、社会和家庭生活等方面享有同其他公民平等的权利。

残疾人的公民权利和人格尊严受法律保护。

禁止基于残疾的歧视。禁止侮辱、侵害残疾人。禁止通过大众传播媒介或者其他方式贬低损害残疾人人格。

第四条　国家采取辅助方法和扶持措施，对残疾人给予特别扶助，减轻或者消除残疾影响和外界障碍，保障残疾人权利的实现。

第五条　县级以上人民政府应当将残疾人事业纳入国民经济和社会发展规划，加强领导，综合协调，并将残疾人事业经费列入财政预算，建立稳定的经费保障机制。

国务院制定中国残疾人事业发展纲要，县级以上地方人民政府根据中国残疾人事业发展纲要，制定本行政区域的残疾人事业发展规划和年度计划，使残疾人事业与经济、社会协调发展。

县级以上人民政府负责残疾人工作的机构，负责组织、协调、指导、督促有关部门做好残疾人事业的工作。

各级人民政府和有关部门，应当密切联系残疾人，听取残疾人的意见，按照各自的职责，做好残疾人工作。

第六条　国家采取措施，保障残疾人依照法律规定，通过各种途径和形式，管理国家事务，管理经济和文化事业，管理社会事务。

制定法律、法规、规章和公共政策，对涉及残疾人权益和残疾人事业的重大问题，应当听取残疾人和残疾人组织的意见。

残疾人和残疾人组织有权向各级国家机关提出残疾人权益保障、残疾人事业发展等方面的意见和建议。

第七条 全社会应当发扬人道主义精神，理解、尊重、关心、帮助残疾人，支持残疾人事业。

国家鼓励社会组织和个人为残疾人提供捐助和服务。

国家机关、社会团体、企业事业单位和城乡基层群众性自治组织，应当做好所属范围内的残疾人工作。

从事残疾人工作的国家工作人员和其他人员，应当依法履行职责，努力为残疾人服务。

第八条 中国残疾人联合会及其地方组织，代表残疾人的共同利益，维护残疾人的合法权益，团结教育残疾人，为残疾人服务。

中国残疾人联合会及其地方组织依照法律、法规、章程或者接受政府委托，开展残疾人工作，动员社会力量，发展残疾人事业。

第九条 残疾人的扶养人必须对残疾人履行扶养义务。

残疾人的监护人必须履行监护职责，尊重被监护人的意愿，维护被监护人的合法权益。

残疾人的亲属、监护人应当鼓励和帮助残疾人增强自立能力。

禁止对残疾人实施家庭暴力，禁止虐待、遗弃残疾人。

第十条 国家鼓励残疾人自尊、自信、自强、自立，为社会主义建设贡献力量。

残疾人应当遵守法律、法规，履行应尽的义务，遵守公共秩序，尊重社会公德。

第十一条 国家有计划地开展残疾预防工作，加强对残疾预防工作的领导，宣传、普及母婴保健和预防残疾的知识，建立健全出生缺陷预防和早期发现、早期治疗机制，针对遗传、疾病、药物、事故、灾害、环境污染和其他致残因素，组织和动员社会力量，采取措施，预防残疾的发生，减轻残疾程度。

国家建立健全残疾人统计调查制度，开展残疾人状况的统计调查和分析。

第十二条 国家和社会对残疾军人、因公致残人员以及其他为维护国家和人民利益致残的人员实行特别保障，给予抚恤和优待。

第十三条 对在社会主义建设中做出显著成绩的残疾人，对维护残疾人合法权益、发展残疾人事业、为残疾人服务做出显著成绩的单位和个人，各级人民政府和有关部门给予表彰和奖励。

第十四条 每年5月的第三个星期日为全国助残日。

第二章 康 复

第十五条 国家保障残疾人享有康复服务的权利。

各级人民政府和有关部门应当采取措施，为残疾人康复创造条件，建立和完善残疾人康复服务体系，并分阶段实施重点康复项目，帮助残疾人恢复或者补偿功能，增强其参与社会生活的能力。

第十六条 康复工作应当从实际出发，将现代康复技术与我国传统康复技术相结合；以社区康复为基础，康复机构为骨干，残疾人家庭为依托；以实用、易行、受益广的康复内容为重点，优先开展残疾儿童抢救性治疗和康复；发展符合康复要求的科学技术，鼓励自主创新，加强康复新技术的研究、开发和应用，为残疾人提供有效的康复服务。

第十七条 各级人民政府鼓励和扶持社会力量兴办残疾人康复机构。

地方各级人民政府和有关部门，应当组织和指导城乡社区服务组织、医疗预防保健机构、残疾人组织、残疾人家庭和其他社会力量，开展社区康复工作。

残疾人教育机构、福利性单位和其他为残疾人服务的机构，应当创造条件，开展康复训练活动。

残疾人在专业人员的指导和有关工作人员、志愿工作者及亲属的帮助下，应当努力进行功能、自理能力和劳动技能的训练。

第十八条 地方各级人民政府和有关部门应当根据需要有计划地在医疗机构设立康复医学科室，举办残疾人康复机构，开展康复医疗与训练、人员培训、技术指导、科学研究等工作。

第十九条 医学院校和其他有关院校应当有计划地开设康复课程，设置相关专业，培养各类康复专业人才。

政府和社会采取多种形式对从事康复工作的人员进行技术培训；向残疾人、残疾人亲属、有关工作人员和志愿工作者普及康复知识，传授康复方法。

第二十条 政府有关部门应当组织和扶持残疾人康复器械、辅助器具的研制、生产、供应、维修服务。

第三章　教　　育

第二十一条 国家保障残疾人享有平等接受教育的权利。

各级人民政府应当将残疾人教育作为国家教育事业的组成部分，统一规划，加强领导，为残疾人接受教育创造条件。

政府、社会、学校应当采取有效措施，解决残疾儿童、少年就学存在的实际困难，帮助其完成义务教育。

各级人民政府对接受义务教育的残疾学生、贫困残疾人家庭的学生提供免费教科书，并给予寄宿生活费等费用补助；对接受义务教育以外其他教育的残疾学生、贫困残疾人家庭的学生按照国家有关规定给予资助。

第二十二条 残疾人教育，实行普及与提高相结合、以普及为重点的方针，保障义务教育，着重发展职业教育，积极开展学前教育，逐步发展高级中等以上教育。

第二十三条 残疾人教育应当根据残疾人的身心特性和需要，按照下列要求实施：

（一）在进行思想教育、文化教育的同时，加强身心补偿和职业教育；

（二）依据残疾类别和接受能力，采取普通教育方式或者特殊教育方式；

（三）特殊教育的课程设置、教材、教学方法、入学和在校年龄，可以有适度弹性。

第二十四条 县级以上人民政府应当根据残疾人的数量、分布状况和残疾类别等因素，合理设置残疾人教育机构，并鼓励社会力量办学、捐资助学。

第二十五条 普通教育机构对具有接受普通教育能力的残疾人实施教育，并为其学习提供便利和帮助。

普通小学、初级中等学校，必须招收能适应其学习生活的残疾儿童、少年入学；普通高级中等学校、中等职业学校和高等学校，必须招收符合国家规定的录取要求的残疾考生入学，不得因其残疾而拒绝招收；拒绝招收的，当事人或者其亲属、监护人可以要求有关部门处理，有关部门应当责令该学校招收。

普通幼儿教育机构应当接收能适应其生活的残疾幼儿。

第二十六条 残疾幼儿教育机构、普通幼儿教育机构附设的残疾儿童班、特殊教育机构的学前班、残疾儿童福利机构、残疾儿童家庭，对残疾儿童实施学前教育。

初级中等以下特殊教育机构和普通教育机构附设的特殊教育班，对不具有接受普通教育能力的残疾儿童、少年实施义务教育。

高级中等以上特殊教育机构、普通教育机构附设的特殊教育班和残疾人职业教育机构，对符合条件的残疾人实施高级中等以上文化教育、职业教育。

提供特殊教育的机构应当具备适合残疾人学习、康复、生活特点的场所和设施。

第二十七条　政府有关部门、残疾人所在单位和有关社会组织应当对残疾人开展扫除文盲、职业培训、创业培训和其他成人教育，鼓励残疾人自学成才。

第二十八条　国家有计划地举办各级各类特殊教育师范院校、专业，在普通师范院校附设特殊教育班，培养、培训特殊教育师资。普通师范院校开设特殊教育课程或者讲授有关内容，使普通教师掌握必要的特殊教育知识。

特殊教育教师和手语翻译，享受特殊教育津贴。

第二十九条　政府有关部门应当组织和扶持盲文、手语的研究和应用，特殊教育教材的编写和出版，特殊教育教学用具及其他辅助用品的研制、生产和供应。

第四章　劳动就业

第三十条　国家保障残疾人劳动的权利。

各级人民政府应当对残疾人劳动就业统筹规划，为残疾人创造劳动就业条件。

第三十一条　残疾人劳动就业，实行集中与分散相结合的方针，采取优惠政策和扶持保护措施，通过多渠道、多层次、多种形式，使残疾人劳动就业逐步普及、稳定、合理。

第三十二条　政府和社会举办残疾人福利企业、盲人按摩机构和其他福利性单位，集中安排残疾人就业。

第三十三条 国家实行按比例安排残疾人就业制度。

国家机关、社会团体、企业事业单位、民办非企业单位应当按照规定的比例安排残疾人就业，并为其选择适当的工种和岗位。达不到规定比例的，按照国家有关规定履行保障残疾人就业义务。国家鼓励用人单位超过规定比例安排残疾人就业。

残疾人就业的具体办法由国务院规定。

第三十四条 国家鼓励和扶持残疾人自主择业、自主创业。

第三十五条 地方各级人民政府和农村基层组织，应当组织和扶持农村残疾人从事种植业、养殖业、手工业和其他形式的生产劳动。

第三十六条 国家对安排残疾人就业达到、超过规定比例或者集中安排残疾人就业的用人单位和从事个体经营的残疾人，依法给予税收优惠，并在生产、经营、技术、资金、物资、场地等方面给予扶持。国家对从事个体经营的残疾人，免除行政事业性收费。

县级以上地方人民政府及其有关部门应当确定适合残疾人生产、经营的产品、项目，优先安排残疾人福利性单位生产或者经营，并根据残疾人福利性单位的生产特点确定某些产品由其专产。

政府采购，在同等条件下应当优先购买残疾人福利性单位的产品或者服务。

地方各级人民政府应当开发适合残疾人就业的公益性岗位。

对申请从事个体经营的残疾人，有关部门应当优先核发营业执照。

对从事各类生产劳动的农村残疾人，有关部门应当在生产服务、技术指导、农用物资供应、农副产品购销和信贷等方面，给予帮助。

第三十七条 政府有关部门设立的公共就业服务机构，应当为残疾人免费提供就业服务。

残疾人联合会举办的残疾人就业服务机构，应当组织开展免费的职业指导、职业介绍和职业培训，为残疾人就业和用人单位招用残疾人提供服务和帮助。

第三十八条　国家保护残疾人福利性单位的财产所有权和经营自主权，其合法权益不受侵犯。

在职工的招用、转正、晋级、职称评定、劳动报酬、生活福利、休息休假、社会保险等方面，不得歧视残疾人。

残疾职工所在单位应当根据残疾职工的特点，提供适当的劳动条件和劳动保护，并根据实际需要对劳动场所、劳动设备和生活设施进行改造。

国家采取措施，保障盲人保健和医疗按摩人员从业的合法权益。

第三十九条　残疾职工所在单位应当对残疾职工进行岗位技术培训，提高其劳动技能和技术水平。

第四十条　任何单位和个人不得以暴力、威胁或者非法限制人身自由的手段强迫残疾人劳动。

第五章　文化生活

第四十一条　国家保障残疾人享有平等参与文化生活的权利。

各级人民政府和有关部门鼓励、帮助残疾人参加各种文化、体育、娱乐活动，积极创造条件，丰富残疾人精神文化生活。

第四十二条　残疾人文化、体育、娱乐活动应当面向基层，融于社会公共文化生活，适应各类残疾人的不同特点和需要，使残疾人广泛参与。

第四十三条　政府和社会采取下列措施，丰富残疾人的精神文化生活：

（一）通过广播、电影、电视、报刊、图书、网络等形式，及时宣传报道残疾人的工作、生活等情况，为残疾人服务；

（二）组织和扶持盲文读物、盲人有声读物及其他残疾人读物的编写和出版，根据盲人的实际需要，在公共图书馆设立盲文读物、盲人有声读物图书室；

（三）开办电视手语节目，开办残疾人专题广播栏目，推进电视栏目、影视作品加配字幕、解说；

（四）组织和扶持残疾人开展群众性文化、体育、娱乐活动，举办特殊艺术演出和残疾人体育运动会，参加国际性比赛和交流；

（五）文化、体育、娱乐和其他公共活动场所，为残疾人提供方便和照顾。有计划地兴办残疾人活动场所。

第四十四条 政府和社会鼓励、帮助残疾人从事文学、艺术、教育、科学、技术和其他有益于人民的创造性劳动。

第四十五条 政府和社会促进残疾人与其他公民之间的相互理解和交流，宣传残疾人事业和扶助残疾人的事迹，弘扬残疾人自强不息的精神，倡导团结、友爱、互助的社会风尚。

第六章 社 会 保 障

第四十六条 国家保障残疾人享有各项社会保障的权利。

政府和社会采取措施，完善对残疾人的社会保障，保障和改善残疾人的生活。

第四十七条 残疾人及其所在单位应当按照国家有关规定参加社会保险。

残疾人所在城乡基层群众性自治组织、残疾人家庭，应当鼓励、帮助残疾人参加社会保险。

对生活确有困难的残疾人，按照国家有关规定给予社会保险补贴。

第四十八条 各级人民政府对生活确有困难的残疾人,通过多种渠道给予生活、教育、住房和其他社会救助。

县级以上地方人民政府对享受最低生活保障待遇后生活仍有特别困难的残疾人家庭,应当采取其他措施保障其基本生活。

各级人民政府对贫困残疾人的基本医疗、康复服务、必要的辅助器具的配置和更换,应当按照规定给予救助。

对生活不能自理的残疾人,地方各级人民政府应当根据情况给予护理补贴。

第四十九条 地方各级人民政府对无劳动能力、无扶养人或者扶养人不具有扶养能力、无生活来源的残疾人,按照规定予以供养。

国家鼓励和扶持社会力量举办残疾人供养、托养机构。

残疾人供养、托养机构及其工作人员不得侮辱、虐待、遗弃残疾人。

第五十条 县级以上人民政府对残疾人搭乘公共交通工具,应当根据实际情况给予便利和优惠。残疾人可以免费携带随身必备的辅助器具。

盲人持有效证件免费乘坐市内公共汽车、电车、地铁、渡船等公共交通工具。盲人读物邮件免费寄递。

国家鼓励和支持提供电信、广播电视服务的单位对盲人、听力残疾人、言语残疾人给予优惠。

各级人民政府应当逐步增加对残疾人的其他照顾和扶助。

第五十一条 政府有关部门和残疾人组织应当建立和完善社会各界为残疾人捐助和服务的渠道,鼓励和支持发展残疾人慈善事业,开展志愿者助残等公益活动。

第七章　无障碍环境

第五十二条　国家和社会应当采取措施,逐步完善无障碍设施,推进信息交流无障碍,为残疾人平等参与社会生活创造无障碍环境。

各级人民政府应当对无障碍环境建设进行统筹规划,综合协调,加强监督管理。

第五十三条　无障碍设施的建设和改造,应当符合残疾人的实际需要。

新建、改建和扩建建筑物、道路、交通设施等,应当符合国家有关无障碍设施工程建设标准。

各级人民政府和有关部门应当按照国家无障碍设施工程建设规定,逐步推进已建成设施的改造,优先推进与残疾人日常工作、生活密切相关的公共服务设施的改造。

对无障碍设施应当及时维修和保护。

第五十四条　国家采取措施,为残疾人信息交流无障碍创造条件。

各级人民政府和有关部门应当采取措施,为残疾人获取公共信息提供便利。

国家和社会研制、开发适合残疾人使用的信息交流技术和产品。

国家举办的各类升学考试、职业资格考试和任职考试,有盲人参加的,应当为盲人提供盲文试卷、电子试卷或者由专门的工作人员予以协助。

第五十五条　公共服务机构和公共场所应当创造条件,为残疾人提供语音和文字提示、手语、盲文等信息交流服务,并提供优先服务和辅助性服务。

公共交通工具应当逐步达到无障碍设施的要求。有条件的公共停车场应当为残疾人设置专用停车位。

第五十六条 组织选举的部门应当为残疾人参加选举提供便利；有条件的，应当为盲人提供盲文选票。

第五十七条 国家鼓励和扶持无障碍辅助设备、无障碍交通工具的研制和开发。

第五十八条 盲人携带导盲犬出入公共场所，应当遵守国家有关规定。

第八章　法　律　责　任

第五十九条 残疾人的合法权益受到侵害的，可以向残疾人组织投诉，残疾人组织应当维护残疾人的合法权益，有权要求有关部门或者单位查处。有关部门或者单位应当依法查处，并予以答复。

残疾人组织对残疾人通过诉讼维护其合法权益需要帮助的，应当给予支持。

残疾人组织对侵害特定残疾人群体利益的行为，有权要求有关部门依法查处。

第六十条 残疾人的合法权益受到侵害的，有权要求有关部门依法处理，或者依法向仲裁机构申请仲裁，或者依法向人民法院提起诉讼。

对有经济困难或者其他原因确需法律援助或者司法救助的残疾人，当地法律援助机构或者人民法院应当给予帮助，依法为其提供法律援助或者司法救助。

第六十一条 违反本法规定，对侵害残疾人权益行为的申诉、控告、检举，推诿、拖延、压制不予查处，或者对提出申诉、控告、检举的人进行打击报复的，由其所在单位、主管部门或者上级机关责令改正，并依法对直接负责的主管人员和其他直接责任人员给予处分。

国家工作人员未依法履行职责，对侵害残疾人权益的行为未及时制止或者未给予受害残疾人必要帮助，造成严重后果的，由其所在单位或者上级机关依法对直接负责的主管人员和其他直接责任人员给予处分。

第六十二条　违反本法规定，通过大众传播媒介或者其他方式贬低损害残疾人人格的，由文化、广播电视、电影、新闻出版或者其他有关主管部门依据各自的职权责令改正，并依法给予行政处罚。

第六十三条　违反本法规定，有关教育机构拒不接收残疾学生入学，或者在国家规定的录取要求以外附加条件限制残疾学生就学的，由有关主管部门责令改正，并依法对直接负责的主管人员和其他直接责任人员给予处分。

第六十四条　违反本法规定，在职工的招用等方面歧视残疾人的，由有关主管部门责令改正；残疾人劳动者可以依法向人民法院提起诉讼。

第六十五条　违反本法规定，供养、托养机构及其工作人员侮辱、虐待、遗弃残疾人的，对直接负责的主管人员和其他直接责任人员依法给予处分；构成违反治安管理行为的，依法给予行政处罚。

第六十六条　违反本法规定，新建、改建和扩建建筑物、道路、交通设施，不符合国家有关无障碍设施工程建设标准，或者对无障碍设施未进行及时维修和保护造成后果的，由有关主管部门依法处理。

第六十七条　违反本法规定，侵害残疾人的合法权益，其他法

29

律、法规规定行政处罚的,从其规定;造成财产损失或者其他损害的,依法承担民事责任;构成犯罪的,依法追究刑事责任。

第九章 附 则

第六十八条 本法自 2008 年 7 月 1 日起施行。

中华人民共和国老年人权益保障法

(1996 年 8 月 29 日第八届全国人民代表大会常务委员会第二十一次会议通过 根据 2009 年 8 月 27 日第十一届全国人民代表大会常务委员会第十次会议《关于修改部分法律的决定》第一次修正 2012 年 12 月 28 日第十一届全国人民代表大会常务委员会第三十次会议修订 根据 2015 年 4 月 24 日第十二届全国人民代表大会常务委员会第十四次会议《关于修改〈中华人民共和国电力法〉等六部法律的决定》第二次修正 根据 2018 年 12 月 29 日第十三届全国人民代表大会常务委员会第七次会议《关于修改〈中华人民共和国劳动法〉等七部法律的决定》第三次修正)

目 录

第一章 总 则
第二章 家庭赡养与扶养
第三章 社会保障
第四章 社会服务

第五章　社会优待

第六章　宜居环境

第七章　参与社会发展

第八章　法律责任

第九章　附　　则

第一章　总　　则

第一条　为了保障老年人合法权益，发展老龄事业，弘扬中华民族敬老、养老、助老的美德，根据宪法，制定本法。

第二条　本法所称老年人是指六十周岁以上的公民。

第三条　国家保障老年人依法享有的权益。

老年人有从国家和社会获得物质帮助的权利，有享受社会服务和社会优待的权利，有参与社会发展和共享发展成果的权利。

禁止歧视、侮辱、虐待或者遗弃老年人。

第四条　积极应对人口老龄化是国家的一项长期战略任务。

国家和社会应当采取措施，健全保障老年人权益的各项制度，逐步改善保障老年人生活、健康、安全以及参与社会发展的条件，实现老有所养、老有所医、老有所为、老有所学、老有所乐。

第五条　国家建立多层次的社会保障体系，逐步提高对老年人的保障水平。

国家建立和完善以居家为基础、社区为依托、机构为支撑的社会养老服务体系。

倡导全社会优待老年人。

第六条　各级人民政府应当将老龄事业纳入国民经济和社会发展规划，将老龄事业经费列入财政预算，建立稳定的经费保障机制，并鼓励社会各方面投入，使老龄事业与经济、社会协调发展。

国务院制定国家老龄事业发展规划。县级以上地方人民政府根据国家老龄事业发展规划，制定本行政区域的老龄事业发展规划和年度计划。

县级以上人民政府负责老龄工作的机构，负责组织、协调、指导、督促有关部门做好老年人权益保障工作。

第七条 保障老年人合法权益是全社会的共同责任。

国家机关、社会团体、企业事业单位和其他组织应当按照各自职责，做好老年人权益保障工作。

基层群众性自治组织和依法设立的老年人组织应当反映老年人的要求，维护老年人合法权益，为老年人服务。

提倡、鼓励义务为老年人服务。

第八条 国家进行人口老龄化国情教育，增强全社会积极应对人口老龄化意识。

全社会应当广泛开展敬老、养老、助老宣传教育活动，树立尊重、关心、帮助老年人的社会风尚。

青少年组织、学校和幼儿园应当对青少年和儿童进行敬老、养老、助老的道德教育和维护老年人合法权益的法制教育。

广播、电影、电视、报刊、网络等应当反映老年人的生活，开展维护老年人合法权益的宣传，为老年人服务。

第九条 国家支持老龄科学研究，建立老年人状况统计调查和发布制度。

第十条 各级人民政府和有关部门对维护老年人合法权益和敬老、养老、助老成绩显著的组织、家庭或者个人，对参与社会发展做出突出贡献的老年人，按照国家有关规定给予表彰或者奖励。

第十一条 老年人应当遵纪守法，履行法律规定的义务。

第十二条 每年农历九月初九为老年节。

第二章　家庭赡养与扶养

第十三条　老年人养老以居家为基础,家庭成员应当尊重、关心和照料老年人。

第十四条　赡养人应当履行对老年人经济上供养、生活上照料和精神上慰藉的义务,照顾老年人的特殊需要。

赡养人是指老年人的子女以及其他依法负有赡养义务的人。

赡养人的配偶应当协助赡养人履行赡养义务。

第十五条　赡养人应当使患病的老年人及时得到治疗和护理;对经济困难的老年人,应当提供医疗费用。

对生活不能自理的老年人,赡养人应当承担照料责任;不能亲自照料的,可以按照老年人的意愿委托他人或者养老机构等照料。

第十六条　赡养人应当妥善安排老年人的住房,不得强迫老年人居住或者迁居条件低劣的房屋。

老年人自有的或者承租的住房,子女或者其他亲属不得侵占,不得擅自改变产权关系或者租赁关系。

老年人自有的住房,赡养人有维修的义务。

第十七条　赡养人有义务耕种或者委托他人耕种老年人承包的田地,照管或者委托他人照管老年人的林木和牲畜等,收益归老年人所有。

第十八条　家庭成员应当关心老年人的精神需求,不得忽视、冷落老年人。

与老年人分开居住的家庭成员,应当经常看望或者问候老年人。

用人单位应当按照国家有关规定保障赡养人探亲休假的权利。

第十九条　赡养人不得以放弃继承权或者其他理由,拒绝履行赡养义务。

赡养人不履行赡养义务，老年人有要求赡养人付给赡养费等权利。

赡养人不得要求老年人承担力不能及的劳动。

第二十条　经老年人同意，赡养人之间可以就履行赡养义务签订协议。赡养协议的内容不得违反法律的规定和老年人的意愿。

基层群众性自治组织、老年人组织或者赡养人所在单位监督协议的履行。

第二十一条　老年人的婚姻自由受法律保护。子女或者其他亲属不得干涉老年人离婚、再婚及婚后的生活。

赡养人的赡养义务不因老年人的婚姻关系变化而消除。

第二十二条　老年人对个人的财产，依法享有占有、使用、收益和处分的权利，子女或者其他亲属不得干涉，不得以窃取、骗取、强行索取等方式侵犯老年人的财产权益。

老年人有依法继承父母、配偶、子女或者其他亲属遗产的权利，有接受赠与的权利。子女或者其他亲属不得侵占、抢夺、转移、隐匿或者损毁应当由老年人继承或者接受赠与的财产。

老年人以遗嘱处分财产，应当依法为老年配偶保留必要的份额。

第二十三条　老年人与配偶有相互扶养的义务。

由兄、姐扶养的弟、妹成年后，有负担能力的，对年老无赡养人的兄、姐有扶养的义务。

第二十四条　赡养人、扶养人不履行赡养、扶养义务的，基层群众性自治组织、老年人组织或者赡养人、扶养人所在单位应当督促其履行。

第二十五条　禁止对老年人实施家庭暴力。

第二十六条　具备完全民事行为能力的老年人，可以在近亲属或者其他与自己关系密切、愿意承担监护责任的个人、组织中协商确定自己的监护人。监护人在老年人丧失或者部分丧失民事行为能力时,依法承担监护责任。

老年人未事先确定监护人的,其丧失或者部分丧失民事行为能力时,依照有关法律的规定确定监护人。

第二十七条　国家建立健全家庭养老支持政策,鼓励家庭成员与老年人共同生活或者就近居住,为老年人随配偶或者赡养人迁徙提供条件,为家庭成员照料老年人提供帮助。

第三章　社会保障

第二十八条　国家通过基本养老保险制度,保障老年人的基本生活。

第二十九条　国家通过基本医疗保险制度,保障老年人的基本医疗需要。享受最低生活保障的老年人和符合条件的低收入家庭中的老年人参加新型农村合作医疗和城镇居民基本医疗保险所需个人缴费部分,由政府给予补贴。

有关部门制定医疗保险办法,应当对老年人给予照顾。

第三十条　国家逐步开展长期护理保障工作,保障老年人的护理需求。

对生活长期不能自理、经济困难的老年人,地方各级人民政府应当根据其失能程度等情况给予护理补贴。

第三十一条　国家对经济困难的老年人给予基本生活、医疗、居住或者其他救助。

老年人无劳动能力、无生活来源、无赡养人和扶养人,或者其赡养人和扶养人确无赡养能力或者扶养能力的,由地方各级人民政府依照有关规定给予供养或者救助。

对流浪乞讨、遭受遗弃等生活无着的老年人,由地方各级人民政府依照有关规定给予救助。

第三十二条 地方各级人民政府在实施廉租住房、公共租赁住房等住房保障制度或者进行危旧房屋改造时,应当优先照顾符合条件的老年人。

第三十三条 国家建立和完善老年人福利制度,根据经济社会发展水平和老年人的实际需要,增加老年人的社会福利。

国家鼓励地方建立八十周岁以上低收入老年人高龄津贴制度。

国家建立和完善计划生育家庭老年人扶助制度。

农村可以将未承包的集体所有的部分土地、山林、水面、滩涂等作为养老基地,收益供老年人养老。

第三十四条 老年人依法享有的养老金、医疗待遇和其他待遇应当得到保障,有关机构必须按时足额支付,不得克扣、拖欠或者挪用。

国家根据经济发展以及职工平均工资增长、物价上涨等情况,适时提高养老保障水平。

第三十五条 国家鼓励慈善组织以及其他组织和个人为老年人提供物质帮助。

第三十六条 老年人可以与集体经济组织、基层群众性自治组织、养老机构等组织或者个人签订遗赠扶养协议或者其他扶助协议。

负有扶养义务的组织或者个人按照遗赠扶养协议,承担该老年人生养死葬的义务,享有受遗赠的权利。

第四章 社会服务

第三十七条 地方各级人民政府和有关部门应当采取措施,发展城乡社区养老服务,鼓励、扶持专业服务机构及其他组织和个人，为居家的老年人提供生活照料、紧急救援、医疗护理、精神慰藉、心理咨询等多种形式的服务。

对经济困难的老年人，地方各级人民政府应当逐步给予养老服务补贴。

第三十八条 地方各级人民政府和有关部门、基层群众性自治组织，应当将养老服务设施纳入城乡社区配套设施建设规划，建立适应老年人需要的生活服务、文化体育活动、日间照料、疾病护理与康复等服务设施和网点，就近为老年人提供服务。

发扬邻里互助的传统，提倡邻里间关心、帮助有困难的老年人。

鼓励慈善组织、志愿者为老年人服务。倡导老年人互助服务。

第三十九条 各级人民政府应当根据经济发展水平和老年人服务需求，逐步增加对养老服务的投入。

各级人民政府和有关部门在财政、税费、土地、融资等方面采取措施，鼓励、扶持企业事业单位、社会组织或者个人兴办、运营养老、老年人日间照料、老年文化体育活动等设施。

第四十条 地方各级人民政府和有关部门应当按照老年人口比例及分布情况，将养老服务设施建设纳入城乡规划和土地利用总体规划，统筹安排养老服务设施建设用地及所需物资。

公益性养老服务设施用地，可以依法使用国有划拨土地或者农民集体所有的土地。

养老服务设施用地，非经法定程序不得改变用途。

第四十一条 政府投资兴办的养老机构，应当优先保障经济困难的孤寡、失能、高龄等老年人的服务需求。

第四十二条 国务院有关部门制定养老服务设施建设、养老服务质量和养老服务职业等标准，建立健全养老机构分类管理和养老服务评估制度。

各级人民政府应当规范养老服务收费项目和标准，加强监督和管理。

第四十三条 设立公益性养老机构，应当依法办理相应的登记。

设立经营性养老机构，应当在市场监督管理部门办理登记。

养老机构登记后即可开展服务活动，并向县级以上人民政府民政部门备案。

第四十四条 地方各级人民政府加强对本行政区域养老机构管理工作的领导，建立养老机构综合监管制度。

县级以上人民政府民政部门负责养老机构的指导、监督和管理，其他有关部门依照职责分工对养老机构实施监督。

第四十五条 县级以上人民政府民政部门依法履行监督检查职责，可以采取下列措施：

（一）向养老机构和个人了解情况；

（二）进入涉嫌违法的养老机构进行现场检查；

（三）查阅或者复制有关合同、票据、账簿及其他有关资料；

（四）发现养老机构存在可能危及人身健康和生命财产安全风险的，责令限期改正，逾期不改正的，责令停业整顿。

县级以上人民政府民政部门调查养老机构涉嫌违法的行为，应当遵守《中华人民共和国行政强制法》和其他有关法律、行政法规的规定。

第四十六条 养老机构变更或者终止的，应当妥善安置收住的老年人，并依照规定到有关部门办理手续。有关部门应当为养老机构妥善安置老年人提供帮助。

第四十七条 国家建立健全养老服务人才培养、使用、评价和激励制度，依法规范用工，促进从业人员劳动报酬合理增长，发展专职、兼职和志愿者相结合的养老服务队伍。

国家鼓励高等学校、中等职业学校和职业培训机构设置相关专业或者培训项目，培养养老服务专业人才。

第四十八条　养老机构应当与接受服务的老年人或者其代理人签订服务协议，明确双方的权利、义务。

养老机构及其工作人员不得以任何方式侵害老年人的权益。

第四十九条　国家鼓励养老机构投保责任保险，鼓励保险公司承保责任保险。

第五十条　各级人民政府和有关部门应当将老年医疗卫生服务纳入城乡医疗卫生服务规划，将老年人健康管理和常见病预防等纳入国家基本公共卫生服务项目。鼓励为老年人提供保健、护理、临终关怀等服务。

国家鼓励医疗机构开设针对老年病的专科或者门诊。

医疗卫生机构应当开展老年人的健康服务和疾病防治工作。

第五十一条　国家采取措施，加强老年医学的研究和人才培养，提高老年病的预防、治疗、科研水平，促进老年病的早期发现、诊断和治疗。

国家和社会采取措施，开展各种形式的健康教育，普及老年保健知识，增强老年人自我保健意识。

第五十二条　国家采取措施，发展老龄产业，将老龄产业列入国家扶持行业目录。扶持和引导企业开发、生产、经营适应老年人需要的用品和提供相关的服务。

第五章　社会优待

第五十三条　县级以上人民政府及其有关部门根据经济社会发展情况和老年人的特殊需要，制定优待老年人的办法，逐步提高优待水平。

对常住在本行政区域内的外埠老年人给予同等优待。

第五十四条　各级人民政府和有关部门应当为老年人及时、便利地领取养老金、结算医疗费和享受其他物质帮助提供条件。

第五十五条　各级人民政府和有关部门办理房屋权属关系变更、户口迁移等涉及老年人权益的重大事项时，应当就办理事项是否为老年人的真实意思表示进行询问，并依法优先办理。

第五十六条　老年人因其合法权益受侵害提起诉讼交纳诉讼费确有困难的，可以缓交、减交或者免交；需要获得律师帮助，但无力支付律师费用的，可以获得法律援助。

鼓励律师事务所、公证处、基层法律服务所和其他法律服务机构为经济困难的老年人提供免费或者优惠服务。

第五十七条　医疗机构应当为老年人就医提供方便，对老年人就医予以优先。有条件的地方，可以为老年人设立家庭病床，开展巡回医疗、护理、康复、免费体检等服务。

提倡为老年人义诊。

第五十八条　提倡与老年人日常生活密切相关的服务行业为老年人提供优先、优惠服务。

城市公共交通、公路、铁路、水路和航空客运，应当为老年人提供优待和照顾。

第五十九条　博物馆、美术馆、科技馆、纪念馆、公共图书馆、文化馆、影剧院、体育场馆、公园、旅游景点等场所，应当对老年人免费或者优惠开放。

第六十条　农村老年人不承担兴办公益事业的筹劳义务。

第六章　宜居环境

第六十一条　国家采取措施，推进宜居环境建设，为老年人提供安全、便利和舒适的环境。

第六十二条　各级人民政府在制定城乡规划时，应当根据人口老龄化发展趋势、老年人口分布和老年人的特点，统筹考虑适合老年人的公共基础设施、生活服务设施、医疗卫生设施和文化体育设施建设。

第六十三条　国家制定和完善涉及老年人的工程建设标准体系，在规划、设计、施工、监理、验收、运行、维护、管理等环节加强相关标准的实施与监督。

第六十四条　国家制定无障碍设施工程建设标准。新建、改建和扩建道路、公共交通设施、建筑物、居住区等，应当符合国家无障碍设施工程建设标准。

各级人民政府和有关部门应当按照国家无障碍设施工程建设标准，优先推进与老年人日常生活密切相关的公共服务设施的改造。

无障碍设施的所有人和管理人应当保障无障碍设施正常使用。

第六十五条　国家推动老年宜居社区建设，引导、支持老年宜居住宅的开发，推动和扶持老年人家庭无障碍设施的改造，为老年人创造无障碍居住环境。

第七章　参与社会发展

第六十六条　国家和社会应当重视、珍惜老年人的知识、技能、经验和优良品德，发挥老年人的专长和作用，保障老年人参与经济、政治、文化和社会生活。

第六十七条　老年人可以通过老年人组织，开展有益身心健康的活动。

第六十八条　制定法律、法规、规章和公共政策，涉及老年人权益重大问题的，应当听取老年人和老年人组织的意见。

老年人和老年人组织有权向国家机关提出老年人权益保障、老龄事业发展等方面的意见和建议。

第六十九条 国家为老年人参与社会发展创造条件。根据社会需要和可能，鼓励老年人在自愿和量力的情况下，从事下列活动：

（一）对青少年和儿童进行社会主义、爱国主义、集体主义和艰苦奋斗等优良传统教育；

（二）传授文化和科技知识；

（三）提供咨询服务；

（四）依法参与科技开发和应用；

（五）依法从事经营和生产活动；

（六）参加志愿服务、兴办社会公益事业；

（七）参与维护社会治安、协助调解民间纠纷；

（八）参加其他社会活动。

第七十条 老年人参加劳动的合法收入受法律保护。

任何单位和个人不得安排老年人从事危害其身心健康的劳动或者危险作业。

第七十一条 老年人有继续受教育的权利。

国家发展老年教育，把老年教育纳入终身教育体系，鼓励社会办好各类老年学校。

各级人民政府对老年教育应当加强领导，统一规划，加大投入。

第七十二条 国家和社会采取措施，开展适合老年人的群众性文化、体育、娱乐活动，丰富老年人的精神文化生活。

第八章　法律责任

第七十三条 老年人合法权益受到侵害的，被侵害人或者其代理人有权要求有关部门处理，或者依法向人民法院提起诉讼。

人民法院和有关部门，对侵犯老年人合法权益的申诉、控告和检举，应当依法及时受理，不得推诿、拖延。

第七十四条　不履行保护老年人合法权益职责的部门或者组织，其上级主管部门应当给予批评教育，责令改正。

国家工作人员违法失职，致使老年人合法权益受到损害的，由其所在单位或者上级机关责令改正，或者依法给予处分；构成犯罪的，依法追究刑事责任。

第七十五条　老年人与家庭成员因赡养、扶养或者住房、财产等发生纠纷，可以申请人民调解委员会或者其他有关组织进行调解，也可以直接向人民法院提起诉讼。

人民调解委员会或者其他有关组织调解前款纠纷时，应当通过说服、疏导等方式化解矛盾和纠纷；对有过错的家庭成员，应当给予批评教育。

人民法院对老年人追索赡养费或者扶养费的申请，可以依法裁定先予执行。

第七十六条　干涉老年人婚姻自由，对老年人负有赡养义务、扶养义务而拒绝赡养、扶养，虐待老年人或者对老年人实施家庭暴力的，由有关单位给予批评教育；构成违反治安管理行为的，依法给予治安管理处罚；构成犯罪的，依法追究刑事责任。

第七十七条　家庭成员盗窃、诈骗、抢夺、侵占、勒索、故意损毁老年人财物，构成违反治安管理行为的，依法给予治安管理处罚；构成犯罪的，依法追究刑事责任。

第七十八条　侮辱、诽谤老年人，构成违反治安管理行为的，依法给予治安管理处罚；构成犯罪的，依法追究刑事责任。

第七十九条　养老机构及其工作人员侵害老年人人身和财产权益，或者未按照约定提供服务的，依法承担民事责任；有关主管部门依法给予行政处罚；构成犯罪的，依法追究刑事责任。

第八十条　对养老机构负有管理和监督职责的部门及其工作人

员滥用职权、玩忽职守、徇私舞弊的，对直接负责的主管人员和其他直接责任人员依法给予处分；构成犯罪的，依法追究刑事责任。

第八十一条　不按规定履行优待老年人义务的，由有关主管部门责令改正。

第八十二条　涉及老年人的工程不符合国家规定的标准或者无障碍设施所有人、管理人未尽到维护和管理职责的，由有关主管部门责令改正；造成损害的，依法承担民事责任；对有关单位、个人依法给予行政处罚；构成犯罪的，依法追究刑事责任。

第九章　附　　则

第八十三条　民族自治地方的人民代表大会，可以根据本法的原则，结合当地民族风俗习惯的具体情况，依照法定程序制定变通的或者补充的规定。

第八十四条　本法施行前设立的养老机构不符合本法规定条件的，应当限期整改。具体办法由国务院民政部门制定。

第八十五条　本法自2013年7月1日起施行。

行政法规及文件

促进残疾人就业三年行动方案（2022—2024 年）

（2022 年 3 月 25 日　国办发〔2022〕6 号）

就业是最大的民生。为贯彻落实习近平总书记关于残疾人事业的重要指示批示精神和党中央、国务院决策部署，进一步巩固拓展残疾人脱贫攻坚成果，促进残疾人实现较为充分较高质量的就业，共建共享经济社会发展成果，逐步实现共同富裕，依据《"十四五"就业促进规划》《"十四五"残疾人保障和发展规划》，制定本方案。

一、任务目标

以有就业需求和就业条件的城乡未就业残疾人为主要对象，更好发挥政府促进就业的作用，进一步落实残疾人就业创业扶持政策，加大残疾人职业技能培训力度，不断提升残疾人就业服务质量和效益，稳定和扩大残疾人就业岗位。2022—2024 年共实现全国城乡新增残疾人就业 100 万人，残疾人就业创业能力持续提升，残疾人就业权益得到更好保障，推动形成理解、关心、支持残疾人就业创业的良好社会环境。

二、主要措施

（一）实施机关、事业单位带头安排残疾人就业行动。各地建立各级机关、事业单位安排残疾人就业情况统计制度，制定机关、事业单位按比例安排残疾人就业工作项目推进计划，确保"十四五"期间编制 50 人（含）以上的省级、地市级机关和编制 67 人（含）以上的事业单位（中小学、幼儿园除外），安排残疾人就业未达到规定比例的，至少安排 1 名残疾人就业。县、乡两级根据机关和事业单位编制总数，统筹按比例安排残疾人就业。已安排残疾人就业的省级、地市级机关和事业单位，应当按照有关规定向社会公示。（中央组织部、人力资源社会保障部、中央编办、中国残联及各地区按职责分工负责）

（二）实施国有企业安排残疾人就业行动。组织开展国有企业助残就业专场招聘活动。选取一批业务范围覆盖较广、岗位较多的国有企业，每年开发一批岗位定向招聘残疾人。国有企业应当带头按比例安排残疾人就业，未按比例安排残疾人就业的应当及时足额缴纳残疾人就业保障金。国有企业应当将按比例安排残疾人就业情况纳入企业社会责任报告。新增建设邮政报刊零售亭等社区公共服务点时，应当预留一定比例的岗位专门安排残疾人就业，并适当减免摊位费、租赁费，有条件的地方免费提供店面。各地烟草专卖管理部门对残疾人申请烟草专卖零售许可证的，应当根据当地实际，适当放宽对烟草制品零售点的数量、间距要求。（国务院国资委、人力资源社会保障部、中国残联、国家邮政局、国家烟草局、中国企业联合会及各地区按职责分工负责）

（三）实施民营企业安排残疾人就业行动。开展民营企业助力残疾人就业活动，组织一批头部平台、电商、快递等新就业形态企业对接残疾人就业需求，每年开发一批岗位定向招聘残疾人。对在平台就业创业的残疾人减免加盟、增值服务等费用，给予宣传推广、派单倾斜、免费培训等帮扶。地方各级残联与民政部门、工商联、企业联合组织及行业协会商会、人力资源服务机构等加强合作，为民营企业搭建助残就业平台吸收残疾人就业，加强对残疾人自主创业企业及个体工商户的指导与扶持，提供联系劳动项目、开展就业创业培训和雇主培训等服务。民营企业应当将助残就业、按比例安排残疾人就业情况纳入企业社会责任报告或编制专项社会责任报告。（工业和信息化部、人力资源社会保障部、全国工商联、

中国残联、中国企业联合会及各地区按职责分工负责）

（四）实施残疾人组织助残就业行动。发挥各级各类残疾人专门协会、扶残助残社会组织和残疾人就业创业带头人等作用，选择一批已经形成一定市场规模、运行稳定的就业项目，加大扶持力度，带动辐射更多残疾人就业创业。总结不同类别残疾人就业典型案例和成功经验，推广"千企万人助残就业计划"等项目，打造残疾人文创基地和残疾妇女"美丽工坊"等品牌。各残疾人福利基金会广泛动员社会力量，开展以帮扶残疾人就业为主题的公益慈善项目和活动。（中国残联及各地区按职责分工负责）

（五）实施就业困难残疾人就业帮扶行动。各地建立的"阳光家园"、"残疾人之家"、残疾人托养机构、残疾人职业康复机构等普遍开展辅助性就业。发挥街道、社区、残疾人亲友组织、慈善组织、爱心企业等各方作用，推动辅助性就业加快发展。地市级残联普遍开展残疾人辅助性就业劳动项目调配工作，开发、收集、储备劳动项目，打造产品和服务品牌。有条件的地方在辅助性就业机构设置社会工作岗位，配备残疾人就业辅导员。各地将符合条件的就业困难残疾人全部纳入就业援助范围，并提供更具针对性的重点帮扶。统筹用好现有公益性岗位，促进符合条件的残疾人就业创业。（中国残联、人力资源社会保障部、民政部及各地区按职责分工负责）

（六）实施农村残疾人就业帮扶行动。落实巩固拓展残疾人脱贫攻坚成果各项政策，对符合条件的就业帮扶车间和农村残疾人就业基地按规定通过现有资金渠道予以支持。通过提供土地流转、产业托管、生产服务、技术指导、农用物资供应、农副产品收购销售、融资等方面服务，扶持农村残疾人或其家庭成员从事种植、养殖、加工、乡村旅游、农村电商、农村寄递物流等行业。持续开展农村困难残疾人实用技术培训项目。帮助纳入防止返贫监测对象的残疾人家庭成员就业创业。持续做好易地搬迁残疾人就业帮扶。东西部协作和中央单位定点帮扶项目向残疾人就业倾斜。(人力资源社会保障部、中国残联、国家发展改革委、财政部、文化和旅游部、农业农村部、国家乡村振兴局、国家邮政局及各地区按职责分工负责)

(七)实施残疾人大学生就业帮扶行动。各地建立部门间残疾人大学生信息交换机制,准确掌握在校残疾人大学生数据,及早建立"一人一策"就业服务台账,开展"一对一"精准服务。加强对残疾人大学生所在高校的指导,做好残疾人大学生就业相关政策宣讲、技能培训、岗位推介等工作,落实各类就业扶持及补贴奖励政策。将残疾人高校毕业生作为重点对象纳入机关、事业单位带头安排残疾人就业行动和国有企业、民营企业安排残疾人就业行动。促进残疾人高校毕业生在常住地平等享受公共就业服务。组织面向残疾人高校毕业生的各类线上线下就业服务和招聘活动。将残疾人高校毕业生就业纳入"24365校园网络招聘服务"、百日千万网络招聘专项行动、大中城市联合招聘高校毕业生专场招聘、全国人力资源市场高校毕业生就业服务周等活动。(教育部、人力资源社会保障部、中国残联及各地区按职责分工负责)

(八)实施盲人按摩就业促进行动。支持省级盲人按摩医院的医疗、康复、培训等基础设施建设,组建相应医疗管理团队,形成区域示范中心,带动影响周边地区建设盲人医疗按摩机构。支持盲人医疗按摩人员开办医疗按摩所。加快盲人保健按摩行业标准建设,提升盲人保健按摩行业整体服务水平,促进行业规范化、品牌化发展。发挥各级盲人保健按摩实训基地作用,规范开展盲人保健按摩培训和继续教育。多渠道开发盲人就业新形态。(中国残联、国家发展改革委、国家卫生健康委、国家中医药局、人力资源社会保障部及各地区按职责分工负责)

（九）实施残疾人就业服务提升行动。开展残疾人就业服务"四个一"活动，对就业年龄段未就业残疾人至少进行一次基础信息核对，对其中有就业需求的残疾人至少组织一次职业能力评估、进行一次就业需求登记、开展一次就业服务。各级公共就业服务机构将残疾人就业纳入服务范围。县级以上残疾人就业服务机构完成规范化建设，建立健全就业服务内容、标准、流程等规章制度。依托重要时间节点，定期举办残疾人就业服务交流活动。落实《"十四五"残疾人保障和发展规划》关于建立残疾人就业辅导员制度的要求，推动有条件的地方建立残疾人就业辅导员队伍。扶持一批残疾人就业社会服务机构、人力资源服务机构，按规定将就业服务纳入政府购买服务范围。（人力资源社会保障部、中国残联及各地区按职责分工负责）

（十）实施残疾人职业技能提升行动。以残疾人职业能力评估结果为依据，以劳动力市场需求为导向，鼓励用人单位参与培训体系建设，引导职业院校积极开发面向残疾人的就业创业培训项目，分类开展精准培训。对有就业需求和就业条件的就业年龄段未就业残疾人开展就业技能培训、岗位技能提升培训或创业培训，对符合条件的残疾人按规定给予培训费、生活费（含交通费）补贴。加强各级残疾人职业培训基地建设。定期举办残疾人职业技能竞赛和职业技能展示交流活动。鼓励中高等职业院校扩大残疾人学生招收规模，帮助具备初高中文化程度且有接受职业教育意愿和能力的青壮年残疾人接受中高等职业教育，按规定享受学生资助政策。（中国残联、人力资源社会保障部、财政部、教育部及各地区按职责分工负责）

三、保障条件

（一）组织保障。各级人民政府残疾人工作委员会加强组织协调，督促有关部门和单位做好残疾人就业工作。各级人民政府促进就业工作协调机制推动残疾人就业相关政策落实。各项行动负责部门应当根据自身业务范围，指导地方落实职责分工。各级残联配合有关部门完善、落实、宣传残疾人就业创业扶持政策，精准掌握并按规定共享残疾人就业状况与需求信息，组织实施残疾人就业帮扶活动，开展残疾人就业服务和职业技能培训。

（二）政策保障。落实中央组织部、中国残联等部门和单位印发的《机关、事业单位、国有企业带头安排残疾人就业办法》。为残疾人参加招录（聘）考试提供合理便利，合理确定残疾人入职体检条件。创新残疾人按比例就业形式。对符合条件的就业创业残疾人，按规定落实相关就业补贴政策。落实政府购买服务有关规定，广泛开展各类残疾人就业服务与职业培训。制定残疾人就业服务与职业培训服务管理规范。建立东西部残疾人就业创业扶持政策协调机制。将符合条件的工伤伤残职工纳入残疾人就业服务体系。（中央组织部、人力资源社会保障部、国务院国资委、中国残联、财政部及各地区按职责分工负责）

（三）资金保障。各地要落实《"十四五"残疾人保障和发展规划》以及国家发展改革委等部门和单位印发的《关于完善残疾人就业保障金制度更好促进残疾人就业的总体方案》等文件要求，保障残疾人就业培训、就业服务、补贴奖励等相关资金投入，更好促进残疾人就业创业，要制定残疾人就业补贴奖励重点项目实施办法，合理确定补贴和奖励标准、条件等内容。统筹用好各类残疾人就业创业扶持资金，避免交叉使用。对各类就业帮扶、培训基地建设按规定给予扶持。加大对超比例安排残疾人就业用人单位的奖励力度。（财政部、中国残联、人力资源社会保障部及各地区按职责分工负责）

（四）信息支持。依托全国一体化政务服务平台和各级政务服务机构，实现残疾人就业数据互联互通。做好全国残疾人按比例就业情况联网认证"跨省通办"有关工作，按规定落实保障条件。依托全国残疾人就业创业网络服务平台，建立包括各类残疾人职业技能培训机构、培训项目公示和证书管理、培训评估、线上培训资源等信息的全国残疾人职业培训服务与管理系统。建立全国残疾人人力资源服务机构清单和残疾人就业创业服务载体目录。（国家发展改革委、人力资源社会保障部、税务总局、市场监管总局、退役军人部、中国残联及各地区按职责分工负责）

（五）宣传动员。开展"2022残疾人就业宣传年"活动。充分利用就业援助月、全国助残日、国际残疾人日等重要时间节点，加大对残疾人就业的宣传力度。用通俗易懂、简单明了的文字、图片、视频形式，通过广播电视、报纸、网络和新媒体平台大力宣传残疾人就业创业扶持政策、用人单位安排残疾人就业社会责任、残疾人就业能力和潜力，宣传残疾人就业服务流程、需求反馈渠道和信息获取方式。按照国家有关规定，加大对在残疾人就业工作中作出突出贡献单位和个人的表彰宣传力度。（中央宣传部、人力资源社会保障部、中国残联、中国企业联合会及各地区按职责分工负责）

（六）监督落实。地方各级人民政府要进一步明确各项行动负责部门和职责分工，确保相关措施落地落实。要依法维护残疾人就业权益，坚决防范和打击虚假安排残疾人就业、侵害残疾人就业权益的行为，按年度对本方案实施情况进行监测和评估，及时发现和解决实施中出现的问题，各省级残疾人工作委员会每年年底向国务院残疾人工作委员会报送落实情况，并在方案实施期间至少组织一次残疾人就业创业扶持政策落实情况和效果评估。2024年底，国务院残疾人工作委员会办公室要会同有关部门和单位，依托全国残疾人就业和职业培训信息管理系统，对本方案落实情况进行总结评估。

"十四五"残疾人保障和发展规划

(2021年7月8日 国发〔2021〕10号)

为贯彻落实习近平总书记关于残疾人事业的重要指示批示精神和党中央、国务院决策部署，进一步保障残疾人民生、促进残疾人发展，依据《中华人民共和国残疾人保障法》和《中华人民共和国国民经济和社会发展第十四个五年规划和2035年远景目标纲要》，制定本规划。

一、编制背景

党中央、国务院高度重视残疾人事业发展，对残疾人格外关心、格外关注。"十三五"时期，残疾人事业取得重大成就，"全面建成小康社会，残疾人一个也不能少"的目标如期实现。710万农村建档立卡贫困残疾人脱贫，城乡新增180.8万残疾人就业，1076.8万困难残疾人被纳入最低生活保障范围。1212.6万困难残疾人得到生活补贴，1473.8万重度残疾人得到护理补贴。残疾人基本康复服务覆盖率达到80%，辅助器具适配率达到80%。残疾儿童少年接受义务教育的比例达到95%，5万多残疾学生进入高等院校学习。城乡无障碍环境明显改善，关爱帮助残疾人的社会氛围日益浓厚。越来越多的残疾人更加勇敢地面对生活的挑战，更加坚强地为梦想而奋斗，为经济社会发展作出了重要贡献。我国在国际残疾人事务中的影响力显著提升。这些重大成就，有效改善了残疾人民生，有力推动了社会文明进步，成为全面建成小康社会的重要方面，彰显了中国共产党领导和中国特色社会主义制度的显著优势。

我国有8500多万残疾人。"十四五"时期，由于人口老龄化加快等因素，残疾仍会多发高发。残疾人人数众多、特性突出，特别需要关心帮助。当前面临的突出问题：一是残疾人返贫致贫风险高，相当数量的低收入残疾人家庭生活还比较困难。二是残疾人社会保障水平和就业质量还不高，残疾人家庭人均收入与社会平均水平相比还存在不小差距。三是残疾人公共服务总量不足、分布不均衡、质量效益还不高，残疾人就学就医、康复照护、无障碍等多样化需求还没有得到满足。四是残疾人平等权利还没有得到充分实现，歧视残疾人、侵害残疾人权益的现象还时有发生。五是残疾人事业仍然是经济社会发展的短板，欠发达地区、农村和基层为残疾人服务的能力尤其薄弱。

残疾人事业是中国特色社会主义事业的重要组成部分，扶残助残是社会文明进步的重要标志。习近平总书记强调，"残疾人事业一定要继续推动"，要"促进残疾人全面发展和共同富裕"。在全面建设社会主义现代化国家的新征程中，决不能让残疾人掉队。"十四五"时期，要继续加快发展残疾人事业，团结带领残疾人和全国人民一道，积极投身全面建设社会主义现代化国家的伟大实践，共建共享更加幸福美好的生活。

二、总体要求

（一）指导思想。

高举中国特色社会主义伟大旗帜，深入贯彻党的十九大和十九届二中、三中、四中、五中全会精神，坚持以习近平新时代中国特色社会主义思想为指导，贯彻落实习近平总书记关于残疾人事业的重要指示批示精神和党中央、国务院决策部署，立足新发展阶段、贯彻新发展理念、构建新发展格局，坚持弱有所扶，以推动残疾人事业高质量发展为主题，以巩固拓展残疾人脱贫攻坚成果、促进残疾人全面发展和共同富裕为主线，保障残疾人平等权利，增进残疾人民生福祉，增强残疾人自我发展能力，推动残疾人事业向着现代化迈进，不断满足残疾人美好生活需要。

（二）基本原则。

坚持党的全面领导。健全党委领导、政府负责的残疾人工作领导体制，为残疾人保障和发展提供坚强的政治保障、组织保障。

坚持以人民为中心。坚持对残疾人格外关心、格外关注，解决好残疾人最关心、最直接、最现实的利益问题。激发残疾人的积极性、主动性、创造性，不断增强残疾人的获得感、幸福感、安全感。

坚持保基本、兜底线。着力完善残疾人社会福利制度和关爱服务体系，织密扎牢残疾人民生保障安全网，堵漏洞、补短板、强弱项，改善残疾人生活品质，促进残疾人共享经济社会发展成果。

坚持固根基、提质量。深化残疾人服务供给侧改革，强化残疾人事业人才培养、科技应用、信息化、智能化等基础保障条件，推动残疾人事业高质量发展，满足残疾人多层次、多样化的发展需要。

坚持统筹协调、形成合力。发挥政府主导作用和社会力量、市场主体协同作用，发挥地方优势和基层首创精神，集成政策、整合资源、优化服务，促进残疾人事业与经济社会协调发展，推动城乡、区域残疾人事业均衡发展。

（三）主要目标。

到2025年，残疾人脱贫攻坚成果巩固拓展，生活品质得到新改善，民生福祉达到新水平。多层次的残疾人社会保障制度基本建立，残疾人基本民生得到稳定保障，重度残疾人得到更好照护。多形式的残疾人就业支持体系基本形成，残疾人实现较为充分较高质量的就业。均等化的残疾人基本公共服务体系更加完备，残疾人思想道德素养、科学文化素质和身心健康水平明显提高。无障碍环境持续优化，残疾人在政治、经济、文化、社会、家庭生活等各方面平等权利得到更好实现。残疾人事业基础保障条件明显改善，质量效益不断提升。

到 2035 年，残疾人事业与经济社会协调发展，与国家基本实现现代化目标相适应。残疾人物质生活更为宽裕，精神生活更为丰富，与社会平均水平的差距显著缩小。平等包容的社会氛围更加浓厚，残疾人充分享有平等参与、公平发展的权利，残疾人的全面发展和共同富裕取得更为明显的实质性进展。

类别	指标	2020 年	2025 年	属性
收入和就业	1. 残疾人家庭人均收入年均增长（％）	——	与国内生产总值增长基本同步	预期性
	2. 城乡残疾人职业技能培训人数（人）	——	200 万	预期性
社会保障和基本公共服务	3. 符合条件的残疾人纳入最低生活保障比例（％）	100	100	约束性
	4. 困难残疾人生活补贴覆盖率（％）	100	100	约束性
	5. 重度残疾人护理补贴覆盖率（％）	100	100	约束性
	6. 残疾人城乡居民基本养老保险参保率（％）	90	>90	预期性
	7. 残疾人城乡居民基本医疗保险参保率（％）	>95	>95	预期性
	8. 残疾儿童少年义务教育入学率（％）	95	97	预期性
	9. 残疾人基本康复服务覆盖率（％）	>80	85	约束性
	10. 残疾人辅助器具适配率（％）	>80	85	约束性
	11. 困难重度残疾人家庭无障碍改造数（户）	——	110 万	约束性

专栏 1　"十四五"残疾人保障和发展主要指标

三、重点任务

（一）完善残疾人社会保障制度，为残疾人提供更加稳定更高水平的民生保障。

1. 巩固拓展残疾人脱贫攻坚成果。健全易返贫致贫人口动态监测预警和帮扶机制，将符合条件的残疾人及时纳入易返贫致贫监测范围，对易返贫致贫残疾人及时给予有效帮扶。对脱贫人口中完全丧失劳动能力或部分丧失劳动能力且无法通过产业就业获得稳定收入的残疾人，按规定纳入农村低保或特困人员救助供养范围，做到应保尽保、应兜尽兜。做好易地搬迁残疾人后续帮扶工作。按照巩固拓展脱贫攻坚成果同乡村振兴有效衔接要求，持续做好农村低收入残疾人家庭帮扶工作。继续把残疾人帮扶作为东西部协作工作重要内容，持续动员社会力量参与残疾人帮扶。依法保障农村残疾人的土地承包经营权、宅基地使用权、集体收益分配权等权益。在深化农村集体产权制度改革中帮助残疾人共享集体经济发展成果。扶持农村残疾人参与乡村富民产业，分享产业链增值收益。充分发挥基层党组织在扶残助残中的重要作用，组织协调各方面资源力量加强对残疾人的关心关爱。

2. 强化残疾人社会救助保障。为符合条件的残疾人和残疾人家庭提供特困人员救助供养或最低生活保障。加强对生活无着流浪乞讨残疾人的救助安置和寻亲服务。做好对符合条件残疾人的医疗救助，强化医疗救助与基本医疗保险、大病保险的互补衔接，减轻困难残疾人医疗费用负担。加强临时救助，在重大疫情等突发公共事件中做好对困难残疾人的急难救助。

3. 加快发展残疾人托养和照护服务。积极发展服务类社会救助，推动开展残疾人长期照护服务。着力增强县级特困人员救助供养服务机构对残疾人特困对象的照护服务能力。鼓励通过政府购买服务对社会救助家庭中生活不能自理的残疾人提供必要的访视、照护服务。落实托养服务机构扶持政策，继续实施"阳光家园计划"，为就业年龄段（16—59周岁）智力、精神和重度肢体残疾人等提供托养服务，支持中西部地区残疾人托养服务发展。研究探索老年人能力评估标准、长期护理保险失能等级评估标准等与国家残疾人残疾分类和分级标准的衔接，支持养老服务机构完善服务功能，接收符合条件的盲人、聋人等老年残疾人。研究制定低收入重度残疾人照护服务指导意见，为符合条件的重度残疾人提供集中照护、日间照料、居家服务、邻里互助等多种形式的社会化照护服务。

4. 提高残疾人保险覆盖率和待遇水平。落实地方政府为重度残疾人代缴城乡居民基本养老保险费、资助符合条件的残疾人参加城乡居民基本医疗保险、对残疾人个体工商户和安置残疾人就业单位社会保险进行补贴等政策，帮助残疾人按规定参加基本养老和基本医疗保险，实现应保尽保。研究制定职工基本养老保险参保人员病残津贴政策。落实好29项符合条件的残疾人医疗康复项目纳入基本医保支付范围的政策，按规定做好重性精神病药物维持治疗参保患者门诊保障工作。支持就业残疾人依法参加失业保险，享受失业保险待遇。推进用人单位依法参加工伤保险，按规定支付工伤保险待遇，加强工伤预防和工伤职工康复工作。开展长期护理保险试点的地区，按规定将符合条件的残疾人纳入保障范围。鼓励残疾人参加意外伤害、补充养老等商业保险。鼓励商业保险机构开发残疾人商业保险产品、财产信托等服务。

5. 完善残疾人社会福利制度和社会优待政策。全面落实困难残疾人生活补贴和重度残疾人护理补贴制度，普遍建立补贴标准动态调整机制，有条件的地方可按规定扩大对象范围。有条件的地方可以对城乡困难残疾人、重度残疾人基本型辅助器具适配给予补贴，为残疾人携带辅助器具、导盲犬等乘坐公共交通工具、出入公共场所和进出境提供便利。落实低收入残疾人家庭生活用水、电、气、暖优惠补贴政策和电信业务资费优惠政策。落实残疾人机动轮椅车燃油补贴政策，落实残疾人乘坐市内公共汽车电车、城市轨道交通等优待政策，鼓励铁路、民航等为残疾人提供优惠便利。完善残疾人驾驶机动车政策。加强残疾孤儿、事实无人抚养残疾儿童医疗、康复、教育等服务，合理确定包括残疾孤儿、事实无人抚养残疾儿童在内的孤儿、事实无人抚养儿童等基本生活费标准，提升儿童福利机构安全管理水平和服务质量。加快建设精神卫生福利服务体系，为特殊困难精神残疾人提供康复、照护等服务。逐步实现在内地长期居住的港澳台地区残疾人享有居住地普惠性社会保障和公共服务。

6. 保障残疾人基本住房安全便利。优先解决低收入残疾人家庭住房安全问题。持续支持符合条件的农村低收入残疾人家庭实施危房改造，对符合条件的城镇残疾人家庭优先配租公租房，不断改善残疾人居住条件。城镇保障性住房建设、农村危房改造统筹考虑无障碍设施设备建设安装。

7. 落实残疾军人和伤残民警抚恤优待政策。构建科学化残疾评鉴、制度化退役安置、规范化收治休养、标准化待遇保障的伤病残军人安置管理和服务优待体系，合理确定残疾军人抚恤金标准，妥善解决伤病残军人生活待遇、子女入学等现实困难。修订《军人抚恤优待条例》、《人民警察抚恤优待办法》，加强相关抚恤优待工作，协调推动国家综合性消防救援队伍人员伤残优待政策落实落地。促进残疾军人、伤残民警残疾评定标准与国家残疾人残疾分类和分级标准合理衔接，保证残疾军人、伤残民警优先享受扶残助残政策待遇、普惠性社会保障和公共服务。

8. 加强重大疫情等突发公共事件中对残疾人的保护。推动公共卫生立法和突发公共事件应急预案保障残疾人等重点人群。制定重大疫情、自然灾害、安全事故等突发公共事件中残疾人社会支持和防护保护指南，研发适用于残疾人的专业救援技术和设备。加强残疾人集中场所和残疾人服务机构安全保障、应急服务、消防安全能力建设。村（社区）可以通过结对帮扶等方式，动员村（居）民协助残疾人更好应对突发灾害事故、及时疏散逃生。开展残疾人应急科普宣传，引导残疾人增强自救互救能力。

> 专栏2　残疾人社会保障重点项目
>
> 一、资金类
>
> 1. 最低生活保障。将符合条件的残疾人家庭全部纳入最低生活保障范围，低保边缘家庭的重度残疾人经本人申请参照单人户纳入低保范围。对纳入低保范围后生活仍有困难的残疾人和残疾人家庭，采取必要措施给予生活保障。
>
> 2. 困难残疾人生活补贴和重度残疾人护理补贴。完善困难残疾人生活补贴和重度残疾人护理补贴标准动态调整机制，补贴标准根据经济社会发展水平和残疾人生活保障需求、长期照护需求以及财政承受能力统筹确定，逐步完善补贴办法。推动两项补贴资格认定申请"跨省通办"，构建主动发现、精准发放、动态监管的智慧管理服务机制。
>
> 3. 残疾人基本型辅助器具适配资助。通过政府补贴等方式，对符合条件的残疾人适配辅助器具给予支持。
>
> 4. 残疾人电信业务资费优惠。合理降低残疾人使用移动电话、宽带网络等服务费用，减免残疾人使用助残公益类移动互联网应用程序（APP）流量资费。
>
> 5. 残疾评定补贴。为符合条件的低收入和重度残疾人残疾评定提供补贴和便利服务。
>
> 二、服务类
>
> 1. 困难残疾人走访探视服务。村（居）委会和残疾人协会对困难残疾人开展经常性走访探视，发现问题及时报告，协助予以解决。
>
> 2. 低收入重度残疾人照护服务。低收入重度残疾人数量和服务需求较多的乡镇（街道）可建立集中照护服务机构；有条件的村（社区）依托公共服务设施，为符合条件的重度残疾人提供集中照护、日间照料、居家服务、邻里互助等多种形式的社会化照护服务。
>
> 3. 就业年龄段残疾人托养服务。乡镇（街道）根据需要建立残疾人托养服务机构，或依托党群服务中心、社区服务中心、社会福利机构、社会组织、企业等为就业年龄段智力、精神和重度肢体残疾人等提供生活照料和护理、生活自理能力训练、社会适应能力训练、运动能力训练、职业康复与劳动技能训练、辅助性就业等服务。政府投资建设的市、县级残疾人托养服务机构要发挥示范作用。
>
> 4. 残疾人社会工作和家庭支持服务。开展残疾人社会工作服务，为残疾人建立社会支持网络，让更多残疾人有"微信群"、"朋友圈"。为残疾人家庭提供临时照护"喘息服务"、心理辅导和康复、教育等专业指导。逐步在残疾人服务机构中设置社会工作岗位。
>
> 5. 重大疫情等突发公共事件中困难残疾人急难救助。对因疫情防控在家隔离的残疾人，落实包保联系人，加强走访探视，及时提供必要帮助。因突发事件等紧急情况，监护人暂时无法履行监护职责、被监护人处于无人照料状态的，被监护人住所地的村（居）委会或者相关部门应当及时为被监护人提供必要的临时生活照护。

（二）帮扶城乡残疾人就业创业，帮助残疾人通过生产劳动过上更好更有尊严的生活。

1. 完善残疾人就业法规政策。修订实施《残疾人就业条例》。落实残疾人就业支持政策，保障残疾人就业培训、就业服务、补贴奖励等相关资金投入。完善残疾人按比例就业制度，制定党政机关、事业单位、国有企业带头安置残疾人就业办法，合理认定按比例安排残疾人就业形式。加强残疾人就业促进政策与社会保障政策的衔接，纳入低保范围的已就业残疾人可按规定在核算其家庭收入时扣减必要的就业成本，并在其家庭成员人均收入超过当地低保标准后给予一定时间的渐退期。按照国家有关规定，对残疾人就业先进个人和用人单位予以表彰。

2. 多渠道、多形式促进残疾人就业创业。开展残疾人就业促进专项行动。对正式招录（聘）残疾人的用人单位按规定给予岗位补贴、社会保险补贴、职业培训补贴、设施设备购置改造补贴、职业技能鉴定补贴等扶持，对超比例安排残疾人就业的用人单位给予奖励。规范残疾人按比例就业年审并实现全国联网认证。落实残疾人集中就业单位税费优惠、政府优先采购等扶持政策，稳定残疾人集中就业。支持非营利性残疾人集中就业机构持续发展。在经营场地、设施设备、社会保险补贴、金融信贷等方面扶持残疾人自主创业、灵活就业，鼓励残疾人通过新就业形态实现就业。加大对"阳光家园"、"残疾人之家"等辅助性就业机构的支持保障力度，组织智力、精神和重度肢体残疾人等就业更为困难的残疾人就近就便参加生产劳动、进行职业康复、实现社会融合。统筹现有公益性岗位，安排符合条件的残疾人就业。修订《盲人医疗按摩管理办法》，推动省级盲人按摩医院建设，制定盲人保健按摩有关标准，扶持和规范盲人按摩行业发展。拓宽残疾人特别是盲人在文化艺术、心理卫生和互联网服务等领域就业渠道。为残疾人特别是聋人参加职业技能培训、就业创业提供无障碍支持服务。支持手工制作等残疾妇女就业创业项目，鼓励残疾人参与文化产业。扶持残疾人亲属就业创业，实现零就业残疾人家庭至少有一人就业。

> **专栏3　残疾人就业补贴奖励重点项目**
>
> **一、补贴类**
> 1. 残疾人自主就业创业补贴。对自主创业、灵活就业的残疾人，按规定给予经营场所租赁补贴、社会保险补贴、职业培训和创业培训补贴、设施设备购置补贴、网络资费补助、一次性创业补贴；对求职创业的应届高校残疾人毕业生给予补贴。
> 2. 残疾学生见习补贴。对符合条件的残疾学生在见习期间给予一定标准的补贴。
> 3. 招录（聘）残疾人的用人单位补贴。对正式招录（聘）残疾人的用人单位，按规定给予岗位补贴、社会保险补贴、职业培训补贴、设施设备购置改造补贴、职业技能鉴定补贴；对安排残疾人见习的用人单位给予一次性补贴。
> 4. 辅助性就业机构补贴。对残疾人辅助性就业机构给予一次性建设、场地租金、机构运行、无障碍环境改造、生产设备和辅助器具购置等补贴。
> 5. 通过公益性岗位安排残疾人就业的用人单位补贴。对通过公益性岗位安排残疾人就业并缴纳社会保险费的用人单位给予社会保险补贴。
>
> **二、奖励类**
> 1. 超比例安排残疾人就业奖励。对超比例安排残疾人就业的用人单位给予奖励。
> 2. 残疾人就业服务奖励。充分发挥残疾人就业服务中心、公共就业服务机构、劳务派遣公司、经营性人力资源服务机构在残疾人就业供需对接方面的作用，对推荐残疾人稳定就业一年以上的单位，按就业人数给予奖励。

3. 提升残疾人职业素质和就业创业能力。制定实施《残疾人职业技能提升计划（2021—2025年）》，帮助有就业愿望和培训需求的残疾人普遍得到相应的职业素质培训、就业技能培训、岗位技能培训和创业培训。继续开展农村残疾人实用技术培训。支持符合条件的残疾人技能大师建立工作室。开发线上线下相结合的残疾人职业技能培训优质课程资源。完善残疾人职业技能培训保障和管理制度。研究制定残疾人职业技能培训补贴标准。开发适合残疾人就业或为残疾人服务的新职业。举办第七届全国残疾人职业技能竞赛暨第四届全国残疾人展能节、全国残疾人岗位精英职业技能竞赛等残疾人职业技能竞赛，组团参加国际残疾人职业技能竞赛。

4. 改进残疾人就业服务。健全残疾人就业服务体系，充分发挥残疾人就业服务机构和各类公共就业服务平台、人力资源服务机构、社会组织作用，为残疾人和用人单位提供全链条、专业化、精准化服务。建立残疾人就业辅导员制度，扩大就业辅导员队伍。为高校残疾人毕业生建立就业帮扶工作台账，按照"一人一档"、"一人一策"要求重点帮扶。将符合条件的就业困难残疾人纳入就业援助范围，持续开展"就业援助月"等专项就业服务活动。加强各级残疾人就业服务机构规范化建设，明确保障条件、专业人员配备等要求。通过政府购买服务等方式开展残疾人就业服务，拓宽服务渠道，提高服务质量。举办残疾人职业人才交流、残疾人就业产品市场营销、残疾人就业创业成果展示等活动。

5. 维护残疾人就业权益。合理确定残疾人取得职业资格和公务员、事业单位人员等入职的体检条件，对于具有正常履行职责的身体条件和心理素质的残疾人，应依法保障其平等就业权益。用人单位应当为残疾职工提供适合其身心特点的劳动条件、劳动保护、无障碍环境及合理便利，在晋职、晋级、职称评定、社会保险、生活福利等方面给予其平等待遇。加强残疾人就业劳动监察，坚决防范和打击侵害残疾人就业权益的行为。

专栏4　残疾人就业服务重点项目

1. 党政机关、事业单位按比例安排残疾人就业项目。编制50人以上（含50人）的省级、地市级党政机关，编制67人以上（含67人）的事业单位（中小学、幼儿园除外），安排残疾人就业未达到规定比例的，2025年前至少安排1名残疾人。县级及以上残联机关干部队伍中要有15%以上（含15%）的残疾人。

2. 农村残疾人就业帮扶基地建设项目。依托农村创业创新孵化实训基地和家庭农场、农民合作社、农业社会化服务组织等新型农业经营主体，扶持一批辐射带动能力强、经营管理规范、具有一定规模的残疾人就业帮扶基地，带动残疾人稳定就业、生产增收。

3. 残疾人职业技能培训和创业孵化基地建设项目。依托企业、职业院校、社会培训机构等，建设一批残疾人职业技能培训和创业孵化基地，打造残疾人职业技能培训、实习见习和就业创业示范服务平台。

4. 盲人按摩提升项目。大力推进盲人医疗按摩人员在医院、社区卫生服务机构等就业执业，完善职称评定有关规定。促进盲人保健按摩行业规范化、标准化、专业化、品牌化发展。

5. 残疾人新就业形态扶持项目。鼓励互联网平台企业、中介服务机构等帮助残疾人参与网络零售、云客服、直播带货、物流快递、小店经济等新就业形态。

6. 残疾人辅助性就业项目。加强残疾人辅助性就业机构能力建设，鼓励引导市场主体和社会力量提供辅助性就业服务，提升残疾人就业水平和质量。

7. 残疾人公益性岗位项目。地方设立的乡村保洁员、水管员、护路员、生态护林员、社会救助协理员、农家书屋管理员、社区服务人员等公益性岗位优先安排残疾人。

（三）健全残疾人关爱服务体系，提升残疾人康复、教育、文化、体育等公共服务质量。

1. 加强残疾人健康服务。全面推进残疾人家庭医生签约服务，支持保障签约医生为残疾人提供基本医疗、公共卫生和健康管理等个性化服务。加强和改善残疾人医疗服务，为残疾人提供就医便利，维护残疾人平等就医权利。加强残疾人心理健康服务。关注残疾妇女健康，开展生殖健康服务。将残疾人健康状况、卫生服务需求与利用等纳入国家卫生服务调查，加强残疾人健康状况评估。

2. 提升残疾人康复服务质量。完善残疾人基本康复服务目录，继续实施精准康复服务行动，提升康复服务质量，满足残疾人基本康复服务需求。落实残疾儿童康复救助制度，合理确定康复救助标准，增加康复服务供给，确保残疾儿童得到及时有效的康复服务。加强精神卫生综合管理服务，广泛开展精神障碍社区康复。健全综合医院康复医学科、康复医院（康复医疗中心）、基层医疗卫生机构三级康复医疗服务体系。加强残疾人康复机构建设，完善全面康复业务布局，充实职业康复、社会康复、心理康复等功能。支持儿童福利机构增加和完善康复功能，配备相应的康复设备和专业技术人员，与医疗机构加强合作，提高康复医疗服务能力。加强社区康复，推广残疾人自助、互助康复，促进康复服务市场化发展。建成高起点、高水平、国际化的康复大学，加快培养高素质、专业化康复人才。完善康复人才职称评定办法。加强康复学科建设和科学技术研究，发挥中医药在康复中的独特优势，推动康复服务高质量发展。

3. 加快发展康复辅助器具服务。开展康复辅助器具产业国家综合创新试点。推广安全适用的基本型康复辅助器具，加快康复辅助器具创新产品研发生产，增强优质康复辅助器具供给能力，推动康复辅助器具服务提质升级。鼓励实施公益性康复辅助器具适配项目。完善康复辅助器具适配服务网络，加强各级康复辅助器具适配服务机构建设，支持社会力量及医疗、康复、养老机构和残疾人教育、就业、托养机构开展康复辅助器具适配服务。推广社区康复辅助器具租赁、回收、维修等服务。完善康复辅助器具标准体系，充分发挥标准对康复辅助器具产业的支持和引领作用。加强康复辅助器具产品质量检验认证。搭建产业促进和信息交流平台，继续办好中国国际福祉博览会等展示交流活动。

4. 强化残疾预防。制定实施残疾预防行动计划，结合残疾预防日、预防出生缺陷日、爱眼日、爱耳日、全国防灾减灾日等节点，广泛开展残疾预防宣传教育，形成全人群、全生命周期的残疾预防意识。加强出生缺陷综合防治，构建覆盖城乡居民，涵盖婚前、孕前、孕期、新生儿期和儿童期各阶段的出生缺陷防治体系，继续针对先天性结构畸形等疾病实施干预救助项目，预防和减少出生缺陷、发育障碍致残。大力推进0—6岁儿童残疾筛查，建立筛查、诊断、康复救助衔接机制。加强省、市、县三级妇幼保健机构能力建设，夯实县、乡、村儿童保健服务网络，不断提升儿童致残性疾病早发现、早诊断、早干预、早康复能力和效果。实施慢性病预防干预措施，开展重大慢性病早诊早治，减少慢性病致残。开展社会心理服务和社区心理干预，预防和减少精神残疾发生。开展防盲治盲、防聋治聋工作，加强对麻风病等传染病和碘缺乏病、大骨节病等地方病的防控。加强安全生产、消防安全和交通安全管理，加强道路交通安全执法和安全防护设施建设，加快公共场所急救设备配备，提高自然灾害和火灾现场应急处置能力、突发事件紧急医学救援能力和院前急救能力，防止老年人跌倒、儿童意外伤害致残，减少因灾害、事故、职业伤害等致残。

> 专栏 5　残疾人健康和康复服务重点项目
>
> 1. 残疾人精准康复服务行动。开展残疾人康复需求调查评估，为残疾人普遍提供基本康复服务，为家庭照护者提供居家康复、照护技能培训和支持服务。针对特困残疾人和残疾孤儿实施"福康工程"、孤儿医疗康复明天计划等康复服务项目。
> 2. 残疾儿童康复救助项目。为符合条件的残疾儿童提供手术、辅助器具适配、康复训练等服务。有条件的地区，可扩大残疾儿童康复救助年龄范围，也可放宽对救助对象家庭经济条件的限制，合理确定救助标准，提高康复质量。
> 3. 精神卫生综合管理服务。开展严重精神障碍患者日常发现、登记报告、随访管理、服药指导、社区康复、心理支持和疏导等服务，为家庭照护者提供技能培训、心理支持和疏导等服务。健全精神障碍社区康复服务体系，实现80%以上县（市、区、旗）开展精神障碍社区康复服务。
> 4. 残疾人互助康复项目。推广脊髓损伤者"希望之家"、中途失明者"光明之家"、精神障碍患者家属专家交流互助等残疾人互助康复项目。
> 5. 康复辅助器具产业培育项目。鼓励康复辅助器具企业转型升级和并购重组，做大做强龙头企业，带动产业发展。
> 6. 康复专业人才培养项目。加强康复医疗人才队伍建设，开展残疾人康复专业技术人员规范化培训。将康复专业纳入全科医生、家庭医生、村医等培养培训内容。
> 7. 康复大学建设项目。建成高起点、高水平、国际化的康复大学，加强学科建设，加快培养高素质康复人才，推动现代康复医学基础研究。

5. 健全残疾人教育体系。坚持立德树人，促进残疾儿童少年德智体美劳全面发展。制定实施《第三期特殊教育提升计划（2021—2025年）》。巩固提高残疾儿童少年义务教育水平，加快发展非义务教育阶段特殊教育。健全普通学校随班就读支持保障体系，发挥残疾人教育专家委员会作用，实现适龄残疾儿童少年"一人一案"科学教育安置。着力发展以职业教育为重点的残疾人高中阶段教育，使完成义务教育且有意愿的残疾青少年都能接受适宜的中等职业教育。稳步推进残疾人高等教育，支持有条件的高校面向残疾考生开展单考单招，为残疾人接受高等教育提供支持服务。开展残疾人融合教育示范区、示范校和优秀教育教学案例遴选。支持高校开展残疾人融合教育。落实从学前到研究生教育全覆盖的学生资助政策，对家庭经济困难的残疾学生（幼儿）予以资助。为残疾学生提供辅助器具、特殊学习用品、康复训练和无障碍等支持服务，为残疾学生参加国家教育考试和部分职业考试提供合理便利。

6.完善特殊教育保障机制。发挥高校等机构特殊教育专业优势，建设国家和省级特殊教育资源中心（基地）。各省（自治区、直辖市）根据残疾学生规模、类型、分布等情况，因地制宜合理配置特殊教育资源。支持符合条件的儿童福利机构单独设立特教班、特教幼儿园、特教学校开展特殊教育。继续改善特殊教育学校办学条件，加强特殊教育学校规范化建设，推行新课标新教材，改革教学教研，建立学校、家庭、社会协同育人机制。加强特殊教育师资队伍建设，创新培养方式，按国家有关规定开展表彰奖励，提升教书育人能力素质。加强特殊教育督导和质量监测评估。制定实施《第二期国家手语和盲文规范化行动计划（2021—2025年）》，加快推广国家通用手语和国家通用盲文。

专栏6　残疾人教育重点项目

1. 残疾儿童少年义务教育巩固提高项目。县（市、区、旗）规范设立残疾人教育专家委员会，对适龄残疾儿童少年入学需求进行排查和评估，给予科学教育安置。推动各地规范送教上门工作。

2. 残疾幼儿学前康复教育发展项目。鼓励普通幼儿园招收具有接受普通教育能力的残疾幼儿，支持特殊教育学校、残疾儿童康复机构、儿童福利机构开展学前康复教育，有条件的地方建立残疾儿童学前康复教育机构，加强公办残疾儿童学前康复教育机构建设，支持视力、听力、智力残疾儿童和孤独症儿童接受学前康复教育。

3. 残疾人职业教育提升项目。支持普通职业院校招收具有接受普通教育能力的残疾学生。支持特殊教育学校与普通职业院校联合开展残疾人职业教育。鼓励各省（自治区、直辖市）至少办好一所面向全省（自治区、直辖市）招生的残疾人中等职业学校。支持中高等职业学校（含特教学校中职部）加强实训基地建设，为残疾学生实习实训提供保障和便利。

4. 融合教育推广项目。鼓励普通学校招收具有接受普通教育能力的残疾儿童少年，同等条件下在招生片区内优先安排残疾儿童少年就近就便入学。设置随班就读区域资源中心或资源教室，配备必要的教育教学、康复训练设施设备和专业人员。

5. 特殊教育师资培养项目。师范类院校和综合性院校的师范专业开设特殊教育课程。加强评估，提高师范类院校特殊教育专业质量和水平。实施特殊教育学校校长、特殊教育骨干教师和融合教育骨干教师培训项目。改进培养模式，加大中西部地区特殊教育教师定向培养力度。鼓励高校面向一线教师开展特殊教育专业硕士研究生教育。支持高校残疾人毕业生从事特殊教育。

续表

> 6. 手语盲文推广项目。丰富国家通用手语，加强手语翻译认证审核和注册管理，开展面向公共服务行业的国家通用手语推广。加强国家手语和盲文研究中心建设，依托华夏出版社和中国盲文出版社建设国家通用手语数字推广中心、国家通用盲文研究和推广中心。加强手语盲文研究推广人才培养。推动盲文数字化出版。推进国家通用手语、国家通用盲文在特殊教育教材中的应用。

7. 提升残疾人公共文化服务。鼓励残疾人参加"书香中国·阅读有我"等公共文化活动，持续开展"残疾人文化周"、"共享芬芳·共铸美好"等残疾人群众性文化艺术活动，推动基层创建一批残健融合文化服务示范中心（站、点），不断满足残疾人文化需求、增强残疾人精神力量。加强中西部和农村地区重度残疾人文化服务，为盲人、聋人提供无障碍文化服务。鼓励电视台、广播电台、网络视听媒体和融媒体中心开设残疾人专题节目。发展特殊艺术，鼓励残疾人参与文化艺术创作和非物质文化遗产传承，扶持残疾人题材图书等出版。扶持残疾人特殊艺术人才和师资培养。举办第十届、第十一届全国残疾人艺术汇演，举办国际特殊艺术交流活动。扶持中国残疾人艺术团和地方残疾人文艺小分队开展基层巡演。

8. 推动残疾人体育全面发展。筹办好北京冬残奥会，实现"简约、安全、精彩"目标。实施残疾人奥运争光行动，不断提高竞技水平，在北京冬残奥会和东京残奥会等重大国际赛事上力争好成绩。办好杭州亚残运会和第十一届、第十二届全国残运会暨特奥会等重大赛事。实施残疾人康复健身体育行动，将残疾人作为重点人群纳入全民健身公共服务体系建设，组织残疾人参加各级各类全民健身活动，推动残疾人康复健身体育身边化服务。加强残疾人体育运动保护研究。

专栏7　残疾人文化、体育服务重点项目

一、残疾人文化服务

1. "五个一"文化进家庭、进社区项目。为重度残疾人家庭开展"五个一"（读一本书、看一场电影、游一次园、参观一次展览、参加一次文化活动）文化服务。依托新时代文明实践中心和基层文化设施，增添必要的文化设备，推动基层创建一批残健融合文化服务示范中心（站、点）。

2. 盲人文化服务项目。为盲人提供盲文读物、有声读物、大字读物、数字阅读、无障碍电影电视剧等产品和服务。继续开展盲人数字阅读推广工程。推动公共图书馆盲人阅览室（区）建设，加强中国盲文图书馆和分支馆建设，增加公共图书馆盲文图书和视听文献资源。鼓励电影院线、有线电视提供无障碍影视服务。

3. 聋人文化服务项目。鼓励影视作品、网络视频加配字幕，鼓励有条件的省市级电视台开播国家通用手语或实时字幕栏目。

4. 网络视听媒体文化服务项目。加强残疾人融媒体平台建设，依托网络视听媒体开设残疾人文化宣传专题节目。

5. 特殊艺术推广项目。支持中国残疾人艺术团创编精品舞台演出剧目，培育"我的梦"特殊艺术品牌。鼓励残疾人参与文化艺术创作，支持残疾儿童少年艺术教育。

6. 残疾人文化产业发展项目。扶持一批吸纳较多残疾人就业、具有较好市场发展前景的文化产业基地。

二、残疾人体育发展

1. 残疾人奥运争光行动。完善训练、科研、医疗等复合型支撑团队，提高国家残疾人体育训练基地保障服务能力，不断提升残疾人竞技体育水平。

2. 残疾人康复健身体育行动。推广适合残疾人的康复健身体育项目、方法和器材，设立残疾人自强康复健身示范点，培养残疾人康复健身社会体育指导员。为重度残疾人提供康复体育进家庭服务。组织举办"残疾人冰雪运动季"、"残疾人健身周"、"全国特奥日"等群众性体育品牌活动。

9. 大力发展残疾人慈善事业和服务产业。鼓励残联、工会、共青团、妇联、科协等群团组织和社会组织、企事业单位等实施助残慈善项目。深入开展"青年志愿者助残阳光行动"、"关心我的残疾人邻居"、"牵着蜗牛去散步"和"集善优品"消费助残等志愿服务关爱行动。培育"集善工程"、"通向明天"等残疾人慈善事业品牌。生活服务业发展布局充分考虑残疾人需求，加快康复辅助器具、康复教育、托养照护、生活服务、无障碍、文化休闲等残疾人服务业发展，满足残疾人多元化、多层次品质生活需求。采取政府购买服务、政府和社会资本合作等方式，加快培育助残社会组织和企业，吸引社会力量和市场主体参与残疾人服务。

10. 加强残疾人服务标准化和行业管理。细化残疾人基本公共服务项目的设施建设、功能布局、施工规范、设备配置、人员配备、服务流程、管理规范等软硬件标准要求,完善标准体系,加强标准间统筹衔接和基层设施设备共建共享。加强康复、托养等残疾人服务行业管理,全面开展绩效评价,支持残疾人和残疾人亲属参与评价。在场地、设备、人才、技术等方面扶持各类残疾人服务机构发展,优先扶持公益性、普惠性残疾人服务机构,支持残疾人服务机构连锁化、品牌化运营。开展残疾人服务需求评估和服务资源调查,为残疾人提供适合的产品和服务。严格规范残疾评定和残疾人证核发管理,全面推行残疾人证电子证照应用,实现"跨省通办"。

(四)保障残疾人平等权利,为残疾人提供无障碍环境和便利化条件。

1. 提高残疾人事业法治化水平。落实宪法、民法典等法律法规关于保障残疾人权益的规定,健全残疾人权益保障法律法规体系,推动残疾人保障法等法律法规有效实施。涉及残疾人的立法应充分论证,开展反残疾歧视评估,广泛征询残疾人、残疾人组织和社会各方面意见。研究完善残疾人就业、无障碍环境建设法律制度,开展残疾人社会保障、残疾人成人监护等立法研究。将残疾人保障法等相关法律法规宣传教育纳入"八五"普法,认真落实"谁执法、谁普法"普法责任制,加大全媒体普法宣传力度。配合各级人大、政协开展残疾人保障法等法律法规执法检查、视察和调研。支持各地制定保护残疾人权益的地方性法规和优惠扶助规定。

2. 创新残疾人法律服务和权益维护。开展残疾人尊法学法守法用法专项行动。将残疾人作为公共法律服务的重点对象,完善公共法律服务平台无障碍功能,依据国家有关规定扩大残疾人法律援助覆盖面,重点提升残疾人法律援助质量。完善残疾人法律救助工作协调机制，培养助残公益律师队伍，开展法律援助志愿助残行动，为残疾人提供及时有效的法律救助服务。加强对残疾人的司法保护，方便残疾人诉讼。发挥"12385"残疾人服务热线和网络信访平台作用，建立健全残疾人权益维护应急处置机制。坚决打击侵害残疾人权益的违法犯罪行为。不断拓宽残疾人和残疾人组织民主参与、民主协商渠道，有效保障残疾人的知情权、参与权、表达权、监督权，支持更多残疾人、残疾人亲友和残疾人工作者进入各级人大、政协并提供履职便利。

3. 提升无障碍设施建设管理水平。新建设施严格执行无障碍相关标准规范。在乡村建设行动、城市更新行动、城镇老旧小区改造和居住社区建设中统筹推进无障碍设施建设和改造。城市道路、公共交通、社区服务设施、公共服务设施和残疾人服务设施、残疾人集中就业单位等加快开展无障碍设施建设和改造。提高残疾人家庭无障碍改造水平。加快推广无障碍公共厕所。探索传统无障碍设施设备数字化、智能化升级。开展无障碍市县村镇达标验收工作。提高无障碍设施规划建设管理水平，推进无障碍设计设施认证工作，提高全社会无障碍意识，加强无障碍监督，保障残疾人、老年人等通行安全和使用便利。

4. 加快发展信息无障碍。将信息无障碍作为数字社会、数字政府、智慧城市建设的重要组成部分，纳入文明城市测评指标。推广便利普惠的电信服务，加快政府政务、公共服务、电子商务、电子导航等信息无障碍建设，加快普及互联网网站、移动互联网应用程序和自助公共服务设备无障碍。推进智能化服务要适应残疾人需求，智能工具应当便于残疾人日常生活使用。促进信息无障碍国家标准推广应用，加强对互联网内容可访问性的测试、认证能力建设，开展互联网和移动互联网无障碍化评级评价。支持研发生产科技水平高、性价比优的信息无障碍终端产品。

专栏8　无障碍重点项目

一、无障碍设施

1. 道路交通无障碍。城市主要道路、主要商业区和大型居住区的人行天桥和人行地下通道配备无障碍设施，人行横道交通信号灯逐步完善无障碍服务功能。公共停车场和大型居住区的停车场设置并标明无障碍停车位。民用航空器、客运列车、客运船舶、公共汽车电车、城市轨道交通车辆等公共交通工具逐步配备无障碍设备。

2. 公共服务设施无障碍。加快推动医疗、教育、文化、体育、交通、金融、邮政、商业、旅游、餐饮等公共服务设施和特殊教育、康复、托养、社会福利等残疾人服务设施、残疾人集中就业单位无障碍改造。

3. 社区和家庭无障碍。居住建筑、居住社区建设无障碍设施。为困难重度残疾人家庭实施无障碍改造。

4. 无障碍公共厕所。加快推进公共服务设施、交通设施、旅游景区等无障碍公共厕所建设。

二、信息无障碍

1. 互联网网站和移动互联网应用程序信息无障碍。加快政府门户网站、政务服务平台和网上办事大厅信息无障碍建设。推动新闻资讯、社交通讯、生活购物、医疗健康、金融服务、学习教育、旅游出行等互联网网站、移动互联网应用程序（APP）的无障碍改造。

2. 自助服务终端信息无障碍。推进自助售卖设备、医院自助就医设备、银行自动柜员机、地铁自助检票设备、机场自助值机设备等自助公共服务设备的无障碍改造。

3. 食品药品说明信息无障碍。利用图像识别、二维码等技术加快食品药品信息识别无障碍。

4. 应急服务信息无障碍。把国家通用手语、国家通用盲文作为应急语言文字服务内容，政府新闻发布会和电视、网络发布突发公共事件信息时加配字幕和手语，医院、疏散避险场所和集中隔离场所等设置语音、字幕等信息提示装置。

三、无障碍服务

政府新闻发布会配备同步速录字幕、手语翻译，鼓励政务服务大厅和公共服务场所为残疾人提供字幕、手语、语音等服务。支持地方建设听力、言语残疾人无障碍信息服务平台。

5. 营造全社会助残和残疾人自强的文明社会氛围。深入开展习近平新时代中国特色社会主义思想学习教育，学习宣传习近平总书记关于残疾人事业的重要指示批示精神，坚持以社会主义核心价值观为引领，加强新时代中国特色残疾人事业理论和实践研究，厚植残疾人事业发展的思想文化基础。将扶残助残纳入公民道德建设、文明创建活动和新时代文明实践中心建设，弘扬人道主义精神和扶残助残传统美德，营造理解、尊重、关心、帮助残疾人的文明社会氛围。激发残疾人自强不息精神，鼓励残疾人自尊、自信、自强、自立。加强残疾人事业全媒体传播能力建设，办好全国助残日、国际残疾人日和全国残疾人事业好新闻作品评选等主题宣传活动，支持残疾人题材优秀纪录片、公益广告、网络视听节目制作播出。开展"全国自强模范"和助残先进评选表彰。

（五）完善支持保障条件，促进残疾人事业高质量发展。

1. 强化党委领导、政府负责的领导体制。加强党对残疾人工作的领导，确保习近平总书记关于残疾人事业的重要指示批示精神和党中央、国务院决策部署有效落实，为残疾人事业发展提供坚强政治保障。完善党委领导、政府负责、部门协同、社会参与、市场推动、残疾人组织充分发挥作用的领导体制和工作机制，各级政府残疾人工作委员会统筹协调，有关部门分工协作、履职尽责，形成协同高效的工作合力。

2. 健全多元化投入格局。各级政府按规定做好残疾人事业经费保障。加快构建预算绩效管理体系，资金原则上优先保障实施效果好、残疾人满意度高的项目。落实残疾人事业金融、税收等支持政策，吸引社会资本、慈善捐赠等资金，形成多渠道、多元化投入格局。

3. 加强基础设施和信息化建设。实现有条件的县（市、区、旗）残疾人服务设施全覆盖，促进服务设施规范运营和发挥效益。地方可对新建民办残疾人康复和托养机构给予支持。鼓励地方将政府投资建设的残疾人服务设施无偿或低价提供给公益性、普惠性残疾人服务机构使用。乡镇（街道）、村（社区）为残疾人服务提供场地保障。加强特殊教育学校、残疾人服务设施和基层残疾人组织的信息基础设施建设。推动残疾人基本公共服务项目纳入各地政务服务"一网通办"平台、社会保障卡等加载残疾人服务功能。坚持传统服务方式与智能化服务创新并行，建立线上线下相结合的残疾人服务体系，推动数字化服务在助残中的普惠应用。完善残疾人口基础数据，改进残疾人服务需求和服务供给调查统计，加强残疾人服务大数据建设。

4. 加快科技创新和人才培养。将科技助残纳入科技强国行动纲要，促进生命健康、人工智能等领域科学技术在残疾人服务中示范应用，开展残疾预防、主动健康、康复等基础研究，扶持智能化康复辅助器具、康复设备、盲文数字出版、无障碍等领域关键技术研究和产品推广应用。利用现有资源研究设立康复国家重点实验室，鼓励企业、高校、科研院所等参与残疾人服务科技创新和应用。推动建立从中职、高职到本科、硕士、博士等较为完整的残疾人服务相关专业人才培养体系，鼓励有条件的职业院校和普通本科院校增设康复治疗、康复工程技术、特殊教育、手语、盲文等相关专业，加强残疾人服务从业人员职业能力建设和职称评定，加快培养残疾人康复、教育、就业、托养照护、文化、体育、社会工作等专业人才队伍。

专栏9　基础设施、信息化和科技创新重点项目

1. 残疾人服务设施兜底线工程项目。继续支持残疾人康复、托养等服务设施建设，配置专业设备和器材。支持集中安置盲人医疗按摩人员执业的按摩专科医院建设。
2. 特殊教育学校提升项目。鼓励人口20万以上的县（市）独立设置特殊教育学校，有条件的省（自治区、直辖市）建立孤独症儿童特殊教育学校。各省（自治区、直辖市）扶持一所残疾人职业院校建设提升实训基地。
3. 精神卫生福利设施建设项目。优化精神卫生社会福利机构布局，改善现有设施条件，在精神卫生服务能力不足的地区建设100个左右精神卫生福利设施，逐步形成布局合理、功能完善的精神卫生福利设施体系，为困难精神障碍患者提供集中照护、康复服务。
4. 互联网康复项目。建立线上线下相结合的康复服务平台，支持"爱心阳光"中国残疾人综合服务云平台和华夏云课堂建设，为基层康复机构、残疾人、残疾儿童少年及其家长提供指导和服务。
5. 残疾人就业创业网络服务平台项目。完善全国残疾人职业技能培训管理系统、就业服务管理系统、按比例就业年审系统和盲人医疗按摩人员管理系统，保障系统有效运行。
6. 残疾人服务大数据建设项目。建设残疾人口基础信息和服务需求、服务资源信息数据库，实现与政府有关部门数据的联通共享，推动精准化服务和精细化管理。
7. 科技助残项目。实施相关科技计划项目，开展智能助听、中高端假肢、儿童康复机器人、基于智慧城市的无障碍等技术研究，推动3D盲文绿色印刷生产、语音字幕实时转换、智能化轮椅、柔性可穿戴外骨骼辅助机器人等技术和产品推广应用。

---

5. 促进残疾人事业城乡、区域协同发展。结合乡村建设行动，加强和改善农村残疾人服务。强化县城残疾人综合服务能力。城镇

公共服务设施辐射带动乡村残疾人服务，引导鼓励城镇残疾人服务资源向乡村延伸。城镇残疾人基本公共服务逐步覆盖常住人口。促进中西部、东北地区残疾人事业加快发展，鼓励东部地区探索率先实现残疾人事业现代化。支持革命老区、民族地区、边疆地区残疾人事业加快发展。促进京津冀残疾人事业协同发展，提升长江经济带、黄河流域残疾人事业整体水平，发挥粤港澳大湾区残疾人事业高质量发展先行示范作用，推进长三角残疾人公共服务便利共享。鼓励各地发挥地方优势创新残疾人保障和发展措施。

6. 增强基层为残疾人服务的能力。将残疾人公共服务纳入县（市、区、旗）、乡镇（街道）政府公共服务事项清单和村（居）委会承担的社区工作事项清单及协助政府的社区工作事项清单。实施县域残疾人服务能力提升行动，建设县、乡、村三级联动互补的基层残疾人服务网络。县（市、区、旗）明确残疾人基本公共服务实施标准，开展残疾人需求评估，加强服务资源统筹。乡镇（街道）普遍建立"阳光家园"、"残疾人之家"等服务机构，开展残疾人集中照护、日间照料、社区康复、辅助性就业等服务。将残疾人服务纳入城乡社区治理和服务体系建设，村（居）委会将残疾人作为重点服务对象，加强走访探视，根据残疾人需求协助政府做好集中照护、日间照料、居家服务、邻里互助、安全提示、辅助性就业、社会工作等服务，实现"乡乡有机构、村村有服务"。针对残疾人特殊困难推行上门办、网上办、就近办、一次办等便利化服务。发现侵犯残疾人合法权益的违法犯罪行为，及时报告并采取有效措施加以解决。支持各类社会组织在城乡社区有序开展助残服务。

7. 发挥残疾人组织桥梁纽带作用。各级残联要深入学习贯彻习近平新时代中国特色社会主义思想和习近平总书记关于残疾人事业的重要指示批示精神，以政治建设为统领，落实党的建设、全面从严治党各项任务，进一步增强"四个意识"、坚定"四个自信"、做到"两个维护"。发扬优良传统，履行好残联的"代表、服务、管理"职能，为残疾人解难，为党和政府分忧，把残疾人群众紧紧凝聚在党的周围，听党话、跟党走。深化各级残联改革建设，加强服务创新，增强工作活力。强化县（市、区、旗）和乡镇（街道）残联建设，实现村（社区）残疾人协会全覆盖。改善乡镇（街道）残联、村（社区）残协专职委员待遇，提高其履职能力。支持残疾人专门协会建设，发挥"代表、服务、维权、监督"职能。通过专兼挂等多种方式增强残疾人工作力量，培养忠诚、干净、担当，懂残疾人、知残疾人、爱残疾人、心系残疾人的高素质残联干部队伍。重视各级残联残疾人干部、年轻干部、基层干部培养选拔。加强各级残联党风廉政建设和反腐败斗争。广大残疾人工作者要不忘初心、牢记使命，自觉践行好干部标准，恪守职业道德，加强思想修养，提高专业素质，全心全意为残疾人服务。

8. 积极营造残疾人事业发展的良好国际环境。服务国家外交大局，履行联合国《残疾人权利公约》，落实2030年可持续发展议程涉残疾人可持续发展目标，参与国际残疾人事务。务实开展"一带一路"残疾人群体交流和残疾人事务合作，深化与重点国家及周边国家和地区残疾人事务合作。继续开展"亚太残疾人十年"等残疾人事务区域合作，支持康复国际等国际残疾人组织发挥作用。加强对外宣传，讲好中国残疾人故事，展示我国残疾人人权保障和发展成就。

四、实施机制

实施好本规划是各级政府和全社会的责任。国务院有关部门和单位要根据职责分工制定配套实施方案，各地区要依据本规划制定当地"十四五"残疾人保障和发展（或残疾人事业）规划，确保各项任务落到实处。

国务院残疾人工作委员会及有关部门要对规划实施情况进行年度监测、中期评估和总结评估，开展第三方评估和社会满意度调查，及时发现和解决规划实施中出现的问题。各地区要将当地"十四五"残疾人保障和发展（或残疾人事业）规划实施情况纳入政府工作考核。省级以上政府残疾人工作委员会要在"十四五"期末对规划实施情况进行评估总结，按照国家有关规定对先进典型予以表彰。

国务院办公厅印发关于切实解决老年人运用智能技术困难实施方案的通知

（2020年11月15日　国办发〔2020〕45号）

随着我国互联网、大数据、人工智能等信息技术快速发展，智能化服务得到广泛应用，深刻改变了生产生活方式，提高了社会治理和服务效能。但同时，我国老龄人口数量快速增长，不少老年人不会上网、不会使用智能手机，在出行、就医、消费等日常生活中遇到不便，无法充分享受智能化服务带来的便利，老年人面临的"数字鸿沟"问题日益凸显。为进一步推动解决老年人在运用智能技术方面遇到的困难，让老年人更好共享信息化发展成果，制定本实施方案。

一、总体要求

（一）指导思想。

以习近平新时代中国特色社会主义思想为指导，全面贯彻党的十九大和十九届二中、三中、四中、五中全会精神，认真落实党中央、国务院决策部署，坚持以人民为中心的发展思想，满足人民日益增长的美好生活需要，持续推动充分兼顾老年人需要的智慧社会建设，坚持传统服务方式与智能化服务创新并行，切实解决老年人在运用智能技术方面遇到的困难。要适应统筹推进疫情防控和经济社会发展工作要求，聚焦老年人日常生活涉及的高频事项，做实做细为老年人服务的各项工作，增进包括老年人在内的全体人民福祉，让老年人在信息化发展中有更多获得感、幸福感、安全感。

（二）基本原则。

——坚持传统服务与智能创新相结合。在各类日常生活场景中，必须保留老年人熟悉的传统服务方式，充分保障在运用智能技术方面遇到困难的老年人的基本需求；紧贴老年人需求特点，加强技术创新，提供更多智能化适老产品和服务，促进智能技术有效推广应用，让老年人能用、会用、敢用、想用。坚持"两条腿"走路，使智能化管理适应老年人，并不断改进传统服务方式，为老年人提供更周全、更贴心、更直接的便利化服务。

——坚持普遍适用与分类推进相结合。强化问题导向和需求导向，针对老年人在运用智能技术方面遇到的突出共性问题，采取普遍适用的政策措施；对不同年龄段、不同教育背景、不同生活环境和习惯的老年人，分类梳理问题，采取有针对性、差异化的解决方案。

——坚持线上服务与线下渠道相结合。线上服务更加突出人性化，充分考虑老年人习惯，便利老年人使用；线下渠道进一步优化流程、简化手续，不断改善老年人服务体验，与线上服务融合发展、互为补充，有效发挥兜底保障作用。

——坚持解决突出问题与形成长效机制相结合。围绕老年人出行、就医等高频事项和服务场景，抓紧解决目前最突出、最紧迫的问题，切实保障老年人基本服务需要；在此基础上，逐步总结积累经验，不断提升智能化服务水平，完善服务保障措施，建立长效机制，有效解决老年人面临的"数字鸿沟"问题。

（三）工作目标。

在政策引导和全社会的共同努力下，有效解决老年人在运用智能技术方面遇到的困难，让广大老年人更好地适应并融入智慧社会。到2020年底前，集中力量推动各项传统服务兜底保障到位，抓紧出台实施一批解决老年人运用智能技术最迫切问题的有效措施，切实满足老年人基本生活需要。到2021年底前，围绕老年人出行、就医、消费、文娱、办事等高频事项和服务场景，推动老年人享受智能化服务更加普遍，传统服务方式更加完善。到2022年底前，老年人享受智能化服务水平显著提升、便捷性不断提高，线上线下服务更加高效协同，解决老年人面临的"数字鸿沟"问题的长效机制基本建立。

二、重点任务

（一）做好突发事件应急响应状态下对老年人的服务保障。

1. 完善"健康码"管理，便利老年人通行。在新冠肺炎疫情低风险地区，除机场、铁路车站、长途客运站、码头和出入境口岸等特殊场所外，一般不用查验"健康码"。对需查验"健康码"的情形，通过技术手段将疫情防控相关信息自动整合到"健康码"，简化操作以适合老年人使用，优化代办代查等服务，继续推行"健康码"全国互通互认，便利老年人跨省通行。各地不得将"健康码"作为人员通行的唯一凭证，对老年人等群体可采取凭有效身份证件登记、持纸质证明通行、出示"通信行程卡"作为辅助行程证明等替代措施。有条件的地区和场所要为不使用智能手机的老年人设立"无健康码通道"，做好服务引导和健康核验。在充分保障个人信息安全前提下，推进"健康码"与身份证、社保卡、老年卡、市民卡等互相关联，逐步实现"刷卡"或"刷脸"通行。对因"健康码"管理不当造成恶劣影响的，根据有关规定追究相关单位

负责人的责任。（国家卫生健康委、国务院办公厅、工业和信息化部牵头，相关部门及各地区按职责分工负责）

2. 保障居家老年人基本服务需要。在常态化疫情防控下，为有效解决老年人无法使用智能技术获取线上服务的困难，组织、引导、便利城乡社区组织、机构和各类社会力量进社区、进家庭，建设改造一批社区便民消费服务中心、老年服务站等设施，为居家老年人特别是高龄、空巢、失能、留守等重点群体，提供生活用品代购、餐饮外卖、家政预约、代收代缴、挂号取药、上门巡诊、精神慰藉等服务，满足基本生活需求。（商务部、民政部、住房城乡建设部、国家卫生健康委等相关部门按职责分工负责）

3. 在突发事件处置中做好帮助老年人应对工作。在自然灾害、事故灾难、公共卫生事件、社会安全事件等突发事件处置中，需采取必要智能化管理和服务措施的，要在应急预案中统筹考虑老年人需要，提供突发事件风险提醒、紧急避难场所提示、"一键呼叫"应急救援、受灾人群转移安置、救灾物资分配发放等线上线下相结合的应急救援和保障服务，切实解决在应急处置状态下老年人遇到的困难。（应急部、公安部、国家卫生健康委等相关部门及各地区按职责分工负责）

（二）便利老年人日常交通出行。

4. 优化老年人打车出行服务。保持巡游出租车扬召服务，对电召服务要提高电话接线率。引导网约车平台公司优化约车软件，增设"一键叫车"功能，鼓励提供电召服务，对老年人订单优先派车。鼓励有条件的地区在医院、居民集中居住区、重要商业区等场所设置出租车候客点、临时停靠点，依托信息化技术提供便捷叫车服务。（交通运输部及各地区按职责分工负责）

5. 便利老年人乘坐公共交通。铁路、公路、水运、民航客运等公共交通在推行移动支付、电子客票、扫码乘车的同时，保留使

81

用现金、纸质票据、凭证、证件等乘车的方式。推进交通一卡通全国互通与便捷应用，支持具备条件的社保卡增加交通出行功能，鼓励有条件的地区推行老年人凭身份证、社保卡、老年卡等证件乘坐城市公共交通。（交通运输部、人力资源社会保障部、人民银行、国家铁路局、中国民航局、中国国家铁路集团有限公司及各地区按职责分工负责）

6. 提高客运场站人工服务质量。进一步优化铁路、公路、水运、民航客运场站及轨道交通站点等窗口服务，方便老年人现场购票、打印票证等。高速公路服务区、收费站等服务窗口要为老年人提供咨询、指引等便利化服务和帮助。（交通运输部、国家铁路局、中国民航局、中国国家铁路集团有限公司及各地区按职责分工负责）

（三）便利老年人日常就医。

7. 提供多渠道挂号等就诊服务。医疗机构、相关企业要完善电话、网络、现场等多种预约挂号方式，畅通家人、亲友、家庭签约医生等代老年人预约挂号的渠道。医疗机构应提供一定比例的现场号源，保留挂号、缴费、打印检验报告等人工服务窗口，配备导医、志愿者、社会工作者等人员，为老年人提供就医指导服务。（国家卫生健康委负责）

8. 优化老年人网上办理就医服务。简化网上办理就医服务流程，为老年人提供语音引导、人工咨询等服务，逐步实现网上就医服务与医疗机构自助挂号、取号叫号、缴费、打印检验报告、取药等智能终端设备的信息联通，促进线上线下服务结合。推动通过身份证、社保卡、医保电子凭证等多介质办理就医服务，鼓励在就医场景中应用人脸识别等技术。（国家卫生健康委、公安部、人力资源社会保障部、国家医保局等相关部门按职责分工负责）

9. 完善老年人日常健康管理服务。搭建社区、家庭健康服务平台，由家庭签约医生、家人和有关市场主体等共同帮助老年人获得健康监测、咨询指导、药品配送等服务，满足居家老年人的健康需求。推进"互联网+医疗健康"，提供老年人常见病、慢性病复诊以及随访管理等服务。（国家卫生健康委负责）

（四）便利老年人日常消费。

10. 保留传统金融服务方式。任何单位和个人不得以格式条款、通知、声明、告示等方式拒收现金。要改善服务人员的面对面服务，零售、餐饮、商场、公园等老年人高频消费场所，水电气费等基本公共服务费用、行政事业性费用缴纳，应支持现金和银行卡支付。强化支付市场监管，加大对拒收现金、拒绝银行卡支付等歧视行为的整改整治力度。采用无人销售方式经营的场所应以适当方式满足消费者现金支付需求，提供现金支付渠道或转换手段。（人民银行、国家发展改革委、市场监管总局、银保监会等相关部门按职责分工负责）

11. 提升网络消费便利化水平。完善金融科技标准规则体系，推动金融机构、非银行支付机构、网络购物平台等优化用户注册、银行卡绑定和支付流程，打造大字版、语音版、民族语言版、简洁版等适老手机银行APP，提升手机银行产品的易用性和安全性，便利老年人进行网上购物、订餐、家政、生活缴费等日常消费。平台企业要提供技术措施，保障老年人网上支付安全。（人民银行、国家发展改革委、市场监管总局、银保监会、证监会等相关部门按职责分工负责）

（五）便利老年人文体活动。

12. 提高文体场所服务适老化程度。需要提前预约的公园、体育健身场馆、旅游景区、文化馆、图书馆、博物馆、美术馆等场所，应保留人工窗口和电话专线，为老年人保留一定数量的线下免预约进入或购票名额。同时，在老年人进入文体场馆和旅游景区、获取电子讲解、参与全民健身赛事活动、使用智能健身器械等方

面，提供必要的信息引导、人工帮扶等服务。（文化和旅游部、住房城乡建设部、体育总局及各地区按职责分工负责）

13. 丰富老年人参加文体活动的智能化渠道。引导公共文化体育机构、文体和旅游类企业提供更多适老化智能产品和服务，同时开展丰富的传统文体活动。针对广场舞、群众歌咏等方面的普遍文化需求，开发设计适老智能应用，为老年人社交娱乐提供便利。探索通过虚拟现实、增强现实等技术，帮助老年人便捷享受在线游览、观赛观展、体感健身等智能化服务。（文化和旅游部、体育总局及各地区按职责分工负责）

（六）便利老年人办事服务。

14. 优化"互联网+政务服务"应用。依托全国一体化政务服务平台，进一步推进政务数据共享，优化政务服务，实现社会保险待遇资格认证、津贴补贴领取等老年人高频服务事项便捷办理，让老年人办事少跑腿。各级政务服务平台应具备授权代理、亲友代办等功能，方便不使用或不会操作智能手机的老年人网上办事。（国务院办公厅牵头，相关部门及各地区按职责分工负责）

15. 设置必要的线下办事渠道。医疗、社保、民政、金融、电信、邮政、信访、出入境、生活缴费等高频服务事项，应保留线下办理渠道，并向基层延伸，为老年人提供便捷服务。实体办事大厅和社区综合服务设施应合理布局，配备引导人员，设置现场接待窗口，优先接待老年人，推广"一站式"服务，进一步改善老年人办事体验。（相关部门及各地区按职责分工负责）

（七）便利老年人使用智能化产品和服务应用。

16. 扩大适老化智能终端产品供给。推动手机等智能终端产品适老化改造，使其具备大屏幕、大字体、大音量、大电池容量、操作简单等更多方便老年人使用的特点。积极开发智能辅具、智能家居和健康监测、养老照护等智能化终端产品。发布智慧健康养老产品及服务推广目录，开展应用试点示范，按照适老化要求推动智能终端持续优化升级。建设智慧健康养老终端设备的标准及检测公共服务平台，提升适老产品设计、研发、检测、认证能力。（工业和信息化部、国家发展改革委、民政部、国家卫生健康委、市场监管总局等相关部门按职责分工负责）

17. 推进互联网应用适老化改造。组织开展互联网网站、移动互联网应用改造专项行动，重点推动与老年人日常生活密切相关的政务服务、社区服务、新闻媒体、社交通讯、生活购物、金融服务等互联网网站、移动互联网应用适老化改造，使其更便于老年人获取信息和服务。优化界面交互、内容朗读、操作提示、语音辅助等功能，鼓励企业提供相关应用的"关怀模式"、"长辈模式"，将无障碍改造纳入日常更新维护。（工业和信息化部、民政部、人民银行、银保监会、证监会等相关部门按职责分工负责）

18. 为老年人提供更优质的电信服务。持续开展电信普遍服务试点，推进行政村移动网络深度覆盖，加强偏远地区养老服务机构、老年活动中心等宽带网络覆盖。开展精准降费，引导基础电信企业为老年人提供更大力度的资费优惠，合理降低使用手机、宽带网络等服务费用，推出更多老年人用得起的电信服务。（工业和信息化部、财政部、国务院国资委等相关部门按职责分工负责）

19. 加强应用培训。针对老年人在日常生活中的应用困难，组织行业培训机构和专家开展专题培训，提高老年人对智能化应用的操作能力。鼓励亲友、村（居）委会、老年协会、志愿者等为老年人运用智能化产品提供相应帮助。引导厂商针对老年人常用的产品功能，设计制作专门的简易使用手册和视频教程。（教育部、民政部、人力资源社会保障部、国家卫生健康委、市场监管总局、银保监会、证监会等相关部门按职责分工负责）

20. 开展老年人智能技术教育。将加强老年人运用智能技术能力列为老年教育的重点内容,通过体验学习、尝试应用、经验交流、互助帮扶等,引导老年人了解新事物、体验新科技,积极融入智慧社会。推动各类教育机构针对老年人研发全媒体课程体系,通过老年大学(学校)、养老服务机构、社区教育机构等,采取线上线下相结合的方式,帮助老年人提高运用智能技术的能力和水平。(教育部、民政部、国家卫生健康委等相关部门按职责分工负责)

三、保障措施

(一)健全工作机制。建立国家发展改革委、国家卫生健康委牵头,国务院各有关部门参加的部际联席会议机制,明确责任分工,加强统筹推进。各地区要建立相应的协调推进机制,细化措施,确保任务落实到位。各地区、各部门要加强工作协同和信息共享,形成统筹推进、分工负责、上下联动的工作格局,加快建立解决老年人面临"数字鸿沟"问题的长效机制。(国家发展改革委、国家卫生健康委牵头,相关部门及各地区按职责分工负责)

(二)完善法规规范。加快推动制修订涉及现金支付、消费者权益保护、防止诈骗、无障碍改造等相关法律法规和部门规章,切实保障老年人使用智能技术过程中的各项合法权益。各地区要围绕出行、就医、消费、办事等老年人日常生活需求,推动相关地方性法规制修订工作。加快推进相关智能产品与服务标准规范制修订工作,进一步明确有关适老化的内容。(司法部、人民银行、市场监管总局牵头,相关部门及各地区按职责分工负责)

(三)加强督促落实。各地区、各部门要明确时间表、路线图,建立工作台账,强化工作落实,及时跟踪分析涉及本地区、本部门的相关政策措施实施进展及成效,确保各项工作措施做实做细、落实到位。要定期组织开展第三方评估,对各地区公共服务适老化程度进行评价,相关结果纳入积极应对人口老龄化综合评估。(国家发展改革委、国家卫生健康委牵头,相关部门及各地区按职责分工

负责）

（四）保障信息安全。规范智能化产品和服务中的个人信息收集、使用等活动，综合运用多种安全防护手段和风险控制措施，加强技术监测和监督检查，及时曝光并处置违法违规获取个人信息等行为。实施常态化综合监管，加强与媒体等社会力量合作，充分依托各类举报投诉热线，严厉打击电信网络诈骗等违法行为，切实保障老年人安全使用智能化产品、享受智能化服务。（中央网信办、工业和信息化部、公安部等相关部门按职责分工负责）

（五）开展普及宣传。将促进老年人融入智慧社会作为人口老龄化国情教育重点，加强正面宣传和舆论监督，弘扬尊重和关爱老年人的社会风尚。开展智慧助老行动，将解决老年人运用智能技术困难相关工作，纳入老年友好城市、老年友好社区、老年宜居环境等建设中统筹推进。对各地区有益做法、典型案例及时进行宣传报道，组织开展经验交流。（中央宣传部、中央网信办、国家发展改革委、住房城乡建设部、国家卫生健康委等相关部门按职责分工负责）

残疾预防和残疾人康复条例

（2017年1月11日国务院第161次常务会议通过　根据2018年9月18日《国务院关于修改部分行政法规的决定》修正）

第一章　总　　则

第一条　为了预防残疾的发生、减轻残疾程度，帮助残疾人恢复或者补偿功能，促进残疾人平等、充分地参与社会生活，发展残疾预防和残疾人康复事业,根据《中华人民共和国残疾人保障法》,制定本条例。

第二条 本条例所称残疾预防,是指针对各种致残因素,采取有效措施,避免个人心理、生理、人体结构上某种组织、功能的丧失或者异常,防止全部或者部分丧失正常参与社会活动的能力。

本条例所称残疾人康复,是指在残疾发生后综合运用医学、教育、职业、社会、心理和辅助器具等措施,帮助残疾人恢复或者补偿功能,减轻功能障碍,增强生活自理和社会参与能力。

第三条 残疾预防和残疾人康复工作应当坚持以人为本,从实际出发,实行预防为主、预防与康复相结合的方针。

国家采取措施为残疾人提供基本康复服务,支持和帮助其融入社会。禁止基于残疾的歧视。

第四条 县级以上人民政府领导残疾预防和残疾人康复工作,将残疾预防和残疾人康复工作纳入国民经济和社会发展规划,完善残疾预防和残疾人康复服务和保障体系,建立政府主导、部门协作、社会参与的工作机制,实行工作责任制,对有关部门承担的残疾预防和残疾人康复工作进行考核和监督。乡镇人民政府和街道办事处根据本地区的实际情况,组织开展残疾预防和残疾人康复工作。

县级以上人民政府负责残疾人工作的机构,负责残疾预防和残疾人康复工作的组织实施与监督。县级以上人民政府有关部门在各自的职责范围内做好残疾预防和残疾人康复有关工作。

第五条 中国残疾人联合会及其地方组织依照法律、法规、章程或者接受政府委托,开展残疾预防和残疾人康复工作。

工会、共产主义青年团、妇女联合会、红十字会等依法做好残疾预防和残疾人康复工作。

第六条 国家机关、社会组织、企业事业单位和城乡基层群众性自治组织应当做好所属范围内的残疾预防和残疾人康复工作。从事残疾预防和残疾人康复工作的人员应当依法履行职责。

第七条 社会各界应当关心、支持和参与残疾预防和残疾人康复事业。

新闻媒体应当积极开展残疾预防和残疾人康复的公益宣传。

国家鼓励和支持组织、个人提供残疾预防和残疾人康复服务，捐助残疾预防和残疾人康复事业，兴建相关公益设施。

第八条 国家鼓励开展残疾预防和残疾人康复的科学研究和应用，提高残疾预防和残疾人康复的科学技术水平。

国家鼓励开展残疾预防和残疾人康复领域的国际交流与合作。

第九条 对在残疾预防和残疾人康复工作中作出显著成绩的组织和个人，按照国家有关规定给予表彰、奖励。

第二章 残疾预防

第十条 残疾预防工作应当覆盖全人群和全生命周期，以社区和家庭为基础，坚持普遍预防和重点防控相结合。

第十一条 县级以上人民政府组织有关部门、残疾人联合会等开展下列残疾预防工作：

（一）实施残疾监测，定期调查残疾状况，分析致残原因，对遗传、疾病、药物、事故等主要致残因素实施动态监测；

（二）制定并实施残疾预防工作计划，针对主要致残因素实施重点预防，对致残风险较高的地区、人群、行业、单位实施优先干预；

（三）做好残疾预防宣传教育工作，普及残疾预防知识。

第十二条 卫生主管部门在开展孕前和孕产期保健、产前筛查、产前诊断以及新生儿疾病筛查，传染病、地方病、慢性病、精神疾病等防控，心理保健指导等工作时，应当做好残疾预防工作，针对遗传、疾病、药物等致残因素，采取相应措施消除或者降低致残风险，加强临床早期康复介入，减少残疾的发生。

公安、安全生产监督管理、食品安全监督管理、药品监督管理、生态环境、防灾减灾救灾等部门在开展交通安全、生产安全、食品安全、药品安全、生态环境保护、防灾减灾救灾等工作时，应当针对事故、环境污染、灾害等致残因素，采取相应措施，减少残疾的发生。

第十三条 国务院卫生、教育、民政等有关部门和中国残疾人联合会在履行职责时应当收集、汇总残疾人信息，实现信息共享。

第十四条 承担新生儿疾病和未成年人残疾筛查、诊断的医疗卫生机构应当按照规定将残疾和患有致残性疾病的未成年人信息，向所在地县级人民政府卫生主管部门报告。接到报告的卫生主管部门应当按照规定及时将相关信息与残疾人联合会共享，并共同组织开展早期干预。

第十五条 具有高度致残风险的用人单位应当对职工进行残疾预防相关知识培训，告知作业场所和工作岗位存在的致残风险，并采取防护措施，提供防护设施和防护用品。

第十六条 国家鼓励公民学习残疾预防知识和技能，提高自我防护意识和能力。

未成年人的监护人应当保证未成年人及时接受政府免费提供的疾病和残疾筛查，努力使有出生缺陷或者致残性疾病的未成年人及时接受治疗和康复服务。未成年人、老年人的监护人或者家庭成员应当增强残疾预防意识，采取有针对性的残疾预防措施。

第三章 康复服务

第十七条 县级以上人民政府应当组织卫生、教育、民政等部门和残疾人联合会整合从事残疾人康复服务的机构（以下称康复机构）、设施和人员等资源，合理布局，建立和完善以社区康复为基础、康复机构为骨干、残疾人家庭为依托的残疾人康复服务体系，以实用、易行、受益广的康复内容为重点，为残疾人提供综合性的康复服务。

县级以上人民政府应当优先开展残疾儿童康复工作，实行康复与教育相结合。

第十八条　县级以上人民政府根据本行政区域残疾人数量、分布状况、康复需求等情况，制定康复机构设置规划，举办公益性康复机构，将康复机构设置纳入基本公共服务体系规划。

县级以上人民政府支持社会力量投资康复机构建设，鼓励多种形式举办康复机构。

社会力量举办的康复机构和政府举办的康复机构在准入、执业、专业技术人员职称评定、非营利组织的财税扶持、政府购买服务等方面执行相同的政策。

第十九条　康复机构应当具有符合无障碍环境建设要求的服务场所以及与所提供康复服务相适应的专业技术人员、设施设备等条件，建立完善的康复服务管理制度。

康复机构应当依照有关法律、法规和标准、规范的规定，为残疾人提供安全、有效的康复服务。鼓励康复机构为所在区域的社区、学校、家庭提供康复业务指导和技术支持。

康复机构的建设标准、服务规范、管理办法由国务院有关部门商中国残疾人联合会制定。

县级以上人民政府有关部门应当依据各自职责，加强对康复机构的监督管理。残疾人联合会应当及时汇总、发布康复机构信息，为残疾人接受康复服务提供便利，各有关部门应当予以支持。残疾人联合会接受政府委托对康复机构及其服务质量进行监督。

第二十条　各级人民政府应当将残疾人社区康复纳入社区公共服务体系。

县级以上人民政府有关部门、残疾人联合会应当利用社区资源，根据社区残疾人数量、类型和康复需求等设立康复场所，或者通过政府购买服务方式委托社会组织，组织开展康复指导、日常生活能力训练、康复护理、辅助器具配置、信息咨询、知识普及和转介等社区康复工作。

城乡基层群众性自治组织应当鼓励和支持残疾人及其家庭成员参加社区康复活动，融入社区生活。

第二十一条　提供残疾人康复服务，应当针对残疾人的健康、日常活动、社会参与等需求进行评估，依据评估结果制定个性化康复方案，并根据实施情况对康复方案进行调整优化。制定、实施康复方案，应当充分听取、尊重残疾人及其家属的意见，告知康复措施的详细信息。

提供残疾人康复服务，应当保护残疾人隐私，不得歧视、侮辱残疾人。

第二十二条　从事残疾人康复服务的人员应当具有人道主义精神，遵守职业道德，学习掌握必要的专业知识和技能并能够熟练运用；有关法律、行政法规规定需要取得相应资格的，还应当依法取得相应的资格。

第二十三条　康复机构应当对其工作人员开展在岗培训，组织学习康复专业知识和技能，提高业务水平和服务能力。

第二十四条　各级人民政府和县级以上人民政府有关部门、残疾人联合会以及康复机构等应当为残疾人及其家庭成员学习掌握康复知识和技能提供便利条件，引导残疾人主动参与康复活动，残疾人的家庭成员应当予以支持和帮助。

第四章 保障措施

第二十五条 各级人民政府应当按照社会保险的有关规定将残疾人纳入基本医疗保险范围，对纳入基本医疗保险支付范围的医疗康复费用予以支付；按照医疗救助的有关规定，对家庭经济困难的残疾人参加基本医疗保险给予补贴，并对经基本医疗保险、大病保险和其他补充医疗保险支付医疗费用后仍有困难的给予医疗救助。

第二十六条 国家建立残疾儿童康复救助制度，逐步实现0-6岁视力、听力、言语、肢体、智力等残疾儿童和孤独症儿童免费得到手术、辅助器具配置和康复训练等服务；完善重度残疾人护理补贴制度；通过实施重点康复项目为城乡贫困残疾人、重度残疾人提供基本康复服务，按照国家有关规定对基本型辅助器具配置给予补贴。具体办法由国务院有关部门商中国残疾人联合会根据经济社会发展水平和残疾人康复需求等情况制定。

国家多渠道筹集残疾人康复资金，鼓励、引导社会力量通过慈善捐赠等方式帮助残疾人接受康复服务。工伤保险基金、残疾人就业保障金等按照国家有关规定用于残疾人康复。

有条件的地区应当根据本地实际情况提高保障标准，扩大保障范围，实施高于国家规定水平的残疾人康复保障措施。

第二十七条 各级人民政府应当根据残疾预防和残疾人康复工作需要，将残疾预防和残疾人康复工作经费列入本级政府预算。

从事残疾预防和残疾人康复服务的机构依法享受有关税收优惠政策。县级以上人民政府有关部门对相关机构给予资金、设施设备、土地使用等方面的支持。

第二十八条 国家加强残疾预防和残疾人康复专业人才的培养；鼓励和支持高等学校、职业学校设置残疾预防和残疾人康复相关专业或者开设相关课程，培养专业技术人员。

县级以上人民政府卫生、教育等有关部门应当将残疾预防和残疾人康复知识、技能纳入卫生、教育等相关专业技术人员的继续教育。

第二十九条　国务院人力资源社会保障部门应当会同国务院有关部门和中国残疾人联合会，根据残疾预防和残疾人康复工作需要，完善残疾预防和残疾人康复专业技术人员职业能力水平评价体系。

第三十条　省级以上人民政府及其有关部门应当积极支持辅助器具的研发、推广和应用。

辅助器具研发、生产单位依法享受有关税收优惠政策。

第三十一条　各级人民政府和县级以上人民政府有关部门按照国家有关规定，保障残疾预防和残疾人康复工作人员的待遇。县级以上人民政府人力资源社会保障等部门应当在培训进修、表彰奖励等方面，对残疾预防和残疾人康复工作人员予以倾斜。

第五章　法　律　责　任

第三十二条　地方各级人民政府和县级以上人民政府有关部门未依照本条例规定履行残疾预防和残疾人康复工作职责，或者滥用职权、玩忽职守、徇私舞弊的，依法对负有责任的领导人员和直接责任人员给予处分。

各级残疾人联合会有违反本条例规定的情形的，依法对负有责任的领导人员和直接责任人员给予处分。

第三十三条　医疗卫生机构、康复机构及其工作人员未依照本条例规定开展残疾预防和残疾人康复工作的，由有关主管部门按照各自职责分工责令改正，给予警告；情节严重的，责令暂停相关执业活动，依法对负有责任的领导人员和直接责任人员给予处分。

第三十四条　具有高度致残风险的用人单位未履行本条例第十五条规定的残疾预防义务，违反安全生产、职业病防治等法律、行政法规规定的，依照有关法律、行政法规的规定给予处罚；有关法律、行政法规没有规定的，由有关主管部门按照各自职责分工责令改正，给予警告；拒不改正的，责令停产停业整顿。用人单位还应当依法承担救治、保障等义务。

第三十五条　违反本条例规定，构成犯罪的，依法追究刑事责任；造成人身、财产损失的，依法承担赔偿责任。

第六章　附　　则

第三十六条　本条例自 2017 年 7 月 1 日起施行。

残疾人教育条例

（1994 年 8 月 23 日中华人民共和国国务院令第 161 号发布　根据 2011 年 1 月 8 日《国务院关于废止和修改部分行政法规的决定》修订　2017 年 1 月 11 日国务院第 161 次常务会议修订通过　2017 年 2 月 1 日中华人民共和国国务院令第 674 号公布　自 2017 年 5 月 1 日起施行）

第一章　总　　则

第一条　为了保障残疾人受教育的权利，发展残疾人教育事业，根据《中华人民共和国教育法》和《中华人民共和国残疾人保障法》，制定本条例。

第二条 国家保障残疾人享有平等接受教育的权利，禁止任何基于残疾的教育歧视。

残疾人教育应当贯彻国家的教育方针，并根据残疾人的身心特性和需要，全面提高其素质，为残疾人平等地参与社会生活创造条件。

第三条 残疾人教育是国家教育事业的组成部分。

发展残疾人教育事业，实行普及与提高相结合、以普及为重点的方针，保障义务教育，着重发展职业教育，积极开展学前教育，逐步发展高级中等以上教育。

残疾人教育应当提高教育质量，积极推进融合教育，根据残疾人的残疾类别和接受能力，采取普通教育方式或者特殊教育方式，优先采取普通教育方式。

第四条 县级以上人民政府应当加强对残疾人教育事业的领导，将残疾人教育纳入教育事业发展规划，统筹安排实施，合理配置资源，保障残疾人教育经费投入，改善办学条件。

第五条 国务院教育行政部门主管全国的残疾人教育工作，统筹规划、协调管理全国的残疾人教育事业；国务院其他有关部门在国务院规定的职责范围内负责有关的残疾人教育工作。

县级以上地方人民政府教育行政部门主管本行政区域内的残疾人教育工作；县级以上地方人民政府其他有关部门在各自的职责范围内负责有关的残疾人教育工作。

第六条 中国残疾人联合会及其地方组织应当积极促进和开展残疾人教育工作，协助相关部门实施残疾人教育，为残疾人接受教育提供支持和帮助。

第七条 学前教育机构、各级各类学校及其他教育机构应当依照本条例以及国家有关法律、法规的规定，实施残疾人教育；对符合法律、法规规定条件的残疾人申请入学，不得拒绝招收。

第八条 残疾人家庭应当帮助残疾人接受教育。

残疾儿童、少年的父母或者其他监护人应当尊重和保障残疾儿童、少年接受教育的权利，积极开展家庭教育，使残疾儿童、少年及时接受康复训练和教育，并协助、参与有关教育机构的教育教学活动，为残疾儿童、少年接受教育提供支持。

第九条 社会各界应当关心和支持残疾人教育事业。残疾人所在社区、相关社会组织和企事业单位，应当支持和帮助残疾人平等接受教育、融入社会。

第十条 国家对为残疾人教育事业作出突出贡献的组织和个人，按照有关规定给予表彰、奖励。

第十一条 县级以上人民政府负责教育督导的机构应当将残疾人教育实施情况纳入督导范围，并可以就执行残疾人教育法律法规情况、残疾人教育教学质量以及经费管理和使用情况等实施专项督导。

第二章 义务教育

第十二条 各级人民政府应当依法履行职责，保障适龄残疾儿童、少年接受义务教育的权利。

县级以上人民政府对实施义务教育的工作进行监督、指导、检查，应当包括对残疾儿童、少年实施义务教育工作的监督、指导、检查。

第十三条 适龄残疾儿童、少年的父母或者其他监护人，应当依法保证其残疾子女或者被监护人入学接受并完成义务教育。

第十四条 残疾儿童、少年接受义务教育的入学年龄和年限，应当与当地儿童、少年接受义务教育的入学年龄和年限相同；必要时，其入学年龄和在校年龄可以适当提高。

第十五条　县级人民政府教育行政部门应当会同卫生行政部门、民政部门、残疾人联合会，根据新生儿疾病筛查和学龄前儿童残疾筛查、残疾人统计等信息，对义务教育适龄残疾儿童、少年进行入学前登记，全面掌握本行政区域内义务教育适龄残疾儿童、少年的数量和残疾情况。

第十六条　县级人民政府应当根据本行政区域内残疾儿童、少年的数量、类别和分布情况，统筹规划，优先在部分普通学校中建立特殊教育资源教室，配备必要的设备和专门从事残疾人教育的教师及专业人员，指定其招收残疾儿童、少年接受义务教育；并支持其他普通学校根据需要建立特殊教育资源教室，或者安排具备相应资源、条件的学校为招收残疾学生的其他普通学校提供必要的支持。

县级人民政府应当为实施义务教育的特殊教育学校配备必要的残疾人教育教学、康复评估和康复训练等仪器设备，并加强九年一贯制义务教育特殊教育学校建设。

第十七条　适龄残疾儿童、少年能够适应普通学校学习生活、接受普通教育的，依照《中华人民共和国义务教育法》的规定就近到普通学校入学接受义务教育。

适龄残疾儿童、少年能够接受普通教育，但是学习生活需要特别支持的，根据身体状况就近到县级人民政府教育行政部门在一定区域内指定的具备相应资源、条件的普通学校入学接受义务教育。

适龄残疾儿童、少年不能接受普通教育的，由县级人民政府教育行政部门统筹安排进入特殊教育学校接受义务教育。

适龄残疾儿童、少年需要专人护理，不能到学校就读的，由县级人民政府教育行政部门统筹安排，通过提供送教上门或者远程教育等方式实施义务教育，并纳入学籍管理。

第十八条 在特殊教育学校学习的残疾儿童、少年，经教育、康复训练，能够接受普通教育的，学校可以建议残疾儿童、少年的父母或者其他监护人将其转入或者升入普通学校接受义务教育。

在普通学校学习的残疾儿童、少年，难以适应普通学校学习生活的，学校可以建议残疾儿童、少年的父母或者其他监护人将其转入指定的普通学校或者特殊教育学校接受义务教育。

第十九条 适龄残疾儿童、少年接受教育的能力和适应学校学习生活的能力应当根据其残疾类别、残疾程度、补偿程度以及学校办学条件等因素判断。

第二十条 县级人民政府教育行政部门应当会同卫生行政部门、民政部门、残疾人联合会，建立由教育、心理、康复、社会工作等方面专家组成的残疾人教育专家委员会。

残疾人教育专家委员会可以接受教育行政部门的委托，对适龄残疾儿童、少年的身体状况、接受教育的能力和适应学校学习生活的能力进行评估，提出入学、转学建议；对残疾人义务教育问题提供咨询，提出建议。

依照前款规定作出的评估结果属于残疾儿童、少年的隐私，仅可被用于对残疾儿童、少年实施教育、康复。教育行政部门、残疾人教育专家委员会、学校及其工作人员对在工作中了解的残疾儿童、少年评估结果及其他个人信息负有保密义务。

第二十一条 残疾儿童、少年的父母或者其他监护人与学校就入学、转学安排发生争议的，可以申请县级人民政府教育行政部门处理。

接到申请的县级人民政府教育行政部门应当委托残疾人教育专家委员会对残疾儿童、少年的身体状况、接受教育的能力和适应学校学习生活的能力进行评估并提出入学、转学建议，并根据残疾人教育专家委员会的评估结果和提出的入学、转学建议，综合考虑学校的办学条件和残疾儿童、少年及其父母或者其他监护人的意愿，对残疾儿童、少年的入学、转学安排作出决定。

第二十二条 招收残疾学生的普通学校应当将残疾学生合理编入班级；残疾学生较多的，可以设置专门的特殊教育班级。

招收残疾学生的普通学校应当安排专门从事残疾人教育的教师或者经验丰富的教师承担随班就读或者特殊教育班级的教育教学工作，并适当缩减班级学生数额，为残疾学生入学后的学习、生活提供便利和条件，保障残疾学生平等参与教育教学和学校组织的各项活动。

第二十三条 在普通学校随班就读残疾学生的义务教育，可以适用普通义务教育的课程设置方案、课程标准和教材，但是对其学习要求可以有适度弹性。

第二十四条 残疾儿童、少年特殊教育学校（班）应当坚持思想教育、文化教育、劳动技能教育与身心补偿相结合，并根据学生残疾状况和补偿程度，实施分类教学；必要时，应当听取残疾学生父母或者其他监护人的意见，制定符合残疾学生身心特性和需要的个别化教育计划，实施个别教学。

第二十五条 残疾儿童、少年特殊教育学校（班）的课程设置方案、课程标准和教材，应当适合残疾儿童、少年的身心特性和需要。

残疾儿童、少年特殊教育学校（班）的课程设置方案、课程标准由国务院教育行政部门制订；教材由省级以上人民政府教育行政部门按照国家有关规定审定。

第二十六条 县级人民政府教育行政部门应当加强对本行政区域内的残疾儿童、少年实施义务教育工作的指导。

县级以上地方人民政府教育行政部门应当统筹安排支持特殊教育学校建立特殊教育资源中心，在一定区域内提供特殊教育指导和支持服务。特殊教育资源中心可以受教育行政部门的委托承担以下工作：

（一）指导、评价区域内的随班就读工作；

（二）为区域内承担随班就读教育教学任务的教师提供培训；

（三）派出教师和相关专业服务人员支持随班就读，为接受送教上门和远程教育的残疾儿童、少年提供辅导和支持；

（四）为残疾学生父母或者其他监护人提供咨询；

（五）其他特殊教育相关工作。

第三章　职业教育

第二十七条　残疾人职业教育应当大力发展中等职业教育，加快发展高等职业教育，积极开展以实用技术为主的中期、短期培训，以提高就业能力为主，培养技术技能人才，并加强对残疾学生的就业指导。

第二十八条　残疾人职业教育由普通职业教育机构和特殊职业教育机构实施，以普通职业教育机构为主。

县级以上地方人民政府应当根据需要，合理设置特殊职业教育机构，改善办学条件，扩大残疾人中等职业学校招生规模。

第二十九条　普通职业学校不得拒绝招收符合国家规定的录取标准的残疾人入学，普通职业培训机构应当积极招收残疾人入学。

县级以上地方人民政府应当采取措施，鼓励和支持普通职业教育机构积极招收残疾学生。

第三十条　实施残疾人职业教育的学校和培训机构，应当根据社会需要和残疾人的身心特性合理设置专业，并与企业合作设立实习实训基地，或者根据教学需要和条件办好实习基地。

第四章　学前教育

第三十一条　各级人民政府应当积极采取措施，逐步提高残疾幼儿接受学前教育的比例。

县级人民政府及其教育行政部门、民政部门等有关部门应当支持普通幼儿园创造条件招收残疾幼儿；支持特殊教育学校和具备办学条件的残疾儿童福利机构、残疾儿童康复机构等实施学前教育。

第三十二条　残疾幼儿的教育应当与保育、康复结合实施。

招收残疾幼儿的学前教育机构应当根据自身条件配备必要的康复设施、设备和专业康复人员，或者与其他具有康复设施、设备和专业康复人员的特殊教育机构、康复机构合作对残疾幼儿实施康复训练。

第三十三条　卫生保健机构、残疾幼儿的学前教育机构、儿童福利机构和家庭，应当注重对残疾幼儿的早期发现、早期康复和早期教育。

卫生保健机构、残疾幼儿的学前教育机构、残疾儿童康复机构应当就残疾幼儿的早期发现、早期康复和早期教育为残疾幼儿家庭提供咨询、指导。

第五章　普通高级中等以上教育及继续教育

第三十四条　普通高级中等学校、高等学校、继续教育机构应当招收符合国家规定的录取标准的残疾考生入学，不得因其残疾而拒绝招收。

第三十五条　设区的市级以上地方人民政府可以根据实际情况举办实施高级中等以上教育的特殊教育学校，支持高等学校设置特殊教育学院或者相关专业，提高残疾人的受教育水平。

第三十六条 县级以上人民政府教育行政部门以及其他有关部门、学校应当充分利用现代信息技术，以远程教育等方式为残疾人接受成人高等教育、高等教育自学考试等提供便利和帮助，根据实际情况开设适合残疾人学习的专业、课程，采取灵活开放的教学和管理模式，支持残疾人顺利完成学业。

第三十七条 残疾人所在单位应当对本单位的残疾人开展文化知识教育和技术培训。

第三十八条 扫除文盲教育应当包括对年满15周岁以上的未丧失学习能力的文盲、半文盲残疾人实施的扫盲教育。

第三十九条 国家、社会鼓励和帮助残疾人自学成才。

第六章 教　　师

第四十条 县级以上人民政府应当重视从事残疾人教育的教师培养、培训工作，并采取措施逐步提高他们的地位和待遇，改善他们的工作环境和条件，鼓励教师终身从事残疾人教育事业。

县级以上人民政府可以采取免费教育、学费减免、助学贷款代偿等措施，鼓励具备条件的高等学校毕业生到特殊教育学校或者其他特殊教育机构任教。

第四十一条 从事残疾人教育的教师，应当热爱残疾人教育事业，具有社会主义的人道主义精神，尊重和关爱残疾学生，并掌握残疾人教育的专业知识和技能。

第四十二条 专门从事残疾人教育工作的教师（以下称特殊教育教师）应当符合下列条件：

（一）依照《中华人民共和国教师法》的规定取得教师资格；

（二）特殊教育专业毕业或者经省、自治区、直辖市人民政府教育行政部门组织的特殊教育专业培训并考核合格。

从事听力残疾人教育的特殊教育教师应当达到国家规定的手语等级标准，从事视力残疾人教育的特殊教育教师应当达到国家规定的盲文等级标准。

第四十三条 省、自治区、直辖市人民政府可以根据残疾人教育发展的需求，结合当地实际为特殊教育学校和指定招收残疾学生的普通学校制定教职工编制标准。

县级以上地方人民政府教育行政部门应当会同其他有关部门，在核定的编制总额内，为特殊教育学校配备承担教学、康复等工作的特殊教育教师和相关专业人员；在指定招收残疾学生的普通学校设置特殊教育教师等专职岗位。

第四十四条 国务院教育行政部门和省、自治区、直辖市人民政府应当根据残疾人教育发展的需要有计划地举办特殊教育师范院校，支持普通师范院校和综合性院校设置相关院系或者专业，培养特殊教育教师。

普通师范院校和综合性院校的师范专业应当设置特殊教育课程，使学生掌握必要的特殊教育的基本知识和技能，以适应对随班就读的残疾学生的教育教学需要。

第四十五条 县级以上地方人民政府教育行政部门应当将特殊教育教师的培训纳入教师培训计划，以多种形式组织在职特殊教育教师进修提高专业水平；在普通教师培训中增加一定比例的特殊教育内容和相关知识，提高普通教师的特殊教育能力。

第四十六条 特殊教育教师和其他从事特殊教育的相关专业人员根据国家有关规定享受特殊岗位补助津贴及其他待遇；普通学校的教师承担残疾学生随班就读教学、管理工作的，应当将其承担的残疾学生教学、管理工作纳入其绩效考核内容，并作为核定工资待遇和职务评聘的重要依据。

县级以上人民政府教育行政部门、人力资源社会保障部门在职务评聘、培训进修、表彰奖励等方面，应当为特殊教育教师制定优惠政策、提供专门机会。

第七章　条件保障

第四十七条　省、自治区、直辖市人民政府应当根据残疾人教育的特殊情况，依据国务院有关行政主管部门的指导性标准，制定本行政区域内特殊教育学校的建设标准、经费开支标准、教学仪器设备配备标准等。

义务教育阶段普通学校招收残疾学生，县级人民政府财政部门及教育行政部门应当按照特殊教育学校生均预算内公用经费标准足额拨付费用。

第四十八条　各级人民政府应当按照有关规定安排残疾人教育经费，并将所需经费纳入本级政府预算。

县级以上人民政府根据需要可以设立专项补助款，用于发展残疾人教育。

地方各级人民政府用于义务教育的财政拨款和征收的教育费附加，应当有一定比例用于发展残疾儿童、少年义务教育。

地方各级人民政府可以按照有关规定将依法征收的残疾人就业保障金用于特殊教育学校开展各种残疾人职业教育。

第四十九条　县级以上地方人民政府应当根据残疾人教育发展的需要统筹规划、合理布局，设置特殊教育学校，并按照国家有关规定配备必要的残疾人教育教学、康复评估和康复训练等仪器设备。

特殊教育学校的设置，由教育行政部门按照国家有关规定审批。

第五十条　新建、改建、扩建各级各类学校应当符合《无障碍环境建设条例》的要求。

县级以上地方人民政府及其教育行政部门应当逐步推进各级各类学校无障碍校园环境建设。

第五十一条 招收残疾学生的学校对经济困难的残疾学生,应当按照国家有关规定减免学费和其他费用,并按照国家资助政策优先给予补助。

国家鼓励有条件的地方优先为经济困难的残疾学生提供免费的学前教育和高中教育,逐步实施残疾学生高中阶段免费教育。

第五十二条 残疾人参加国家教育考试,需要提供必要支持条件和合理便利的,可以提出申请。教育考试机构、学校应当按照国家有关规定予以提供。

第五十三条 国家鼓励社会力量举办特殊教育机构或者捐资助学;鼓励和支持民办学校或者其他教育机构招收残疾学生。

县级以上地方人民政府及其有关部门对民办特殊教育机构、招收残疾学生的民办学校,应当按照国家有关规定予以支持。

第五十四条 国家鼓励开展残疾人教育的科学研究,组织和扶持盲文、手语的研究和应用,支持特殊教育教材的编写和出版。

第五十五条 县级以上人民政府及其有关部门应当采取优惠政策和措施,支持研究、生产残疾人教育教学专用仪器设备、教具、学具、软件及其他辅助用品,扶持特殊教育机构兴办和发展福利企业和辅助性就业机构。

第八章 法律责任

第五十六条 地方各级人民政府及其有关部门违反本条例规定,未履行残疾人教育相关职责的,由上一级人民政府或者其有关部门责令限期改正;情节严重的,予以通报批评,并对直接负责的主管人员和其他直接责任人员依法给予处分。

第五十七条　学前教育机构、学校、其他教育机构及其工作人员违反本条例规定，有下列情形之一的，由其主管行政部门责令改正，对直接负责的主管人员和其他直接责任人员依法给予处分；构成违反治安管理行为的，由公安机关依法给予治安管理处罚；构成犯罪的，依法追究刑事责任：

（一）拒绝招收符合法律、法规规定条件的残疾学生入学的；

（二）歧视、侮辱、体罚残疾学生，或者放任对残疾学生的歧视言行，对残疾学生造成身心伤害的；

（三）未按照国家有关规定对经济困难的残疾学生减免学费或者其他费用的。

第九章　附　　则

第五十八条　本条例下列用语的含义：

融合教育是指将对残疾学生的教育最大程度地融入普通教育。

特殊教育资源教室是指在普通学校设置的装备有特殊教育和康复训练设施设备的专用教室。

第五十九条　本条例自 2017 年 5 月 1 日起施行。

国务院关于加快发展康复辅助器具产业的若干意见

（2016 年 10 月 23 日　国发〔2016〕60 号）

康复辅助器具是改善、补偿、替代人体功能和实施辅助性治疗以及预防残疾的产品。康复辅助器具产业是包括产品制造、配置服务、研发设计等业态门类的新兴产业。我国是世界上康复辅助器具需求人数最多、市场潜力最大的国家。近年来，我国康复辅助器具产业规模持续扩大，产品种类日益丰富，供给能力不断增强，服务质量稳步提升，但仍存在产业体系不健全、自主创新能力不够强、市场秩序不规范等问题。当前，我国经济发展进入新常态，全球新一轮科技革命与产业变革日益加快，给提升康复辅助器具产业核心竞争力带来新的机遇与挑战。发展康复辅助器具产业有利于引导激发新消费、培育壮大新动能、加快发展新经济，推动经济转型升级；有利于积极应对人口老龄化，满足残疾人康复服务需求，推进健康中国建设，增进人民福祉。为加快康复辅助器具产业发展，现提出以下意见。

一、总体要求

（一）指导思想。全面贯彻党的十八大和十八届三中、四中、五中全会精神，按照"四个全面"战略布局和党中央、国务院决策部署，牢固树立创新、协调、绿色、开放、共享的发展理念，以服务于人的全面发展为导向，以扩大有效供给为目标，以增强自主创新能力为动力，充分发挥市场在资源配置中的决定性作用和更好发挥政府作用，完善市场机制，激发市场活力，促进社会投资，进一步发挥社会力量在康复辅助器具产业发展中的主体作用，推动产业跨越式发展，更好地满足人民群众多层次、多样化的需求。

（二）基本原则。

坚持市场主导、政府引导。遵循产业发展规律，以需求为导向，发挥各类市场主体积极性和创造力。注重规划、政策、标准的引导规范作用，营造良好市场环境。

坚持自主创新、开放合作。政产学研用协同，推动康复辅助器具技术、管理、品牌、商业模式创新，着眼全球加强交流合作，提升市场竞争力。

坚持问题导向、突出重点。瞄准制约康复辅助器具产业发展的薄弱环节，补短板、破难题，优化资源要素配置，持续扩大有效供给，促进产业转型升级。

坚持统筹兼顾、协调发展。立足全局，将康复辅助器具产业发展融入"中国制造2025"、"互联网+"、现代服务业发展进程，促进业态融合，推动产业全面发展。

（三）发展目标。到2020年，康复辅助器具产业自主创新能力明显增强，创新成果向现实生产力高效转化，创新人才队伍发展壮大，创新驱动形成产业发展优势。产业规模突破7000亿元，布局合理、门类齐备、产品丰富的产业格局基本形成，涌现一批知名自主品牌和优势产业集群，中高端市场占有率显著提高。产业发展环境更加优化，产业政策体系更加完善，市场监管机制更加健全，产品质量和服务水平明显改善，统一开放、竞争有序的市场环境基本形成。

二、主要任务

（四）增强自主创新能力。深入实施创新驱动发展战略，推进大众创业、万众创新，形成以人才为根本、市场为导向、资本为支撑、科技为核心的全面创新，提高康复辅助器具产业关键环节和重要领域创新能力。

激励创新人才。实施以增加知识价值为导向的分配政策和更加积极的创新人才培养、引进政策，提高创新成果转化收益分享比例，打造生物医学工程、临床医学、材料科学、信息系统学、制造科学等多学科人才聚合创新机制，造就一批创新创业领军人才和高水平创新团队。

搭建创新平台。统筹企业、科研院所、高等院校等创新资源，搭建康复辅助器具科技创新平台和基础共性技术研发平台，建立协同创新机制，加强相关基础理论、基础工艺、基础材料、基础元器件、基础技术研发和系统集成能力。支持各类研发机构通过公开竞争方式承接政府科研项目。

促进成果转化。以"互联网+技术市场"为核心，充分利用现有技术交易网络平台，促进康复辅助器具科技成果线上线下交易。依托康复辅助器具研发、生产、应用的优势单位，开展康复辅助器具产业创业孵化和双创示范工作。支持行业组织开展产业创新评选活动，推介康复辅助器具创新产品目录、科技成果及转化项目信息。加强国际交流合作，加快引进吸收国外先进科技成果。

（五）促进产业优化升级。优化产业空间布局，显著提升产业发展整体素质和产品附加值，推动康复辅助器具产业向中高端迈进。

优化产业空间布局。依托长三角、珠三角、京津冀等区域产业集聚优势和资金、技术、人才等优势，打造一批示范性康复辅助器具产业园区和生产基地，建设国际先进研发中心和总部基地，发展区域特色强、附加值高、资源消耗低的康复辅助器具产业。支持中西部地区根据资源环境承载能力，因地制宜发展劳动密集型康复辅助器具产业。

促进制造体系升级。实施康复辅助器具产业智能制造工程，开展智能工厂和数字化车间建设示范，促进工业互联网、云计算、大数据在研发设计、生产制造、经营管理、销售服务等全流程、全产业链的综合集成应用，加快增材制造、工业机器人、智能物流等技术装备应用，推动形成基于消费需求动态感知的研发、制造和产业组织方式。推广节能环保技术、工艺、装备应用，积极构建绿色制造体系。

大力发展生产性服务。大力推进康复辅助器具全产业链整合优化，重点发展研发设计、融资租赁、信息技术服务、检验检测认证、电子商务、服务外包和品牌建设等生产性服务，促进产业要素高效流动和合理配置。推进面向产业集群和中小型企业的专业化公共服务平台建设,整合优化生产服务系统。重点围绕市场营销和品牌服务,发展现代销售体系,增强产业链上下游企业协同能力。

提高国际合作水平。支持企业着眼全球优化资源配置,开展境外并购和股权投资、创业投资,加强技术、产能、贸易等国际合作,建立海外研发中心、生产基地、销售网络和服务体系,巩固优势产品出口,持续拓展中高端产品国际国内市场份额。鼓励境外企业和科研机构在我国设立全球研发生产机构,加快产业合作由加工制造环节向研发设计、市场营销、品牌培育等高附加值环节延伸。

(六)扩大市场有效供给。推动康复辅助器具产品创新和配置服务深度融合,实现品质化、精细化、便利化发展,在满足人民群众基本需求的基础上,适应消费需求升级,打造"中国制造"品牌。

培育市场主体。支持企业战略合作和兼并重组,促进规模化、集约化、连锁化经营。培育一批全球范围内配置要素资源、布局市场网络、具有跨国经营能力的领军企业,鼓励创新型、创业型和劳动密集型中小微企业专注于细分市场发展,走"专精特新"和与大企业协作配套发展的道路。组建一批产业联盟或产业联合体。加快公办机构改革,推进服务型单位职能转型,有条件的生产型单位转制为企业。扶持社会力量兴办非营利性康复辅助器具配置服务机构。支持通过线上线下相结合的方式,举办高层次、高水平、高品质的康复辅助器具博览会、展览会和交易平台。支持行业组织开展康复辅助器具创新创业竞赛活动。

丰富产品供给。将老年人、伤病人护理照料,残疾人生活、教育和就业辅助,残疾儿童抢救性康复等作为优先发展领域,推动"医工结合",支持人工智能、脑机接口、虚拟现实等新技术在康复辅助器具产品中的集成应用,支持外骨骼机器人、照护和康复机器人、仿生假肢、虚拟现实康复训练设备等产品研发，形成一批高智能、高科技、高品质的康复辅助器具产品。积极拓展改善普通人群生活品质的产品。加强传统中医康复技术、方法创新，形成和推广一批具有自主知识产权、疗效确切、中医特色突出的康复辅助器具。培育一批国际国内知名品牌、知名产品。

增强服务能力。大力推广康复医师、康复治疗师与康复辅助器具配置人员团队协作，重点推进骨科、眼科、耳科、康复科等医疗服务与康复辅助器具配置服务衔接融合，促进康复辅助器具在养老、助残、医疗、健康、教育、通信、交通、文体娱乐等领域广泛应用。开展康复辅助器具社区租赁和回收再利用服务试点。整合利用相关资源，建立国家康复辅助器具产品服务信息平台，完善产品目录和配置指引，促进供需有效衔接。健全主体多元、覆盖城乡、方便可及的配置服务网络。

加强质量管理。强化企业质量安全主体责任，开展质量管理示范活动，鼓励企业建立覆盖产品全生命周期的质量管理体系并通过相关认证，加强质量安全培训，优化质量控制技术。开展企业产品和服务标准自我声明公开和监督制度试点。建立强制性和自愿性相结合的产品、服务认证体系和质量追溯体系，完善服务回访制度。加强产品质量监督抽查、风险预警和缺陷产品强制召回、产品伤害监测验证评估等工作，发布产品和服务质量"红黑榜"。培育发展一批质量检验机构。

（七）营造良好市场环境。深化康复辅助器具产业领域"放管服"改革，加快建立权责明确、公平公正、透明高效、法治保障的市场监管格局，平等保护各类市场主体合法权益。

完善法规政策体系。健全完善促进康复辅助器具产业发展的法规政策体系，研究制定康复辅助器具产品和配置服务管理制度、康复辅助器具与医疗器械管理服务衔接办法。探索建立康复辅助器具产品分类分级认证制度，推进康复辅助器具产品认证国际互认。持续推进商事制度改革，降低市场准入门槛，简化注册登记流程，健全监管服务机制，营造良好营商环境。

发挥标准导向作用。加快重点产品、管理、服务标准制修订，健全康复辅助器具标准体系，充分发挥标准对市场的规范作用。将康复辅助器具配置服务纳入国家级服务业标准化试点范围。加强康复辅助器具标准国际合作，积极采用适合我国康复辅助器具产业发展的国际先进标准，积极参与国际标准制定，推动我国优势技术标准成为国际标准。建立标准分类实施和监督机制。培育一批康复辅助器具检验、检测、认证机构。

维护良好市场秩序。健全统一规范、权责明确、公正高效、法治保障的市场监管体系。严格执行反不正当竞争法、反垄断法，严肃查处违法违规行为，打击侵犯知识产权和制售假冒伪劣商品行为，维护公平竞争市场秩序。充分发挥全国企业信用信息公示系统、全国信用信息共享平台和"信用中国"网站作用，建立康复辅助器具企业信用信息公示、动态评价、守信激励和失信惩戒机制。支持行业组织完善自律惩戒机制，在行业标准制定、数据统计、信息披露、反不正当竞争等方面充分发挥作用。

三、政策支持

（八）落实税收价格优惠。符合条件的康复辅助器具企业可依法享受研发费用加计扣除和固定资产加速折旧政策。对符合条件的公益性捐赠支出依法在所得税税前扣除。经认定为高新技术企业的康复辅助器具企业，按规定享受企业所得税优惠。落实生产和装配伤残人员专门用品的企业和单位有关税收优惠政策。落实康复辅助器具配置服务企业用水、用电、用气、用热与工业企业同价政策。

（九）强化企业金融服务。培育壮大创业投资和资本市场，提高信贷支持的灵活性和便利性，发展知识产权质押融资和专利保险，开展股权众筹融资等试点，通过国家设立的科技成果转化引导基金、新兴产业创业投资引导基金、中小企业发展基金等吸引社会资本协同发力，按照市场化方式支持符合基金投向的康复辅助器具产业创新。支持符合条件的企业发行企业债、公司债和资产支持证券。支持企业通过发行短期融资券、中期票据、中小企业集合票据等非金融企业债务融资工具筹集资金。鼓励商业银行、保险公司、证券公司等金融机构在风险可控、商业可持续的前提下开发适合康复辅助器具企业的金融产品。

（十）加强财政资金引导。将康复辅助器具产业纳入众创、众包、众扶、众筹相关财政以及新兴产业投资支持范围。地方财政可利用奖励引导、资本金注入、应用示范补助等方式，支持非营利性康复辅助器具配置服务机构建设，以及具有良好示范效应、较强公共服务性质的康复辅助器具项目。健全政府采购机制，国产产品能够满足要求的原则上须采购国产产品。将符合条件的高端康复辅助器具产品纳入首台（套）重大技术装备保险补偿试点范围。

（十一）完善消费支持措施。鼓励有条件的地方研究将基本的治疗性康复辅助器具逐步纳入基本医疗保险支付范围。完善康复辅助器具工伤保险支付制度，合理确定支付范围。支持商业保险公司创新产品设计，将康复辅助器具配置纳入保险支付范围。鼓励金融机构创新消费信贷产品，支持康复辅助器具消费。有条件的地方可以对城乡贫困残疾人、重度残疾人基本型康复辅助器具配置给予补贴。

（十二）加强人才队伍建设。鼓励将康复辅助器具相关知识纳入临床医学、生物医学工程相关专业教育以及医师、护士、特殊教育教师、养老护理员、孤残儿童护理员等专业人员继续教育范围。依托科研院所、高等院校、企业设立康复辅助器具方面的博士后科研工作站。支持企业、院校合作建立实用型人才培养基地，鼓励企业为教师实践、学生实习提供岗位。完善康复辅助器具从业人员职业分类、国家职业标准、职称评定政策，研究建立假肢师和矫形器师水平评价类职业资格制度。

四、保障措施

（十三）加强组织领导。各地各有关部门要高度重视康复辅助器具产业发展，加强协调联动。建立民政部牵头的部际联席会议制度，统筹推进康复辅助器具产业发展。各级民政部门要协同发展改革、工业和信息化、财政、卫生计生、食品药品监管等有关部门及残联组织，做好康复辅助器具产业发展规划、行业指导和监督管理工作。教育、科技、司法、人力资源社会保障、商务、人民银行、海关、税务、工商、质检、银监、证监、保监、统计、知识产权等部门要各司其职，及时解决工作中遇到的问题，形成齐抓共管、整体推进的工作局面。

（十四）推进综合创新试点。国家选择条件成熟地区开展综合创新试点，在康复辅助器具产业集聚发展、服务网络建设、政产学研用模式创新、业态融合等重点领域先行先试，打造一批知名产业园区、前沿创新平台、知名企业品牌、优势特色产品和新型服务模式，为加快康复辅助器具产业发展提供经验。

（十五）健全行业统计制度。以国民经济行业分类为基础，健全康复辅助器具产业统计监测分析体系。建立以主要产品数量、生产企业、服务机构等信息为主要内容的统计指标体系，完善统计调查、行政记录和行业统计相结合的信息采集机制。

民政部、国家发展改革委要加强对本意见实施情况的督促落实，及时向国务院报告。国务院将适时组织专项督查。

无障碍环境建设条例

(2012年6月13日国务院第208次常务会议通过
2012年6月28日中华人民共和国国务院令第622号公布
自2012年8月1日起施行)

第一章 总 则

第一条 为了创造无障碍环境，保障残疾人等社会成员平等参与社会生活，制定本条例。

第二条 本条例所称无障碍环境建设，是指为便于残疾人等社会成员自主安全地通行道路、出入相关建筑物、搭乘公共交通工具、交流信息、获得社区服务所进行的建设活动。

第三条 无障碍环境建设应当与经济和社会发展水平相适应，遵循实用、易行、广泛受益的原则。

第四条 县级以上人民政府负责组织编制无障碍环境建设发展规划并组织实施。

编制无障碍环境建设发展规划，应当征求残疾人组织等社会组织的意见。

无障碍环境建设发展规划应当纳入国民经济和社会发展规划以及城乡规划。

第五条 国务院住房和城乡建设主管部门负责全国无障碍设施工程建设活动的监督管理工作，会同国务院有关部门制定无障碍设施工程建设标准，并对无障碍设施工程建设的情况进行监督检查。

国务院工业和信息化主管部门等有关部门在各自职责范围内，做好无障碍环境建设工作。

第六条 国家鼓励、支持采用无障碍通用设计的技术和产品，推进残疾人专用的无障碍技术和产品的开发、应用和推广。

第七条 国家倡导无障碍环境建设理念，鼓励公民、法人和其他组织为无障碍环境建设提供捐助和志愿服务。

第八条 对在无障碍环境建设工作中作出显著成绩的单位和个人，按照国家有关规定给予表彰和奖励。

第二章 无障碍设施建设

第九条 城镇新建、改建、扩建道路、公共建筑、公共交通设施、居住建筑、居住区，应当符合无障碍设施工程建设标准。

乡、村庄的建设和发展，应当逐步达到无障碍设施工程建设标准。

第十条 无障碍设施工程应当与主体工程同步设计、同步施工、同步验收投入使用。新建的无障碍设施应当与周边的无障碍设施相衔接。

第十一条 对城镇已建成的不符合无障碍设施工程建设标准的道路、公共建筑、公共交通设施、居住建筑、居住区，县级以上人民政府应当制定无障碍设施改造计划并组织实施。

无障碍设施改造由所有权人或者管理人负责。

第十二条 县级以上人民政府应当优先推进下列机构、场所的无障碍设施改造：

（一）特殊教育、康复、社会福利等机构；

（二）国家机关的公共服务场所；

（三）文化、体育、医疗卫生等单位的公共服务场所；

（四）交通运输、金融、邮政、商业、旅游等公共服务场所。

第十三条 城市的主要道路、主要商业区和大型居住区的人行天桥和人行地下通道，应当按照无障碍设施工程建设标准配备无障碍设施，人行道交通信号设施应当逐步完善无障碍服务功能，适应残疾人等社会成员通行的需要。

第十四条 城市的大中型公共场所的公共停车场和大型居住区的停车场，应当按照无障碍设施工程建设标准设置并标明无障碍停车位。

无障碍停车位为肢体残疾人驾驶或者乘坐的机动车专用。

第十五条 民用航空器、客运列车、客运船舶、公共汽车、城市轨道交通车辆等公共交通工具应当逐步达到无障碍设施的要求。有关主管部门应当制定公共交通工具的无障碍技术标准并确定达标期限。

第十六条 视力残疾人携带导盲犬出入公共场所，应当遵守国家有关规定，公共场所的工作人员应当按照国家有关规定提供无障碍服务。

第十七条 无障碍设施的所有权人和管理人，应当对无障碍设施进行保护，有损毁或者故障及时进行维修，确保无障碍设施正常使用。

第三章　无障碍信息交流

第十八条 县级以上人民政府应当将无障碍信息交流建设纳入信息化建设规划，并采取措施推进信息交流无障碍建设。

第十九条 县级以上人民政府及其有关部门发布重要政府信息和与残疾人相关的信息，应当创造条件为残疾人提供语音和文字提示等信息交流服务。

第二十条　国家举办的升学考试、职业资格考试和任职考试，有视力残疾人参加的，应当为视力残疾人提供盲文试卷、电子试卷，或者由工作人员予以协助。

第二十一条　设区的市级以上人民政府设立的电视台应当创造条件，在播出电视节目时配备字幕，每周播放至少一次配播手语的新闻节目。

公开出版发行的影视类录像制品应当配备字幕。

第二十二条　设区的市级以上人民政府设立的公共图书馆应当开设视力残疾人阅览室，提供盲文读物、有声读物，其他图书馆应当逐步开设视力残疾人阅览室。

第二十三条　残疾人组织的网站应当达到无障碍网站设计标准，设区的市级以上人民政府网站、政府公益活动网站，应当逐步达到无障碍网站设计标准。

第二十四条　公共服务机构和公共场所应当创造条件为残疾人提供语音和文字提示、手语、盲文等信息交流服务，并对工作人员进行无障碍服务技能培训。

第二十五条　举办听力残疾人集中参加的公共活动，举办单位应当提供字幕或者手语服务。

第二十六条　电信业务经营者提供电信服务，应当创造条件为有需求的听力、言语残疾人提供文字信息服务，为有需求的视力残疾人提供语音信息服务。

电信终端设备制造者应当提供能够与无障碍信息交流服务相衔接的技术、产品。

第四章　无障碍社区服务

第二十七条　社区公共服务设施应当逐步完善无障碍服务功

能，为残疾人等社会成员参与社区生活提供便利。

第二十八条 地方各级人民政府应当逐步完善报警、医疗急救等紧急呼叫系统，方便残疾人等社会成员报警、呼救。

第二十九条 对需要进行无障碍设施改造的贫困家庭，县级以上地方人民政府可以给予适当补助。

第三十条 组织选举的部门应当为残疾人参加选举提供便利，为视力残疾人提供盲文选票。

第五章　法律责任

第三十一条 城镇新建、改建、扩建道路、公共建筑、公共交通设施、居住建筑、居住区，不符合无障碍设施工程建设标准的，由住房和城乡建设主管部门责令改正，依法给予处罚。

第三十二条 肢体残疾人驾驶或者乘坐的机动车以外的机动车占用无障碍停车位，影响肢体残疾人使用的，由公安机关交通管理部门责令改正，依法给予处罚。

第三十三条 无障碍设施的所有权人或者管理人对无障碍设施未进行保护或者及时维修，导致无法正常使用的，由有关主管部门责令限期维修；造成使用人人身、财产损害的，无障碍设施的所有权人或者管理人应当承担赔偿责任。

第三十四条 无障碍环境建设主管部门工作人员滥用职权、玩忽职守、徇私舞弊的，依法给予处分；构成犯罪的，依法追究刑事责任。

第六章　附　　则

第三十五条 本条例自 2012 年 8 月 1 日起施行。

国务院办公厅转发教育部等部门关于进一步加快特殊教育事业发展意见的通知

(2009年5月7日 国办发〔2009〕41号)

教育部、发展改革委、民政部、财政部、人力资源社会保障部、卫生部、中央编办、中国残联《关于进一步加快特殊教育事业发展的意见》已经国务院同意,现转发给你们,请认真贯彻执行。

关于进一步加快特殊教育事业发展的意见

为贯彻党的十七大精神,全面落实科学发展观,促进和谐社会建设,认真贯彻落实《中共中央国务院关于促进残疾人事业发展的意见》(中发〔2008〕7号)精神,进一步加快我国特殊教育事业发展,根据《中华人民共和国义务教育法》、《中华人民共和国残疾人保障法》和《残疾人教育条例》,对当前和今后一个时期我国特殊教育事业发展提出以下意见:

一、全面提高残疾儿童少年义务教育普及水平,不断完善残疾人教育体系

1. 继续提高残疾儿童少年义务教育普及水平。城市和经济发达地区,适龄视力、听力、智力残疾儿童少年(以下简称三类残疾儿童少年)入学率要基本达到当地普通儿童少年水平;已经"普九"的中西部农村地区,其三类残疾儿童少年入学率要逐年提高;未"普九"地区要将残疾儿童少年义务教育作为普及九年义务教育的重要内容,三类残疾儿童少年入学率达到70%左右。积极创造条

件，以多种形式对重度肢体残疾、重度智力残疾、孤独症、脑瘫和多重残疾儿童少年等实施义务教育，保障儿童福利机构适龄残疾儿童少年接受义务教育。

2. 加快发展以职业教育为主的残疾人高中阶段教育，为残疾学生就业和继续深造创造条件。具备条件的地市要举办残疾人高中阶段教育。特殊教育学校要根据需要举办残疾人高中教育部（班）；残疾人中等职业学校要积极拓宽专业设置，扩大招生规模；普通高中要招收具有接受普通教育能力的残疾学生；中等职业学校要积极开展残疾人职业教育。

3. 加快推进残疾人高等教育发展。进一步完善国家招收残疾考生政策，普通高校应依据有关法律和政策招收符合录取标准的残疾考生，不得因其残疾而拒绝招收。高等特殊教育学院（专业）要在保证质量的基础上，扩大招生规模，拓宽专业设置，提高办学层次。各地要为残疾人接受成人高等学历教育、自学考试、远程教育等提供更多方便，满足残疾人接受高等教育的需求。

4. 因地制宜发展残疾儿童学前教育。有条件的城市和农村地区要基本满足残疾儿童接受学前教育的需求。地方各级教育、民政、卫生部门和残联要相互协作，采取多种形式，在有条件地区积极举办0-3岁残疾儿童早期干预、早期教育和康复训练机构。鼓励社会力量举办学前特殊教育机构。

5. 大力开展面向成年残疾人的职业教育培训。以就业为导向，开展多种形式的残疾人技能培训，提高残疾人的就业和创业能力。

6. 采取多种措施，扫除残疾青壮年文盲。将扫除残疾青壮年文盲纳入当地扫盲工作整体规划，同步推进。残疾人教育机构、各有关部门和民间组织、残疾人所在单位要积极开展扫除残疾青壮年文盲工作，使残疾青壮年文盲率显著下降。

二、完善特殊教育经费保障机制，提高特殊教育保障水平

7. 全面实施残疾学生免费义务教育。对义务教育阶段残疾学生在"两免一补"基础上，针对残疾学生的特殊需要，进一步提高补助水平。各地应按照彩票公益金的使用宗旨，结合本地实际，支持残疾儿童少年特殊教育。

8. 加强特殊教育学校建设。国家支持中西部地区特殊教育学校建设，在人口30万以上或残疾儿童少年相对较多，尚无特殊教育学校的县，独立建设一所特殊教育学校；不足30万人口的县，在地市范围内，统筹建设一所或几所特殊教育学校。各地要统筹规划、合理布局，坚持标准，确保质量。东部地区也要加大投入，按照本地区特殊教育规划和国家有关建设标准做好特殊教育学校建设工作。

各地要统筹安排在普通学校、儿童福利机构或者其他机构附设的特教班、高中阶段特殊教育学校（班）和高等特殊教育专业的建设。

9. 做好中等教育和高等教育阶段残疾学生资助工作。普通高校全日制本专科在校生中家庭经济困难的残疾学生和中等职业学校一、二年级在校生中残疾学生要全部享受国家助学金。在特殊教育学校职业高中班（部）就读的残疾学生也应享受国家助学金。

10. 加大投入，确保特殊教育学校（院）正常运转。各地要从特殊教育学校（院）人均成本高的实际出发，研究制定特殊教育学校（院）生均公用经费标准，保证学校（院）正常的教育教学需求。

中央财政将继续设立特殊教育补助专款，地方各级人民政府要继续设立特殊教育专项补助费并不断提高。中央财政加大专项补助资金投入，鼓励和支持地方办好现有的面向全国招生的高等特殊教育学院。

各地要从残疾人就业保障金中安排一定比例的资金用于特殊教育学校（院）开展包括社会成年残疾人在内的各种职业教育与培训。

三、加强特殊教育的针对性，提高残疾学生的综合素质

11. 根据残疾学生的身心特点和特殊需求，加强教育的针对性。注重学生的潜能开发和缺陷补偿，培养残疾学生乐观面对人生，全面融入社会的意识和自尊、自信、自立、自强精神。加强残疾学生的法制教育、心理健康教育和安全教育。

在课程改革中，要充分考虑残疾学生特点，注重提高其生活自理、与人交往、融入社会、劳动和就业等能力的培养。

12. 全面推进随班就读工作，不断提高教育质量。重点推进县（区）级随班就读支持保障体系的建立和完善。所有实施义务教育的学校要积极创造条件，接收具有接受普通教育能力的适龄残疾儿童少年随班就读，不断扩大随班就读规模。

建立特殊教育学校定期委派教师到普通学校巡回指导随班就读工作的制度，确保随班就读的质量。

13. 大力加强职业教育，促进残疾人就业。特殊教育学校要在开足开好劳动技术、综合实践活动等课程的同时，开设符合学生特点、适合当地需要的职业课程。根据市场和社会需求，加强残疾人中等职业学校骨干专业课程的建设。不断更新高等特殊教育院校教学内容，合理调整专业结构。加强学生的生产实习和社会实践，促进职业教育实训基地共建共享。做好学生的就业指导工作。鼓励和扶持各类特殊教育学校（院）、职业学校及职业培训机构，开展各种形式的残疾人职业培训。各级政府和有关部门要加大残疾人职业培训经费投入，在生产实习基地建设、职业技能鉴定、就业安置等方面制定优惠政策和具体扶持保护措施。

14. 加快特殊教育信息化进程。建好国家特殊教育资源库和特教信息资源管理系统，促进优质特殊教育资源共享。地方各级人民政府要加强特殊教育信息化软硬件建设。特教学校要根据残疾学生的特点积极开展信息技术教育，大力推进信息技术在教学过程中的

应用，提高残疾学生信息素养和运用信息技术的能力。

15. 深入开展特殊教育研究。建设一支理论素养高、专业能力强的特殊教育科研骨干队伍，提高特殊教育科研质量和水平。各省、市（地）教育行政部门所属的教学研究部门和科学研究部门应配备专职或兼职特教教研人员，组织并指导学校开展教育教学研究。继续开展盲文、手语研究，使之更加科学、实用。

四、加强特殊教育师资队伍建设，提高教师专业化水平

16. 加强特殊教育教师培养培训工作。要适应残疾儿童少年教育普及水平提高的需要，加强特殊教育师范院校专业建设。统筹规划，合理布局，加大特教师资的培养力度。鼓励和支持各级师范院校与综合性院校举办特殊教育专业或开设特殊教育课程。各地在实施师范生免费教育时，要把特教师资培养纳入培养计划。加大特殊教育或相关专业研究生培养力度。注重特殊教育专业训练，提高培养质量。鼓励优秀高校毕业生到特殊教育学校、儿童福利机构等单位任教。

各地要将特殊教育教师培训纳入教师继续教育培训计划，对在职教师实行轮训，重点抓好骨干教师特别是中青年骨干教师培训。要加强对在普通学校、儿童福利机构或其他机构中从事特殊教育工作的教师和特殊教育学校巡回指导教师的培训。要高度重视残疾人职业教育专业课教师培训。依托高等特殊教育学院、其他有关院校和专业机构建设"特殊教育教师培训基地"。

17. 配齐配足教师，确保特殊教育学校正常教学和管理工作。省级有关部门要根据特殊教育学校学生少、班额小、寄宿生多、教师需求量大的特点，合理确定特殊教育学校教职工编制并保障落实。

18. 要切实采取措施落实特殊教育教师待遇。《中华人民共和国义务教育法》明确规定特殊教育教师享有特殊岗位补助津贴。各地要采取措施，确保国家规定的特殊教育教师工资待遇政策得到落实。要将承担随班就读教学与管理人员的工作列入绩效考核内容。要在优秀教师和优秀教育工作者表彰中提高特教教师和校长的比例。

五、强化政府职能，全社会共同推进特殊教育事业发展

19. 进一步强化政府发展特殊教育的责任。各地要把各级各类特殊教育纳入当地经济和社会发展整体规划，把特殊教育发展列入议事日程。各级人民政府要进一步明确和落实教育、发展改革、公安、民政、财政、人力资源社会保障、卫生、税务、残联等部门和社会团体发展特殊教育的职能和责任，在保障残疾孩子入学、孤残儿童抚育、新生儿疾病筛查与治疗、学校建设、经费投入、教师编制配备、工资待遇、校园周边环境治理、特教学校企业税收减免、残疾人口统计等方面通力合作，各司其职，齐抓共管，加快特殊教育事业发展。

20. 全社会共同关心支持特殊教育事业。加大特殊教育宣传力度，在全社会形成关心支持特殊教育、尊重特殊教育教师和残疾人教育工作者的舆论氛围。进一步落实国家关于捐赠及免税的政策，积极鼓励个人、企业和民间组织支持特殊教育，广泛动员和鼓励社会各界捐资助学。

国务院办公厅关于进一步加强残疾人体育工作的意见

(2007年5月6日　国办发〔2007〕31号)

改革开放以来，我国残疾人事业取得了举世瞩目的成就，残疾人状况有了很大改善。残疾人体育工作不断发展，残疾人群众性体育活动日趋活跃，残疾人运动员超越自我、顽强拼搏，在国际赛场上屡创佳绩，为国家赢得了荣誉，鼓舞了全国各族人民。但必须清醒认识到，我国残疾人体育事业起步晚、起点低、基础薄弱，总体发展水平不高，特别是残疾人群众性体育活动还不能适应形势发展和残疾人的需求。我国将举办 2007 年上海世界特殊奥运会和 2008 年北京残奥会，这为我国残疾人事业全面发展提供了重要机遇。切实办好这两项重大残疾人体育赛事，对于改善残疾人状况，营造良好社会环境，推动社会文明进步将发挥重要作用。为进一步加强残疾人体育工作，推进残疾人体育运动健康、稳定发展，经国务院同意，现提出以下意见：

一、充分认识残疾人体育工作的重要意义

（一）残疾人体育是残疾人事业和全民体育的组成部分。参加体育活动是残疾人的重要权利，是残疾人康复健身、平等参与社会、实现自身价值的重要途径。

（二）发展残疾人体育有利于促进残疾人事业发展。残疾人体育对于展示残疾人体育才华，激励残疾人自尊、自信、自强、自立，倡导社会理解、尊重、关心、帮助残疾人具有重要作用。

（三）发展残疾人体育有利于弘扬爱国主义、集体主义和革命英雄主义思想，激励自强不息的民族精神。

（四）残疾人体育是我国向世界展示经济社会发展成就，彰显人权保障和社会文明进步成果的重要舞台。

二、广泛开展残疾人群众性体育活动

（五）按照《全民健身计划纲要》总体要求，根据残疾人特点，组织残疾人广泛开展自强健身活动。建立健全残疾人体育组织，利用各种社会资源为残疾人参加体育活动提供场地和设施。开发、推广适合残疾人特点的健身康复体育项目，经常举办残疾人体育活动。

（六）指导、支持各类企事业单位组织残疾人开展体育活动。

充分利用各种文化体育设施，积极探索适合残疾人特点的基层残疾人体育的组织方式和活动内容，开展形式多样的基层残疾人体育活动。

（七）各级各类学校要组织残疾学生开展适合其特点的日常体育活动。学校体育测试要充分考虑残疾学生的特殊情况，体现人文关怀。

（八）高度重视农村残疾人体育工作。因地制宜，创造条件，开发适合农村残疾人特点的群众性体育项目，引导农村残疾人参加自强健身体育活动。

（九）发挥残疾人体育赛事对残疾人群众体育活动的推动作用。改革完善残疾人体育竞赛制度，定期举办各级、各类残疾人体育比赛，积极参与和举办国际残疾人体育赛事。

三、加强残疾人体育队伍建设

（十）建立一支优秀的残疾人运动员队伍和残疾人体育管理人员队伍，促进残疾人体育事业可持续发展。

（十一）加强残疾人体育管理人员、技术人员培养工作，建立健全裁判员、分级员等人员管理制度，制订残疾人体育教练员职称评定办法。

（十二）体育、残联、民政等部门（单位）要研究制订残疾人运动员等级评定办法。人事、教育、财政、民政、劳动保障、体育、残联等部门（单位）要采取措施，切实解决残疾人运动员就学、就业、奖励和社会保障问题，保障进入中高等学校学习的贫困残疾人运动员助学金所需经费。

（十三）加强残疾人体育教育和科研工作。把残疾人体育纳入特殊教育和师范、体育教学计划，认真实施。开展残疾人体育科研工作，提高残疾人体育科技水平。

（十四）加强残疾人体育训练基地建设，发挥国家残疾人体育综合训练基地的示范作用，保证残疾人运动员管理、训练、参赛和有关科研工作需要。各地要根据实际情况设立专门为残疾人体育锻炼和残疾人运动员训练服务的体育设施。

四、营造有利于残疾人体育事业发展的社会环境

（十五）加强残疾人体育事业宣传工作。采取多种形式普及残疾人体育知识，宣传残疾人自强不息、顽强拼搏的精神，倡导扶残助残的社会风尚，动员社会各界关心残疾人体育事业。

（十六）动员社会力量，发挥各自优势，为残疾人体育事业发展提供志愿服务。教育部门要动员和组织学生关心、支持残疾人体育活动，在广大学生中培养助残为荣的良好风尚。

（十七）新建、改造公共体育设施要严格执行国家无障碍标准，全民健身设施、器材要考虑残疾人特殊需求。各类体育赛事要为残疾人观众提供方便。公共体育设施要向残疾人开放并提供优惠服务。

（十八）鼓励社会力量举办、赞助、支持残疾人体育事业。加强对赞助活动和捐赠资金物品使用的监督管理。

五、加强对残疾人体育工作的组织领导

（十九）地方各级人民政府要加强对残疾人体育工作的领导，把发展残疾人体育事业纳入经济社会发展规划，积极动员社会力量，多渠道筹集资金，促进残疾人体育事业发展。各级体育主管部门和残联要切实履行职责，制订实施残疾人体育事业发展规划，引导各类社会团体关心、支持、帮助和组织残疾人参加体育活动。

（二十）加强残疾人体育道德作风建设。反对使用违禁药物和训练、比赛中的违规行为，保证残疾人运动员身心安全和健康，维护残疾人体育比赛的公平、公正。引导残疾人体育工作者发扬人道、廉洁、服务、奉献的职业道德，全心全意为残疾人服务。

（二十一）认真实施残疾人保障法、体育法和其他相关法律法规，保障残疾人参加体育活动的权益。

（二十二）积极表彰和奖励为残疾人体育事业发展做出突出贡献的单位和个人。

残疾人就业条例

（2007年2月14日国务院第169次常务会议通过 2007年2月25日中华人民共和国国务院令第488号公布 自2007年5月1日起施行）

第一章 总 则

第一条 为了促进残疾人就业，保障残疾人的劳动权利，根据《中华人民共和国残疾人保障法》和其他有关法律，制定本条例。

第二条 国家对残疾人就业实行集中就业与分散就业相结合的方针，促进残疾人就业。

县级以上人民政府应当将残疾人就业纳入国民经济和社会发展规划，并制定优惠政策和具体扶持保护措施，为残疾人就业创造条件。

第三条 机关、团体、企业、事业单位和民办非企业单位（以下统称用人单位）应当依照有关法律、本条例和其他有关行政法规的规定，履行扶持残疾人就业的责任和义务。

第四条 国家鼓励社会组织和个人通过多种渠道、多种形式，帮助、支持残疾人就业，鼓励残疾人通过应聘等多种形式就业。禁止在就业中歧视残疾人。

残疾人应当提高自身素质，增强就业能力。

第五条 各级人民政府应当加强对残疾人就业工作的统筹规划，综合协调。县级以上人民政府负责残疾人工作的机构，负责组织、协调、指导、督促有关部门做好残疾人就业工作。

县级以上人民政府劳动保障、民政等有关部门在各自的职责范围内，做好残疾人就业工作。

第六条 中国残疾人联合会及其地方组织依照法律、法规或者接受政府委托，负责残疾人就业工作的具体组织实施与监督。

工会、共产主义青年团、妇女联合会，应当在各自的工作范围内，做好残疾人就业工作。

第七条 各级人民政府对在残疾人就业工作中做出显著成绩的单位和个人，给予表彰和奖励。

第二章 用人单位的责任

第八条 用人单位应当按照一定比例安排残疾人就业，并为其提供适当的工种、岗位。

用人单位安排残疾人就业的比例不得低于本单位在职职工总数的1.5%。具体比例由省、自治区、直辖市人民政府根据本地区的实际情况规定。

用人单位跨地区招用残疾人的，应当计入所安排的残疾人职工人数之内。

第九条 用人单位安排残疾人就业达不到其所在地省、自治区、直辖市人民政府规定比例的，应当缴纳残疾人就业保障金。

第十条 政府和社会依法兴办的残疾人福利企业、盲人按摩机构和其他福利性单位（以下统称集中使用残疾人的用人单位），应当集中安排残疾人就业。

集中使用残疾人的用人单位的资格认定，按照国家有关规定执行。

第十一条 集中使用残疾人的用人单位中从事全日制工作的残疾人职工，应当占本单位在职职工总数的25%以上。

第十二条 用人单位招用残疾人职工，应当依法与其签订劳动合同或者服务协议。

第十三条 用人单位应当为残疾人职工提供适合其身体状况的劳动条件和劳动保护，不得在晋职、晋级、评定职称、报酬、社会保险、生活福利等方面歧视残疾人职工。

第十四条 用人单位应当根据本单位残疾人职工的实际情况，对残疾人职工进行上岗、在岗、转岗等培训。

第三章 保障措施

第十五条 县级以上人民政府应当采取措施，拓宽残疾人就业渠道，开发适合残疾人就业的公益性岗位，保障残疾人就业。

县级以上地方人民政府发展社区服务事业，应当优先考虑残疾人就业。

第十六条 依法征收的残疾人就业保障金应当纳入财政预算，专项用于残疾人职业培训以及为残疾人提供就业服务和就业援助，任何组织或者个人不得贪污、挪用、截留或者私分。残疾人就业保障金征收、使用、管理的具体办法，由国务院财政部门会同国务院有关部门规定。

财政部门和审计机关应当依法加强对残疾人就业保障金使用情况的监督检查。

第十七条 国家对集中使用残疾人的用人单位依法给予税收优惠，并在生产、经营、技术、资金、物资、场地使用等方面给予扶持。

第十八条 县级以上地方人民政府及其有关部门应当确定适合

残疾人生产、经营的产品、项目，优先安排集中使用残疾人的用人单位生产或者经营，并根据集中使用残疾人的用人单位的生产特点确定某些产品由其专产。

政府采购，在同等条件下，应当优先购买集中使用残疾人的用人单位的产品或者服务。

第十九条 国家鼓励扶持残疾人自主择业、自主创业。对残疾人从事个体经营的，应当依法给予税收优惠，有关部门应当在经营场地等方面给予照顾，并按照规定免收管理类、登记类和证照类的行政事业性收费。

国家对自主择业、自主创业的残疾人在一定期限内给予小额信贷等扶持。

第二十条 地方各级人民政府应当多方面筹集资金，组织和扶持农村残疾人从事种植业、养殖业、手工业和其他形式的生产劳动。

有关部门对从事农业生产劳动的农村残疾人，应当在生产服务、技术指导、农用物资供应、农副产品收购和信贷等方面给予帮助。

第四章 就业服务

第二十一条 各级人民政府和有关部门应当为就业困难的残疾人提供有针对性的就业援助服务，鼓励和扶持职业培训机构为残疾人提供职业培训，并组织残疾人定期开展职业技能竞赛。

第二十二条 中国残疾人联合会及其地方组织所属的残疾人就业服务机构应当免费为残疾人就业提供下列服务：

（一）发布残疾人就业信息；

（二）组织开展残疾人职业培训；

（三）为残疾人提供职业心理咨询、职业适应评估、职业康复训练、求职定向指导、职业介绍等服务；

（四）为残疾人自主择业提供必要的帮助；

（五）为用人单位安排残疾人就业提供必要的支持。

国家鼓励其他就业服务机构为残疾人就业提供免费服务。

第二十三条 受劳动保障部门的委托，残疾人就业服务机构可以进行残疾人失业登记、残疾人就业与失业统计；经所在地劳动保障部门批准，残疾人就业服务机构还可以进行残疾人职业技能鉴定。

第二十四条 残疾人职工与用人单位发生争议的，当地法律援助机构应当依法为其提供法律援助，各级残疾人联合会应当给予支持和帮助。

第五章 法律责任

第二十五条 违反本条例规定，有关行政主管部门及其工作人员滥用职权、玩忽职守、徇私舞弊，构成犯罪的，依法追究刑事责任；尚不构成犯罪的，依法给予处分。

第二十六条 违反本条例规定，贪污、挪用、截留、私分残疾人就业保障金，构成犯罪的，依法追究刑事责任；尚不构成犯罪的，对有关责任单位、直接负责的主管人员和其他直接责任人员依法给予处分或者处罚。

第二十七条 违反本条例规定，用人单位未按照规定缴纳残疾人就业保障金的，由财政部门给予警告，责令限期缴纳；逾期仍不缴纳的，除补缴欠缴数额外，还应当自欠缴之日起，按日加收5‰的滞纳金。

第二十八条 违反本条例规定，用人单位弄虚作假，虚报安排残疾人就业人数，骗取集中使用残疾人的用人单位享受的税收优惠待遇的，由税务机关依法处理。

第六章 附 则

第二十九条 本条例所称残疾人就业,是指符合法定就业年龄有就业要求的残疾人从事有报酬的劳动。

第三十条 本条例自 2007 年 5 月 1 日起施行。

司法解释及文件

最高人民法院、中国残疾人联合会关于在审判执行工作中切实维护残疾人合法权益的意见

(2018年7月13日 法发〔2018〕15号)

各省、自治区、直辖市高级人民法院，解放军军事法院，新疆维吾尔自治区高级人民法院生产建设兵团分院；各省、自治区、直辖市残联，新疆生产建设兵团残联，黑龙江垦区残联：

残疾人是社会特殊困难群体，需要全社会格外关心、加倍爱护。切实维护残疾人合法权益，是人民法院深入贯彻党的十九大精神和习近平新时代中国特色社会主义思想，坚持以人为本、司法为民的重要使命。为切实保障残疾人合法权益，方便残疾人参加诉讼活动，依据《中华人民共和国残疾人保障法》等法律规定，提出以下意见。

1. 基本要求。人民法院应当按照诉讼两便原则和国家保障残疾人的法律、政策，坚持问题导向，因案施策，积极回应残疾人的司法需求，保障残疾人平等、充分、方便地参与诉讼活动，不断提升为残疾人提供司法服务和保障工作的能力和水平。残疾人联合会应当依法履责，积极为残疾人参加诉讼活动提供支持和帮助。

2. 加强沟通协作。办理涉残疾人案件，应加强同残疾人联合会等人民团体、政府有关部门以及残疾人所在单位、社区、居民委员会、村民委员会等的沟通联系，全面了解情况，充分沟通协调，推动解决残疾当事人的实际困难，合力做好维护残疾人合法权益工作。

3. 方便残疾人立案。对交通不便的涉残疾人案件，可由人民法庭直接立案；积极采用网上立案、上门立案、电话立案等绿色通道快速立案。残疾人书写起诉状确有困难的，可以口头起诉，由人民法院记入笔录；提交的起诉状内容有欠缺或者错误的，应当一次性告知需要补正的内容，并予以指导。

4. 加强诉讼引导。对残疾当事人要加强诉讼程序的引导和释明，保障其依法行使诉讼权利。对确有困难无法自行收集证据的残疾当事人，依法放宽职权调查取证的条件。对残疾当事人申请保全的，根据案件具体情况和残疾当事人的实际，依法合理确定保全担保的方式。

5. 依法适用监护制度。无民事行为能力、限制民事行为能力的残疾人参加诉讼的，应由其监护人作为法定代理人代为诉讼。事先没有确定监护人的，可以由有监护资格的人协商确定。协商不成的，按照最有利于被监护人的原则，尊重被监护人的真实意愿，在依法具有监护资格的人中指定监护人。没有依法具有监护资格的人的，可以依照民法总则第三十二条规定指定有关组织担任诉讼代理人。

6. 方便参与诉讼。采用相对灵活的审判工作机制，方便残疾人参加诉讼。大力推广车载法庭、就地审理、上门调解等巡回审判模式，力促当庭结案，就地化解矛盾。充分运用信息化手段，通过网上开庭、网上调解等远程视频形式方便残疾当事人诉讼。

7. 加快审理流程。对涉残疾当事人的案件，依法繁简分流，提高诉讼效率。及早开庭、及时判决、尽快结案，缩短办案周期。充分运用小额诉讼程序，发挥一审终审优势，尽快实现残疾当事人的合法权益。对事实清楚、债权债务关系明确的金钱给付案件，依法引导残疾当事人申请适用督促程序，以支付令方式快速结案。对追索赡养费、扶养费、抚育费、抚恤金、医疗费用、劳动报酬以及需要立即返还社会保险金、社会救助资金的,依法先予执行。

8. 加大执行力度。残疾当事人胜诉案件,当事人不自动履行的,要直接移送执行,尽快进入执行程序,加大执行力度,依法从快执结,及时实现残疾人合法权益。

9. 加强法律援助。自受理刑事案件之日起三日内,依法告知残疾被告人有权委托辩护人;对于因经济困难或者其他原因没有委托辩护人的,告知其向当地法律援助机构申请法律援助或者向当地残疾人联合会申请法律救助。刑事案件的残疾被害人、残疾自诉人以及民事、行政案件的残疾当事人,因经济困难没有委托诉讼代理人的,应当告知其可以向当地法律援助机构或者向当地残疾人联合会申请法律救助。接到残疾当事人提出法律援助申请的,应当依法及时转交法律援助机构。

10. 加强司法救助。对经济确有困难、符合相应条件的残疾当事人,应当依法为其缓、减、免诉讼费用。对符合司法救助条件的残疾人,应当告知其有权提出救助申请。对已经提供法律援助的残疾当事人,应当进行司法救助。

11. 及时指定辩护人。刑事被告人是未成年残疾人,或者是盲、聋、哑、不能完全辨认或控制自己行为的成年残疾人,或者是可能被判处无期徒刑、死刑的残疾人,没有委托辩护人的,应当依法通知法律援助机构指派律师提供辩护。

12. 严厉惩处侵害残疾人的犯罪。对侵害残疾人权益的犯罪,特别是以暴力、威胁或者限制人身自由的方法强迫残疾人劳动,以暴力、胁迫手段组织残疾人乞讨以及组织未成年残疾人进行盗窃、诈骗、抢夺、敲诈勒索等违反治安管理活动的犯罪,依法严厉惩处,切实保护残疾人的人身财产安全。

13. 依法对残疾被告人从宽量刑。刑事案件中的残疾被告人,犯罪情节轻微依法不需要判处刑罚的,可以免予刑事处罚;尚未完全丧失辨认或者控制自己行为能力的精神病人犯罪的，可以从轻或者减轻处罚；又聋又哑的人或者盲人犯罪的，可以从轻、减轻或者免除处罚。

14. 办理好残疾人申请国家赔偿案件。对于残疾人申请国家赔偿的案件，认真对待残疾人提出的各项权利诉求，符合受理条件的，应当依法尽快受理。充分听取残疾人关于赔偿方式、赔偿项目和赔偿数额意见，依法及时作出赔偿决定。

15. 健全涉残疾人纠纷多元化解机制。对于涉残疾人的民事案件，应当积极开展诉前调解、委托调解、多元调解，大力借助残疾人联合会、人民调解委员会、基层司法所等组织以及公安交通、劳动保障、医疗卫生等有关部门力量，合力化解纠纷。

16. 发挥好司法建议作用。在审判执行工作中发现有关单位存在侵犯残疾人合法权益的行为或者维护残疾人权益工作不到位等情况的，应当及时向有关单位以及当地政府主管部门、残疾人联合会等通报情况，必要时发出司法建议，并跟踪反馈督促落实。

17. 依法妥善处理涉残疾人涉诉信访案件。对于残疾信访当事人，人民法院应当做到特别关照，及时接待，有诉必理。要认真审查信访材料，听取意见，及时记录来访信息。对能够当场解答的问题，应即问即答；不能当场解答的，告知按规定期限等待处理。

18. 完善诉讼无障碍设施及服务。大力推进法院接待场所、审判场所的无障碍设施建设，方便残疾人参加诉讼。积极推进信息交流无障碍环境建设，根据案件情况，允许相关辅助、陪护人员陪同残疾当事人出庭。

19. 支持残疾人联合会依法履责。残疾人联合会应当积极帮助残疾人获得法律服务。残疾人联合会收到法律救助申请的，应当依法依规予以办理。残疾人联合会可以应要求协助残疾人向人民法院提出司法救助申请。

20. 残疾人联合会应当主动担负起为残疾人提供法律救助服务的职责，积极配合和支持人民法院办理涉残疾人案件。残疾人联合会应当积极对残疾当事人做好诉讼引导、答疑解惑、释法说理等工作。

21. 残疾人联合会和残疾人法律救助工作站主动可以支持民事权益受损害的残疾人、残疾人组织、残疾人服务机构依法向人民法院提起诉讼；可以依法参与巡回审判、网上开庭、就地调解、网上调解等诉讼活动，为残疾当事人提供必要的协助和支持。

22. 残疾人联合会应当积极配合人民法院联系、聘请辅助人员为残疾当事人提供手语、盲文等诉讼辅助服务，方便残疾人参加诉讼活动。

最高人民检察院、中国残疾人联合会关于在检察工作中切实维护残疾人合法权益的意见

(2015年11月30日)

为进一步落实司法为民宗旨，促进社会和谐稳定，根据《中华人民共和国残疾人保障法》及相关规定，现就检察工作中依法维护残疾人的合法权益提出如下意见。

一、人民检察院办理涉及残疾人的案件，应当严格依照法律的规定，贯彻党和国家关于残疾人权益保护的各项政策，注重关爱、扶助残疾人，方便其诉讼，采取有效措施防止侵害残疾人权益的行为，保障残疾人平等、充分地参与诉讼活动和社会生活，促进残疾人各项合法权益的享有和实现。

二、人民检察院可以指定专人或者设立专门小组办理涉及残疾人的案件。办案工作中，应当加强同残疾人联合会等人民团体、政府有关部门以及涉案残疾人所在单位、社区、村民委员会的沟通联系，主动了解情况，听取意见，共同做好维护残疾人合法权益工作。

三、对侵害残疾人生命财产安全的刑事犯罪，特别是严重侵害残疾人权益的重大案件、侵害残疾人群体利益的案件，依法从严从快批捕、起诉，加大指控犯罪力度。

四、对强迫智力残疾人劳动，拐卖残疾妇女、儿童，以暴力、胁迫手段组织残疾人乞讨，故意伤害致人伤残后组织乞讨，组织、胁迫、教唆残疾人进行犯罪活动等案件，依法从重打击。

五、加大对侵害残疾人权益的职务犯罪的查处和预防，依法严惩挪用、克扣、截留、侵占残疾人教育、康复、就业、社会保障等资金和物资以及发生在涉及残疾人事业的设备采购、工程建设中的职务犯罪行为。

六、人民检察院在办理案件过程中发现有关单位存在侵犯残疾人合法权益行为的，应当依法及时向有关单位发出检察建议，督促其纠正。侵犯残疾人合法权益情节严重，尚不构成犯罪的，人民检察院应当建议相关部门对责任人员给予相应处分；构成犯罪的，依法追究刑事责任。

七、对于残疾人涉嫌职务犯罪案件，人民检察院在对残疾犯罪嫌疑人进行第一次讯问或者采取强制措施时，应当告知其有权委托辩护人，并告知其如果符合《最高人民法院、最高人民检察院、公安部、司法部关于刑事诉讼法律援助工作的规定》第二条规定，本人及其近亲属可以向法律援助机构申请法律援助。

人民检察院自收到移送审查起诉的案件材料之日起三日以内，应当告知残疾犯罪嫌疑人有权委托辩护人，并告知其如果符合《最高人民法院、最高人民检察院、公安部、司法部关于刑事诉讼法律援助工作的规定》第二条规定，本人及其近亲属可以向法律援助机构申请法律援助。对于残疾被害人，应当告知其本人及其法定代理人或者近亲属有权委托诉讼代理人，并告知其如果经济困难，可以向法律援助机构申请法律援助。

对于盲、聋、哑犯罪嫌疑人，人民检察院应当采取适宜方式进行权利告知，确保其准确理解相关规定。对于智力残疾、患精神病犯罪嫌疑人以及未成年残疾犯罪嫌疑人，应当向其法定代理人履行告知义务。

八、犯罪嫌疑人是未成年残疾人，盲、聋、哑人，尚未完全丧失辨认或者控制自己行为能力的精神病人，或者是可能被判处无期徒刑、死刑的残疾人，没有委托辩护人的，人民检察院应当及时通知法律援助机构指派律师为其提供辩护。

九、人民检察院讯问残疾犯罪嫌疑人时应当慎用械具。对于确有人身危险性，必须使用械具的，在现实危险消除后，应当立即停止使用。

十、人民检察院审查逮捕残疾犯罪嫌疑人，除按照《中华人民共和国刑事诉讼法》第七十九条第一款的规定审查是否具备逮捕条件外，还应当根据犯罪嫌疑人涉嫌犯罪的性质、事实、情节、主观恶性和犯罪嫌疑人身体状况是否适宜羁押等因素综合考量是否确有逮捕必要，必要时可以对残疾犯罪嫌疑人的犯罪原因、生活环境等开展社会调查以作参考。对于不采取强制措施或者采取其他强制措施不妨碍诉讼顺利进行的，应当作出不批准逮捕或者不予逮捕的决定。对于可捕可不捕的应当不捕。但是，对于反复故意实施犯罪，不羁押不足以防止发生社会危险性的，应当依法批准或决定逮捕。

十一、残疾犯罪嫌疑人、被告人被逮捕后，人民检察院应当对羁押必要性定期开展审查，综合考虑侦查取证的进展情况、案件事实、情节和证据的变化情况，残疾犯罪嫌疑人、被告人的身体健康状况等因素，对不需要或者不适宜继续羁押的，应当依法变更强制措施或者建议有关机关变更强制措施。

十二、对于残疾人犯罪案件，符合《人民检察院刑事诉讼规则（试行）》规定的条件，双方当事人达成和解协议的，人民检察院应当依法从宽处理。符合法律规定的不起诉条件的，应当决定不起诉；依法必须提起公诉的，应当向人民法院提出从轻、减轻或者免除处罚的量刑建议。

十三、对于残疾被告人认罪并积极赔偿损失、被害人谅解的案件，未成年残疾人犯罪案件以及残疾人实施的具有法定从轻、减轻处罚情节的案件，人民法院量刑偏轻的，人民检察院一般不提出抗诉。

十四、人民检察院发现看守所、监狱等监管机关在羁押管理和教育改造残疾在押人员等活动中有违法行为的，应当依法提出纠正意见；发现看守所、监狱等监管场所没有对残疾在押人员在生活、医疗上给予相应照顾，没有采取适当保护措施的，应当通过检察建议等方式督促监管机关改正。

对残疾罪犯开展减刑、假释、暂予监外执行检察工作，可以依法适当从宽掌握，但是，反复故意实施犯罪的残疾罪犯除外。

十五、人民检察院在开展社区矫正法律监督活动中，发现社区矫正机构工作人员对残疾社区矫正人员有殴打、体罚、虐待、侮辱人格、强迫其参加超时间或者超体力社区服务等行为的，应当依法提出纠正意见。情节严重，构成犯罪的，依法追究刑事责任。

十六、人民检察院发现强制医疗机构工作人员殴打、体罚、虐待或者变相体罚、虐待被强制医疗的精神病人，违反规定对被强制医疗的精神病人使用械具、约束措施等行为的，应当依法提出纠正意见。情节严重，构成犯罪的，依法追究刑事责任。

十七、对于残疾人控告、举报、申诉案件应当依法快速办理，缩短办案周期。对于不属于本院管辖的案件，应当先行接收，然后及时转送有管辖权的机关，并告知提出控告、举报、申诉的残疾人。

十八、复查涉及残疾人的刑事申诉案件，应当认真听取残疾申诉人或者其代理人的意见，核实相关问题，并可以听取原案承办部门、原复查部门或者原承办人员意见，全面了解原案办理情况，认真审核、查证与案件有关的证据和线索，查清案件事实，依法作出处理。

十九、对于已经发生法律效力的民事、行政裁判书、调解书，残疾当事人依法向人民检察院申请提出检察建议、抗诉，或者认为人民法院的执行活动违反法律规定、审判人员存在违法行为而向人民检察院申请监督的，人民检察院应当及时受理和审查，对确有违法情形的，依法提出检察建议或者抗诉，切实维护残疾人的合法权益。

二十、对于残疾人申请国家赔偿的案件，符合受理条件的，应当依法快速办理，充分听取残疾人或者其代理人的意见。对于依法应当赔偿的案件，应当及时作出和执行赔偿决定。

二十一、对于残疾人涉法涉诉信访案件，人民检察院应当按照中央政法委《关于建立律师参与化解和代理涉法涉诉信访案件制度的意见（试行）》的要求，为残疾人寻求律师帮助提供便利，对律师阅卷、咨询了解案情等合理要求提供支持，对律师提出的处理意见认真研究，及时反馈意见。对确有错误或者瑕疵的案件，及时导入法律程序予以解决。

二十二、人民检察院在办理案件、处理涉法涉诉信访问题过程中，应当主动了解残疾当事人的家庭生活状况，对符合国家司法救助条件的残疾人，应当告知其有权提出救助申请。对残疾人提出的救助申请，应当快速受理审查；对符合救助条件而没有提出申请的，应当依职权启动救助程序。符合救助条件的，应当及时提出给予救助以及具体救助金额的意见，履行有关审批手续后及时予以发放。

二十三、各级人民检察院新建接待场所应当符合无障碍设施的相关要求，现有接待场所不符合无障碍要求的要逐步加以改造，以方便残疾人出入。

二十四、本意见中的残疾人，是指符合《中华人民共和国残疾人保障法》和《残疾人残疾分类和分级》（GB/T 26341-2010）规定的残疾人。

部门规章及文件

交通运输部办公厅关于印发 2023 年持续提升适老化无障碍交通出行服务等 5 件更贴近民生实事工作方案的通知

(2023 年 4 月 11 日 交办运函〔2023〕480 号)

各省、自治区、直辖市、新疆生产建设兵团交通运输厅（局、委）：

经交通运输部同意，现将 2023 年持续提升适老化无障碍交通出行服务等 5 件更贴近民生实事工作方案印发给你们。请各省级交通运输主管部门高度重视，结合实际研究制定实施方案，明确目标任务和时间节点，抓好工作落实，按要求报送工作进展，确保高质量完成更贴近民生实事。

附件 1

2023 年持续提升适老化无障碍交通出行服务工作方案

为进一步加强和改善老年人出行服务，不断满足广大老年人安全、便捷、舒适、温馨的无障碍出行服务需要，制定工作方案如下。

一、总体思路

全面贯彻积极应对人口老龄化国家战略，深入落实党的二十大关于提升基本公共服务均等化水平等决策部署，持续推进城市公共汽电车、城市轨道交通、出租汽车等领域适老化服务提升、车辆更新、设施改造，进一步巩固提升适老化无障碍交通出行服务成效。

二、目标任务

扩大出租汽车电召和网约车"一键叫车"服务覆盖面，新打造敬老爱老城市公共汽电车线路 1000 条，推动城市客运无障碍设施设备更新改造，加快低地板及低入口城市公共汽电车推广应用。开展城市轨道交通"爱心预约"乘车服务，通过微信公众号、小程序等渠道为老年人、残疾人等乘客提供预约服务。

三、进度安排

2023 年 4 月底前，各省级交通运输主管部门要将提升适老化无障碍交通出行服务纳入年度重点工作，对照本方案确定的目标任务，结合实际，制定本省份工作方案并报部。针对城市轨道交通"爱心预约"乘车服务，要指导各地制定本城市工作方案。各项工作要明确时间节点、提出量化目标、细化进度安排，并明确责任部门和联系人。交通运输部将督促指导主要网约车平台公司进一步扩大服务覆盖城市数量，持续优化完善"一键叫车"功能。

2023 年 6 月底前，各省级交通运输主管部门要在巩固前期工作成效的基础上，继续广泛动员本辖区内地级及以上城市特别是参与国家公交都市建设的城市持续提升适老化城市交通出行服务，统筹推进敬老爱老服务城市公共汽电车线路打造、低地板及低入口城市公共汽电车车辆推广、城市公共汽电车站台适老化改造等。要督促有关城市交通运输主管部门指导辖区城市轨道交通所有运营单位，以"一次预约、覆盖全网"为目标，通过微信公众号、小程序等渠道，增加"爱心预约"功能，完成软件开发、业务流程梳理、配套制度建设等工作。

2023 年 8 月底前，各省级交通运输主管部门要按照各自确定的量化目标，完成 80% 的敬老爱老服务城市公共汽电车线路、新增及更新低地板及低入口城市公共汽电车等目标任务。指导在本地运营服务的网约车平台公司进一步扩大服务覆盖城市数量，持续优化完善"一键叫车"功能，有效提高约车响应效率。各有关城市完成城市轨道交通"爱心预约"服务内部测试、软件迭代和制度磨合等工作，正式开通运行"爱心预约"服务。

2023年10月底前，各城市实现城市轨道交通不同运营单位"一次预约、覆盖全网"。各省级交通运输主管部门要对本省份适老化城市交通出行相关工作进展及推广情况等开展调研督导，全面完成本省份适老化城市交通出行任务目标。督促在本地运营服务的网约车平台公司认真梳理本年度"一键叫车"服务覆盖拓展、功能完善等相关工作情况，形成报告报交通运输部。

2023年11月底前，各省级交通运输主管部门要组织总结评估本省份适老化城市交通出行工作经验和成效，将总结材料报部。交通运输部将组织宣传推广各地典型经验做法。

四、相关要求

（一）各省份交通运输主管部门要在充分总结前期工作好经验、好做法的基础上，聚焦老年人在城市交通出行中面临的突出问题和迫切需求，加强统筹协调，在城市公共汽电车、出租汽车领域围绕服务提升、车辆更新、设施改造等方面，进一步提质扩面，持续巩固提升适老化无障碍交通出行服务成效。

（二）各省级交通运输主管部门要指导本辖区内开通运营城市轨道交通的城市通过"爱心预约"功能，为老年人等出行不便的乘客提供预约乘车服务。乘客单次预约范围包括本城市轨道交通运营线路的所有车站。乘客通过运营单位提供的预约方式提供出行时间、人群类型、联系方式、起始车站、目的车站等信息，相关车站根据乘客的预约信息，提前安排车站工作人员准备相关无障碍设施，为乘客提供乘车、换乘站接续服务。

（三）自2023年5月起，各省级交通运输主管部门要加强宣传，并于每月 10 日前向交通运输部报送工作进展情况（格式见附表），于 11 月 30 日前向交通运输部报送工作总结。

附表：_____省（区、市）____月适老化交通出行服务工作进展情况表

附表

_____省（区、市）____月适老化交通出行服务工作进展情况表

填表人：_____ 联系方式：_____ 填报日期：_____

	便利老年人打车	打造敬老爱老城市公共汽电车线路	新增及更新低地板及低入口城市公共汽电车	公共汽电车站台适老化改造	城市轨道交通"爱心预约"服务
工作进展情况					
宣传推广情况					
困难和问题					
下一步工作计划					

附件 2

2023 年推动交通运输新业态平台企业降低过高抽成工作方案

为加强交通运输新业态从业人员权益保障，促进交通运输新业态规范健康持续发展，营造良好从业就业环境，制定工作方案

如下。

一、总体思路

贯彻落实《关于加强交通运输新业态从业人员权益保障工作的意见》《关于加强货车司机权益保障工作的意见》要求，着力规范交通运输新业态企业经营行为，保障从业人员合理劳动报酬，营造良好从业就业环境，促进交通运输新业态规范健康持续高质量发展。

二、目标任务

推动主要网约车和道路货运新业态平台公司加强与从业人员代表、行业协会等沟通协商，保障从业人员合理劳动报酬水平。推动主要网约车和道路货运新业态平台公司降低平台过高的抽成比例或者会员费上限，并向社会公开发布。

三、进度安排

（一）网约车平台公司

2023年4月底前，各城市交通运输主管部门组织在本地运营服务的网约车平台公司部署推进落实工作。交通运输部指导各省、城市交通运输主管部门督促主要网约车平台公司明确工作安排、时间节点及责任人。

2023年5月底前，各城市交通运输主管部门督促在本地运营服务的各网约车平台公司与从业人员代表、行业协会等沟通协商，保障从业人员合理劳动报酬水平；主动向社会公告降低本企业过高抽成比例上限的工作安排。各主要网约车平台公司基本完成降低过高抽成比例上限有关工作。

2023年7月底前，各省级交通运输主管部门对在本省份运营服务的网约车平台公司落实工作情况进行调研督导。交通运输部会同各省、城市交通运输主管部门持续跟踪掌握各项目标任务进展情况及存在问题，定期调度各网约车平台公司，推动主要网约车平台公司确保目标任务基本完成。

2023年9月底前，各省、城市交通运输主管部门总结评估本地保障交通运输新业态从业人员权益的工作经验和成效。交通运输部组织对落实工作情况进行评估和总结，将宣传推广各地及企业推进降低过高抽成比例、保障交通运输新业态从业人员权益的典型经验做法。

（二）道路货运新业态平台公司

2023年4月底前，交通运输部指导相关地方交通运输主管部门督促主要道路货运新业态平台公司（以下简称货运平台公司）制定实施方案，明确工作安排、时间节点及责任人。

2023年5月底前，相关省级交通运输主管部门组织在本省份注册的货运平台法人公司，与货车司机、行业协会等沟通协商，降低过高的抽成比例或会员费上限，保障货车司机合理收入；主动向社会公告本企业降低过高抽成比例或会员费上限的承诺。

2023年7月底前，各省级交通运输主管部门对在本省份运营服务的货运平台公司落实工作情况进行调研督导。交通运输部会同相关省份交通运输主管部门持续跟踪掌握各项目标任务进展情况及存在问题，定期调度货运平台公司，推动货运平台公司确保目标任务基本完成。

2023年10月底前，各货运平台公司总结保障货车司机权益的工作经验和成效。交通运输部组织对落实工作情况进行评估和总结，宣传推广各地及企业推进降低过高抽成、保障货车司机权益的典型经验做法。

附件 3

2023 年持续推进道路运输便民政务服务
提质增效工作方案

为进一步优化营商环境，提升道路运输行业便民政务服务效能，不断提高道路运输政务服务规范化、智能化、便利化水平，制定工作方案如下。

一、总体思路

坚持以人民为中心，优化道路运输高频事项"跨省通办"服务功能和服务内容，提升业务办理效率和办理质量，拓展道路运输电子证照应用范围和场景，促进道路运输便民政务服务应用范围更广、服务内容更佳、服务品质更优，不断增强道路运输从业人员和经营者获得感。

二、目标任务

优化丰富道路运输便民政务服务事项，为广大驾驶员提供诚信考核等级、计分情况查询等服务；持续提升高频事项"跨省通办"业务办结率和办理成功，全国累计网上业务办理量达 500 万件以上，服务好评率保持 96%以上；全国道路运输电子证照总量累计生成 1500 万张以上，拓展电子证照便民服务应用场景，提高电子证照申领、持证、亮证、查询、跨省查验等服务便捷度。

三、进度安排

2023 年 4 月底前，各省级交通运输主管部门制定印发持续推进道路运输便民政务服务提质增效落实方案并报交通运输部。部级层面发布第一季度互联网道路运输便民政务服务质量评价结果。上线运行全国道路运输电子证照亮证小程序，提供多渠道证照亮证及核

157

验服务，支撑用户实时展示三类九证电子证照，方便各地管理部门、企业、公众通过"扫一扫"证照二维码等方式快速核验相关信息。各省级交通运输主管部门要加大电子证照宣传推广，提高电子证照申领和办理便捷度，鼓励道路运输从业人员和经营者申领电子证照。

2023年6月底前，丰富便民政务服务内容，互联网道路运输便民政务服务系统（以下简称"便民政务系统"）开发驾驶员诚信考核结果、计分情况查询功能，各省级交通运输主管部门要做好部省联调和业务协同工作，确保功能上线平稳运行。便民政务系统支持有需求的省份开通上线出租汽车/公共汽电车驾驶员诚信考核、从业资格证、道路运输证相关业务网上办理服务。各省级交通运输主管部门要加大电子证照宣传推广，加快推进已制发有效的省内实体证照、电子证照向部颁标准电子证照的转换。

2023年8月底前，拓展"跨省通办"便民服务内容，便民政务系统开发上线跨省转籍服务，各省级交通运输主管部门要做好部省联调和业务协同工作。交通运输部将根据上半年互联网道路运输便民政务服务质量评价结果、部级电子证照数据质量等情况，视情开展视频调度，督促提升道路运输便民政务服务质量和数据质量。各省级交通运输主管部门要持续做好道路运输便民政务服务相关业务审核与数据质量控制，确保相关数据及时、规范归集到部级系统，持续提升道路运输便民政务服务质量与效率。各省级交通运输主管部门要积极协调推进部级系统证照查验模块与本省份交通执法相关系统的嵌入对接，推进电子证照在交通执法中的应用。

2023年10月底前，各省级交通运输主管部门要积极拓展电子证照便民服务应用场景，探索在运输服务、货运物流、交通信用评价等方面应用，充分发挥电子证照应用价值，提升运输数字化服务能力。持续做好"跨省通办"业务办理政策、办理渠道等业务宣传推广，不断扩大道路运输便民政务服务的应用覆盖面和知晓度。

2023年11月底前，各省级交通运输主管部门要总结"跨省通办"、电子证照等道路运输便民政务服务提质增效的积极做法和工作成效并报交通运输部，交通运输部将适时宣传报道。

附件4

2023年实现道路普通货运驾驶员从业资格证直接申领工作方案

为深入推进道路货运领域"放管服"改革，推动道路普通货运驾驶员从业资格证直接申领，进一步降低货运驾驶员负担，制定工作方案如下。

一、总体思路

以深化道路货运领域"放管服"改革为主线，以减轻从业人员经营负担、便利从业就业为目标，加强组织领导，强化协同联动，统筹部署安排，加快推进道路普通货运驾驶员从业资格考试管理改革，将道路普通货运驾驶员从业资格考试相关内容纳入相应的机动车驾驶人考试内容，简化道路普通货运驾驶员从业资格证申领手续，优化从业资格证政务服务，强化日常诚信考核管理，规范从业经营行为，便利道路普通货物运输驾驶员从业、就业、择业。

二、目标任务

推进道路普通货运驾驶员从业资格管理改革，取消道路普通货运驾驶员从业资格证考试。申请从事道路普通货运经营的驾驶员，凭取得的相应机动车驾驶证向交通运输主管部门直接申领道路普通货运驾驶员从业资格证。

三、进度安排

2023年4月底前，交通运输部制定印发关于推进道路普通货运驾驶员从业资格管理改革的通知，部署各地全面推进相关改革事项；会同公安部修订完善机动车驾驶人考试内容，将道路货运从业资格考试安全驾驶理论内容纳入大型货车（B2）、重型牵引车（A2）驾驶人科目三安全文明驾驶常识考试。

2023年6月底前，各省级交通运输主管部门要按照相关改革工作部署，做好道路普通货运驾驶员从业资格证的申领发放工作，对于符合申领要求的驾驶员要及时发放。

2023年9月底前，各省级交通运输主管部门要充分利用道路运政系统等信息化手段，开展道路普通货运驾驶员从业资格证件申领、发放、变更和注销工作；要做好道路普通货运驾驶员从业资格信息的数据上传、更新和共享，确保从业资格信息在全国范围内交互共享和互信互认。

2023年12月底前，交通运输部将组织对货运驾驶员从业资格管理改革工作情况进行评估，及时总结经验做法，进一步完善道路普通货运驾驶员从业资格管理制度体系，切实便利道路普通货运驾驶员从业资格证件申领办理。

附件5

2023年开展关心关爱货车司机专项行动工作方案

为改善货车司机停车休息环境，保障货车司机合法权益，营造关心关爱货车司机的良好氛围，增强广大货车司机的从业获得感和职业归属感，制定工作方案如下。

一、总体思路

深入贯彻落实《关于加强货车司机权益保障工作的意见》，聚焦货车司机停车休息等实际需求，持续推进"司机之家"建设，推广高速公路服务区"车货无忧"公众责任保险，推选宣传"最美货车司机"，着力改善货车司机停车休息条件，优化货车司机从业环境，促进道路货运行业健康稳定高质量发展。

二、目标任务

推选宣传 100 个服务优质、经济实惠、安全便捷的品牌服务"司机之家"，提升停车、休息、餐饮、洗浴、洗衣等服务质量；推动 10 个省份利用财政性资金等多种方式在高速公路服务区推出针对货车司机的免费"车货无忧"公众责任险，保障货车司机放心停车休息；选树 100 名"最美货车司机"，提升货车司机职业荣誉感、归属感。

三、进度安排

2023 年 4 月底前，交通运输部会同中华全国总工会制定印发关于推选宣传品牌服务"司机之家"的通知。各省级交通运输主管部门要会同工会组织启动品牌服务"司机之家"推选宣传活动，并组织已通过验收的"司机之家"动态更新完善"司机之家"小程序服务信息。

2023 年 5 月底前，交通运输部组织对各省（区、市）高速公路服务区运营情况进行了解，会同相关部门研究确定 10 个推出"车货无忧"公众责任保险的省（区、市）。

2023 年 6 月底前，交通运输部会同公安部、中华全国总工会根据前期各省（区、市）"最美货车司机"推荐情况，推选公布 100 名"最美货车司机"；各相关省级交通运输主管部门要通过报刊、网站、微博微信等新闻媒体和平台，加强对"最美货车司机"的宣传推广。

2023年8月底前，推行"车货无忧"保险的省（区、市）交通运输主管部门要推动"车货无忧"保险落地实施，为货车司机创造安全的服务区停车休息环境。

2023年9月底前，交通运输部会同中华全国总工会组织对各省推荐的品牌服务"司机之家"进行现场验收，确定公布100个品牌服务"司机之家"。各省级交通运输主管部门要充分学习借鉴品牌服务"司机之家"经验做法，持续提升本地区"司机之家"服务品质。

2023年11月底前，交通运输部组织对开展关心关爱货车司机专项行动工作情况进行评估，及时总结宣传各地典型经验做法，改善货车司机停车休息条件，营造关心关爱货车司机良好氛围，切实保障货车司机合法权益。

残疾人中等职业学校设置标准

（2022年11月15日）

第一条 为保障残疾人受教育权利，促进残疾人中等职业教育发展，规范学校建设，保证教育质量，提高办学效益，根据《中华人民共和国职业教育法》、《残疾人教育条例》、《国家职业教育改革实施方案》、《中等职业学校设置标准》、《关于加快发展残疾人职业教育的若干意见》和残疾人职业教育特点，特制定本标准。

第二条 本标准所称残疾人中等职业学校是指依法经国家主管部门批准设立，以初中毕业或同等学力的残疾人为主要招生对象，实施全日制学历教育及职业培训的中等职业学校。

第三条 设置残疾人中等职业学校,要遵循需要和可行相结合的原则,纳入当地教育发展规划,在地方教育行政部门统筹和指导下进行。

第四条 新建或改扩建残疾人中等职业学校,校址一般要选在交通便利、公共设施较完善的地方。学校环境要符合残疾人教育教学、校园安全和身心健康要求。

第五条 设置残疾人中等职业学校,须有学校章程和必须的管理制度,要依法办学。学校章程包括:名称、校址、办学宗旨、治理机构和运行机制以及教职工管理、学生管理、教育教学管理、校产和财务管理制度、学校章程修订程序等内容。

第六条 设置残疾人中等职业学校,须配备思想政治素质高和管理能力强,热爱残疾人事业,熟悉残疾人职业教育规律的学校领导。公办中等职业学校实行中国共产党基层组织领导下的校长负责制。校长应具有从事五年以上教育教学工作的经历,校长及教学副校长须具有高级专业技术职务,校级领导应具有大学本科及以上学历。

第七条 设置残疾人中等职业学校,须根据残疾人和职业教育特点,建立必要的教育教学和管理等工作机构。

第八条 设置残疾人中等职业学校,要有基本的办学规模。根据社会需要和残疾人的身心特点合理设置专业,常设专业一般不少于4个,学历教育在校生规模一般不少于300人,班额原则上为8-20人。

第九条 设置残疾人中等职业学校,须有与学校办学规模相适应、结构合理的专兼职教师队伍。专任教师要符合《残疾人教育条例》规定的基本条件,相关辅助专业人员应具备由职能部门认可的相应从业资质。教职工与在校生比例不低于1:5,其中,每15名学生配备1名相关辅助专业人员(如生活辅导、就业指导、心理健康、康复训练、辅助科技和转衔服务等）。专任教师数不低于本校教职工总数的60%，专业课教师数不低于本校专任教师数的60%，"双师型"教师不低于本校专业课教师数的50%。专任教师中，具有高级专业技术职务人数不低于20%、具有专业背景的硕博士学位教师占比不低于10%。每个专业至少应配备具有相关专业中级以上专业技术职务的专任教师2人。学校聘请有实践经验的兼职教师应占本校专任教师总数的20%左右。

第十条 设置残疾人中等职业学校，须有与办学规模、专业设置和残疾人特点相适应的个性化校园、校舍和设施，且符合《无障碍环境建设条例》及《建筑与市政工程无障碍通用规范》等标准规范要求。

校园占地面积（不含教职工宿舍和相对独立的附属机构）：不少于30000平方米，一般生均占地面积不少于70平方米。

校舍建筑面积（不含教职工宿舍和相对独立的附属机构）：不少于16000平方米，一般生均建筑面积不少于35平方米。

体育用地：须有200米以上环型跑道的田径场，有满足残疾人教学和体育活动需要的其他设施和场地。

图书馆和阅览室：要适应办学规模，满足教学需要。适用印刷图书生均不少于30册，电子图书生均不少于30册，有盲文图书、有声读物和盲、聋生电子阅览室，报刊种类50种以上。教师阅览（资料）室和学生阅览室的座位数应分别按不低于教职工总数和学生总数的20%设置。

资源中心（教室）：要根据办学规模和本地区残疾人职业教育的需求建立适度大小的资源中心，根据残疾学生类别配备必要的教育教学、康复训练设施设备和资源教师、巡回指导教师及专业人员，为本校学生提供职业能力评估、个别化教学指导、考试辅助和转衔教育服务；同时为本地区的有关学校和机构提供残疾人职业教育指导、咨询和相关服务。

设施、设备与实训基地：必须具有与专业设置相匹配、满足教学要求的实训、实习设施和仪器设备，设施和仪器设备要规范、实用；每个专业要有相对应的校内实训基地和稳定的校外实训基地。要根据残疾学生的实际需要设置医疗服务、心理辅导、康复训练、专用检测等学习及生活所需专用场所和特殊器具设备。

信息化：要具备能够应用现代教育技术手段，实施教育教学与管理信息化所需的软、硬件设施、设备及适合各类残疾人学习的教育教学资源，并参照同类普通中等职业学校标准建设数字校园。

第十一条　设置残疾人中等职业学校，须具有符合国家和地方教育行政部门要求的教育教学基本制度。落实好立德树人根本任务，建立德技并修、工学结合、产教融合、校企合作的育人机制，根据职业教育国家教学标准，结合残疾人身心特点和就业市场需求，科学制订人才培养方案、设置课程，并根据国家政策推行1+X证书制度。

第十二条　学校办学经费应依据《中华人民共和国职业教育法》、《中华人民共和国残疾人保障法》、《残疾人教育条例》和有关法律法规，以举办者投入为主，企业、社会等多渠道筹措落实。地方应充分考虑残疾人职业学校班额小、教育教学成本高、无障碍建设维护支出多等实际情况，制定残疾人中等职业学校生均拨款标准（综合定额标准或公用经费定额标准），按时、足额拨付经费，不断改善学校办学条件。

第十三条　学校应落实学历教育与职业培训并举的法定职责，加强残疾人的职业培训，按照育训结合、内外兼顾的要求，面向在校残疾学生和社会残疾人开展职业培训，并积极承担当地特殊教育学校和融合教育机构的残疾人职业教育指导工作。

第十四条　本标准为独立设置的残疾人中等职业学校的基本标

准，适用于各级政府部门、行业、企业举办的各类残疾人中等职业学校，民办和非独立设置的残疾人中等职业教育机构及融合教育机构可参照执行。新建的残疾人中等职业学校可根据需要设置不超过3年的建设期。省级有关部门可根据本地实际情况制定高于本标准的残疾人中等职业学校设置办法。

第十五条 本标准的主要指标应作为各地残疾人中等职业学校审批、检查、评估、督导的基本依据，有关内容纳入地方政府履行教育职责的督导范围。

第十六条 本标准自颁发之日起施行。2007年中国残联、教育部制定的《残疾人中等职业学校设置标准（试行）》同时废止。

创建全国无障碍建设示范城市（县）管理办法

（2022年7月22日 建城〔2022〕58号）

为贯彻落实《无障碍环境建设条例》要求，加强对创建全国无障碍建设示范城市（县）活动的指导监督，规范申报与认定管理，制定本办法。

一、总则

（一）本办法适用于创建全国无障碍建设示范城市（县）的申报、认定、动态管理及复查等工作。

（二）创建全国无障碍建设示范城市（县）遵循自愿申报、自主创建、科学认定、动态管理、持续建设和复查的原则。

（三）住房和城乡建设部、中国残联负责创建全国无障碍建设示范城市（县）的申报与认定管理工作，为创建工作提供政策指导，总结推广无障碍环境建设示范模式。

二、创建主体

城市（含直辖市的区）、县人民政府。

三、创建区域范围

城市（含直辖市的区）、县的建成区。

四、申报条件

申报创建全国无障碍建设示范城市（县）的地方（以下简称申报地方）应符合以下条件：

（一）对照《创建全国无障碍建设示范城市（县）考评标准》，提出创建目标、制定创建工作方案，编制无障碍环境建设发展规划，制定无障碍设施建设和改造计划，在创建周期内能够达到相应要求；

（二）建立无障碍环境建设工作协调机制，制定相应的地方性法规或规章制度；

（三）加强无障碍设施的运行维护管理，并广泛发挥社会监督作用；

（四）组织开展无障碍环境建设培训和宣传工作，形成良好的舆论氛围；

（五）积极推进信息无障碍建设，提供无障碍信息交流服务；

（六）对包括残疾人、老年人在内的社会成员开展满意度调查，满意度达到80%以上；

（七）近2年未发生严重违背无障碍环境建设的事件，未发生重大安全、污染、破坏生态环境、破坏历史文化资源等事件，未发生严重违背城乡发展规律的破坏性"建设"行为，未被省级以上人民政府或住房和城乡建设主管部门通报批评。

五、创建程序

创建全国无障碍建设示范城市（县）每2年开展一次评选，奇数年为申报年，偶数年为评选年。

（一）申报地方向省级住房和城乡建设主管部门报送创建申请报告，提出创建目标和方案。其中，直辖市作为申报地方的，由直辖市人民政府将创建申请报告报送住房和城乡建设部。

（二）省级住房和城乡建设主管部门、残联对申请报告进行初审，遴选出创建目标和方案科学合理的申报地方。由省级住房和城乡建设主管部门于申报年的 6 月 30 日前将申请报告报送住房和城乡建设部。

（三）住房和城乡建设部、中国残联于申报年的 12 月 31 日前审核确认申报地方名单，对名单中的申报地方创建全过程跟踪指导，给予政策和技术支持。

（四）省级住房和城乡建设主管部门、残联对照《创建全国无障碍建设示范城市（县）考评标准》组织对申报地方进行评估，对评估总分达 80 分（含）以上的申报地方，由省级住房和城乡建设主管部门于评选年的 6 月 30 日前将评选认定材料报送住房和城乡建设部。其中，直辖市作为申报地方的，自行组织评估达标后由直辖市人民政府将评选认定材料报送住房和城乡建设部。

（五）住房和城乡建设部、中国残联于评选年的 12 月 31 日前完成认定命名。

六、评选认定材料

申报地方采用线上线下相结合的方式提交评选认定材料。评选认定材料要真实准确、简明扼要，各项指标支撑材料的种类、出处及统计口径明确，有关资料和表格填写规范。

认定材料主要包括：

（一）创建申请报告；

（二）创建工作情况报告；

（三）创建范围示意地图；

（四）申报地方自体检报告（应包括《创建全国无障碍建设示

范城市（县）考评标准》各项指标）；

（五）评估结果及有关依据资料；

（六）不少于4个能够体现本地无障碍环境建设成效和特色的示范项目相关资料。其中，城市（含直辖市的区）作为申报地方的，至少提供2个以上街道、社区级示范项目；县作为申报地方的，至少提供2个以上镇、村级示范项目。

（七）创建工作影像资料（5分钟内）或图片资料；

（八）能够体现工作成效和特色的其他资料。

七、评选认定组织管理

（一）住房和城乡建设部、中国残联负责组建评选专家组（以下简称专家组），其成员从住房和城乡建设部城市奖项评选专家委员会中选取。专家组负责评选认定材料预审、现场考评及综合评议等具体工作。

参与申报地方所在省（自治区、直辖市）组织的省级评估工作，或为申报地方提供技术指导的专家，原则上不得参与住房和城乡建设部、中国残联组织的对该申报地方的评选工作。

（二）申报地方在评选认定材料或评选过程中有弄虚作假行为的，取消当年申报资格。

八、评选认定程序

(一) 评选认定材料预审。

专家组负责评选认定材料预审，形成预审意见。

(二) 第三方评价。

住房和城乡建设部、中国残联组织第三方机构，结合城市体检，对无障碍环境建设情况进行第三方评价。第三方评价结果作为评选认定的重要参考。

(三) 社会满意度调查。

住房和城乡建设部、中国残联组织第三方机构，了解当地居民对申报地方无障碍环境建设工作的满意度。社会满意度调查结果作为评选认定的重要参考。

（四）现场考评。

根据预审意见、第三方评价和社会满意度调查结果，由专家组提出现场考评建议名单，报住房和城乡建设部、中国残联审核。对通过审核的申报地方，由专家组进行现场考评。

申报地方至少应在专家组抵达前两天，在当地不少于两个主要媒体上向社会公布专家组工作时间、联系电话等相关信息，便于专家组听取各方面的意见、建议，并组织包括残疾人、老年人在内的当地居民报名参与现场考评。

现场考评程序：

1. 听取申报地方的创建工作汇报；

2. 查阅评选认定材料及有关原始资料；

3. 随机抽查当地创建工作及示范项目应用情况（抽查的示范项目不少于2个），对群众举报和媒体曝光问题线索进行核查；

4. 专家组选定包括残疾人、老年人在内的当地居民代表参与现场考评，并将其意见作为现场考评意见的重要参考；

5. 专家组成员在独立提出意见和评分结果的基础上，经集体讨论，形成现场考评意见；

6. 专家组就现场考评中发现的问题及建议进行现场反馈；

7. 专家组将现场考评意见书面报住房和城乡建设部、中国残联。

（五）综合评议。

住房和城乡建设部、中国残联组织综合评议，形成综合评议意见，确定创建全国无障碍建设示范城市（县）建议名单。

（六）公示及命名。

创建全国无障碍建设示范城市（县）建议名单在住房和城乡建设部门户网站公示，公示期为10个工作日。公示无异议的，由住房和城乡建设部、中国残联正式命名。

九、动态管理及复查工作

创建全国无障碍建设示范城市（县）命名有效期为5年。

（一）已获创建全国无障碍建设示范城市（县）命名的地方（不含直辖市）应于有效期满前一年向省级住房和城乡建设主管部门提出复查申请，并提交自评报告。未申请复查的，称号不再保留。复查按照现行的管理办法和考评标准开展。

（二）省级住房和城乡建设主管部门、残联于有效期满前半年完成复查，并将复查报告报送住房和城乡建设部。获命名直辖市由直辖市人民政府将复查报告报送住房和城乡建设部。

（三）住房和城乡建设部受理省级住房和城乡建设主管部门和直辖市人民政府报送的复查报告，住房和城乡建设部、中国残联于有效期届满前组织完成抽查复核。

（四）复查通过的地方，继续保留其创建全国无障碍建设示范城市（县）称号；对于未通过复查且在一年内整改不到位的，撤销其称号。保留称号期间发生严重违背无障碍环境建设的事件，发生重大安全、污染、破坏生态环境、破坏历史文化资源等事件，违背城乡发展规律的破坏性"建设"行为的，给予警告直至撤销称号。被撤销创建全国无障碍建设示范城市（县）称号的，不得参加下一申报年度的申报与评选。

发现省级住房和城乡建设主管部门在复查过程中弄虚作假的，暂停受理该省（自治区、直辖市）下一申报年度创建全国无障碍建设示范城市（县）的申报。

十、附则

本办法由住房和城乡建设部、中国残联制定，由住房和城乡建设部负责解释。

附件：创建全国无障碍建设示范城市（县）考评标准（略）

市场监管总局、中国残联关于推进无障碍环境认证工作的指导意见

(2021年12月3日)

各省、自治区、直辖市和新疆生产建设兵团市场监管局（厅、委）、残联，各有关单位：

为充分发挥质量认证作用，提高无障碍环境建设服务水平，健全残疾人、老年人等社会成员关爱服务体系和设施，体现人文关怀，推动社会公平，现就推进无障碍环境认证工作提出如下意见。

一、总体要求

（一）指导思想

以习近平新时代中国特色社会主义思想为指导，全面贯彻党的十九大和十九届二中、三中、四中、五中、六中全会精神，深入贯彻习近平总书记关于无障碍环境建设的重要指示批示精神，认真落实党中央、国务院决策部署，聚焦残疾人、老年人、儿童、伤病人等社会成员出行、参与社会生活的需求，在城市道路、公共交通、公共服务设施等领域推行无障碍设计、设施及服务等无障碍环境认证，提升无障碍环境建设质量和社会服务效能，增强人民群众的获得感、幸福感、安全感。

（二）基本原则

1. 政府引导，统筹推动。市场监管总局、中国残联共同协调指导全国无障碍环境认证工作，发挥政府引导、行业示范作用，共同推动无障碍环境认证实施、采信和推广应用。

2. 需求主导，稳步推进。充分挖掘市场消费、产品创新、社

会治理等方面的需求，积极推进无障碍环境认证体系研发及建设。根据需求分级分类，在重点领域优先开展认证，推动建立无障碍环境认证制度。

3. 以人为本，社会共治。以体现社会关爱、增进民生福祉为出发点和落脚点，推进无障碍环境认证体系建设，形成政府、行业组织、认证机构、企业、消费者等多方共建共治共享格局。

二、主要任务

（三）加强质量认证顶层设计。市场监管总局、中国残联共同建立分工明确、运作高效的工作指导机制。强化政府支持引导，优化无障碍环境认证制度设计，完善标准与认证衔接，推动无障碍环境认证结果采信应用，形成认证规范有效、服务作用凸显的无障碍环境认证工作局面，推动无障碍环境建设高标准、高质量发展。

（四）增加无障碍环境认证供给。以重点受益群体迫切需求为导向，积极开展无障碍环境相关设计、设施及服务认证，对急需规范和认证条件成熟的无障碍环境率先优先实施认证。结合无障碍环境建设实际需求，优化资源配置，加快研发覆盖全生命周期的认证项目，不断提升无障碍环境认证供给水平。

（五）鼓励认证结果采信。市场监管总局、中国残联协调相关部门结合实际制定无障碍环境认证应用方案，明确重点任务和保障措施，鼓励在市场采购、行业管理、社会治理等领域广泛采信无障碍环境认证结果，健全政府、行业、社会等多层面的认证采信机制。

（六）强化人才培养和认证机构能力建设。加强对无障碍环境建设相关领域人才培养，充分发挥相关高校、科研机构、专业团队的作用，与相关专业机构和团队紧密合作，为认证提供必要的人才储备。加强认证机构能力建设，不断提高无障碍环境认证的专业技术服务能力、创新能力、认证能力。

(七）完善基础研究。从推进标准制修订、设计研发、检测认证、应用推广等方面加强无障碍环境相关技术研究，为无障碍环境建设和认证提供必要的技术支撑，为持续优化无障碍环境"硬设施"和"软服务"提供保障。

（八）支持创新发展。以改革创新为动力，全面培育设计研发能力，通过融合运用新技术，加快推动认证技术、认证模式、认证流程的创新发展。对于新研发的认证领域和认证技术，在不违背认证相关原则前提下，积极支持开展无障碍环境认证知识产权、版权等核心技术保护。

（九）健全认证制度评估。市场监管总局、中国残联共同建立无障碍环境认证制度评估机制，定期评估、完善认证制度的适宜性和增长情况，了解认证制度实施情况，及时督促更新认证工作体系，不断提升无障碍环境认证质量。

（十）推动社会多元联动。畅通投诉举报通道，各相关部门应及时对无障碍环境认证中的违法违规行为进行调查处理。认证机构要主动公开认证依据标准、程序、方法、结果，自觉接受社会监督，加强行业自律，提升认证公信力。推动建立认证机构、认证人员、获证组织、消费者的关联制约机制和风险责任机制，实现多元共治。

三、保障措施

（十一）加大宣传力度。多角度、多渠道、多领域宣传推广无障碍环境认证工作，广泛凝聚共识，形成宣传合力。以使用者和采购方为关注焦点，采用生动活泼、受众喜闻乐见的方式开展宣传推广工作，营造良好的社会氛围。

（十二）深化交流合作。积极开展无障碍环境认证领域国际交流合作，加强与国外无障碍环境认证组织和机构的信息交流，学习借鉴国际无障碍环境建设有益经验。培育具有国际影响力的中国认证品牌,为国家无障碍事业发展提供质量认证"中国方案"。

(十三)强化监督检查。强化对认证机构的"双随机、一公开"监管,确保认证工作规范有序、竞争公平。依法查处认证违法违规行为,建立严重违法失信名单制度,及时向社会公布并将失信信息依法依规纳入国家企业信用信息公示系统。

关于加快推进康复医疗工作发展的意见

(2021年6月8日 国卫医发〔2021〕19号)

康复医疗工作是卫生健康事业的重要组成部分。加快推进康复医疗工作发展对全面推进健康中国建设、实施积极应对人口老龄化国家战略,保障和改善民生具有重要意义。为贯彻落实党中央、国务院重要决策部署,增加康复医疗服务供给,提高应对重大突发公共卫生事件的康复医疗服务能力,现就加快推进康复医疗工作发展提出以下意见。

一、总体要求和主要目标

(一)总体要求。全面贯彻落实党的十九届五中全会精神和实施健康中国、积极应对人口老龄化的国家战略,以人民健康为中心,以社会需求为导向,健全完善康复医疗服务体系,加强康复医疗专业队伍建设,提高康复医疗服务能力,推进康复医疗领域改革创新,推动康复医疗服务高质量发展。

(二)主要目标。力争到2022年,逐步建立一支数量合理、素质优良的康复医疗专业队伍,每10万人口康复医师达到6人、康复治疗师达到10人。到2025年,每10万人口康复医师达到8人、康复治疗师达到12人。康复医疗服务能力稳步提升,服务方式更加多元化，康复医疗服务领域不断拓展，人民群众享有全方位全周期的康复医疗服务。

二、健全完善康复医疗服务体系

（三）增加提供康复医疗服务的医疗机构和床位数量。各地卫生健康行政部门（含中医药主管部门，下同）要按照分级诊疗工作和医疗卫生服务体系规划要求，结合本地区康复医疗需求等，健全完善覆盖全人群和全生命周期的康复医疗服务体系。推动医疗资源丰富地区的部分一级、二级医院转型为康复医院。支持和引导社会力量举办规模化、连锁化的康复医疗中心，增加辖区内提供康复医疗服务的医疗机构数量。鼓励有条件的基层医疗机构根据需要设置和增加提供康复医疗服务的床位。

（四）加强康复医院和综合医院康复医学科建设。各地要按照国家印发的康复医院、综合医院康复医学科和中医医院康复科的基本标准和建设管理规范等，加强软硬件建设。鼓励各地将增加康复医疗服务资源供给纳入"十四五"卫生健康服务体系建设，重点支持地市级康复医院、县级综合医院康复医学科建设。要科学统筹区域内公立医疗机构和社会办医资源，合理增加康复医院数量。原则上，每个省会城市、常住人口超过300万的地级市至少设置1所二级及以上康复医院；常住人口超过30万的县至少有1所县级公立医院设置康复医学科；常住人口30万以下的县至少有1所县级公立医院设置康复医学科门诊。

（五）加强县级医院和基层医疗机构康复医疗能力建设。结合国家加强县级医院综合服务能力建设的有关要求，鼓励各地结合实际将康复医疗服务作为补短板强弱项的重点领域予以加强，切实提升县级医院康复医疗服务水平。依托开展社区医院建设和持续提升基层医疗服务能力的工作平台，支持有条件的基层医疗机构开设康复医疗门诊，为群众提供便捷、专业的康复医疗服务。

(六)完善康复医疗服务网络。借助城市医疗集团、县域医共体、专科联盟、远程医疗等多种形式,建立不同医疗机构之间定位明确、分工协作、上下联动的康复医疗服务网络。医疗机构要按照分级诊疗要求,结合功能定位按需分类提供康复医疗服务。三级综合医院康复医学科、三级中医医院康复科和三级康复医院重点为急危重症和疑难复杂疾病患者提供康复医疗服务。公立三级医院要承担辖区内康复医疗学科建设、人才培训、技术支持、研究成果推广等任务,发挥帮扶和带动作用,鼓励社会力量举办的三级医院积极参与。二级综合医院康复医学科、二级中医医院康复科、二级康复医院、康复医疗中心、基层医疗机构等重点为诊断明确、病情稳定或者需要长期康复的患者提供康复医疗服务。以基层医疗机构为依托,鼓励积极开展社区和居家康复医疗服务。

三、加强康复医疗人才培养和队伍建设

(七)加强康复医疗人才教育培养。有条件的院校要积极设置康复治疗学和康复工程学等紧缺专业,并根据实际设置康复物理治疗学、康复作业治疗学、听力与言语康复学等专业,增加康复治疗专业人才培养供给,注重提升临床实践能力。鼓励在临床医学专业教育中加强医学生康复医学相关知识和能力的培养,普及康复医学专业知识。持续推进康复医学科住院医师规范化培训,探索开展康复医学科医师转岗培训,增加从事康复医疗工作的医师数量。

(八)强化康复医疗专业人员岗位培训。逐步建立以需求为导向,以岗位胜任力为核心的康复医疗专业人员培训机制。根据医疗机构功能定位和康复医疗临床需求,有计划、分层次地对医疗机构中正在从事和拟从事康复医疗工作的人员开展培训,提升康复医疗服务能力。加强对全体医务人员康复医疗基本知识的培训,增强康复医疗早介入、全过程的意识,将康复理念贯穿于疾病预防、诊疗、康复等全过程。

（九）加强突发应急状态下康复医疗队伍储备。各地要依托有条件、能力强的综合医院康复医学科、中医医院康复科和康复医院组建或储备康复医疗专家库，建立一支素质优良、专业过硬、调动及时的应对重大疫情、灾害等突发公共卫生事件康复医疗专业队伍，强化人员、物资储备和应急演练，切实提升突发应急状态下的康复医疗服务能力。

四、提高康复医疗服务能力

（十）完善康复医疗工作制度、服务指南和技术规范。结合康复医疗专业特点和临床需求发展，制（修）订完善医疗机构康复医疗工作制度、康复医疗服务指南和技术规范等，特别是重大疾病、新发传染性疾病的康复技术指南等，规范临床康复医疗服务行为，提高康复医疗服务的专业性和规范性，进一步增进医疗效果。

（十一）加强康复医疗能力建设。以提升康复医疗服务能力为核心，重点加强三级综合医院康复医学科、三级中医医院康复科和三级康复医院的康复早期介入、多学科合作、疑难危重症患者康复医疗服务能力。根据不同人群的疾病特点和康复医疗服务迫切需求，积极推动神经康复、骨科康复、心肺康复、肿瘤康复、儿童康复、老年康复、疼痛康复、重症康复、中医康复、心理康复等康复医学亚专科建设，开展亚专科细化的康复评定、康复治疗、康复指导和康复随访等服务。

（十二）提高基层康复医疗能力。通过医联体、对口支援、远程培训等方式，发挥优质康复医疗资源辐射和带动作用，提高康复医疗中心和社区卫生服务中心、乡镇卫生院等基层医疗机构康复医疗服务能力和水平。鼓励医联体内有条件的二级以上医院通过建立康复医疗联合团队、一对一帮带、选派康复专家定期下沉基层医疗机构出诊、查房、培训等，帮扶基层医疗机构提升康复医疗能力。同时，要加强对全科医生、家庭医生签约团队的培训，提高其康复医疗服务能力。支持有条件的医疗机构与残疾人专业康复机构、儿童福利机构等加强合作，提高其康复水平。

（十三）提升中医康复服务能力。落实《关于印发中医药康复服务能力提升工程实施方案（2021-2025年）的通知》，充分发挥中医药在疾病康复中的重要作用。鼓励有条件的医疗机构积极提供中医药康复服务。加强中医药康复服务机构建设和管理，强化中医药康复专业人才培养和队伍建设，开展中医康复方案和技术规范研究，积极发展中医特色康复服务，增加基层中医康复服务供给，切实提升中医药康复服务能力和水平。

五、创新康复医疗服务模式

（十四）逐步推进康复与临床多学科合作模式。鼓励有条件的医疗机构创新开展康复医疗与外科、神经科、骨科、心血管、呼吸、重症、中医等临床相关学科紧密合作模式。以患者为中心，强化康复早期介入，推动加速康复外科，将康复贯穿于疾病诊疗全过程，提高医疗效果，促进患者快速康复和功能恢复。

（十五）积极发展社区和居家康复医疗。鼓励有条件的医疗机构通过"互联网+"、家庭病床、上门巡诊等方式将机构内康复医疗服务延伸至社区和居家。支持基层医疗机构丰富和创新康复医疗服务模式，优先为失能或高龄老年人、慢性病患者、重度残疾人等有迫切康复医疗服务需求的人群提供居家康复医疗、日间康复训练、康复指导等服务。

（十六）推动康复医疗与康复辅助器具配置服务衔接融合。落实《关于加快发展康复辅助器具产业的若干意见》，推进康复医疗服务和康复辅助器具配置服务深度融合。医疗机构要按照有关要求，合理配置康复辅助器具适配设备设施，强化相关人员培训，建立康复医师、康复治疗师与康复辅助器具配置人员团队合作机制，提高专业技术和服务能力。

六、加大支持保障力度

（十七）统筹完善康复医疗服务价格和医保支付管理。将康复医疗服务价格纳入深化医疗服务价格改革中统筹考虑，做好相关项目价格的调整和优化工作。指导各地落实康复综合评定等 29 项医疗康复项目，加强医疗康复项目支付管理，切实保障群众基本康复医疗需求。

（十八）调动康复医疗专业人员积极性。医疗机构要建立完善康复医疗专业人员管理制度。健全以岗位职责履行、临床工作量、服务质量、行为规范、医疗质量安全、医德医风、患者满意度等为核心的绩效考核机制，将考核结果与康复医疗专业人员的岗位聘用、职称晋升、绩效分配、奖励评优等挂钩，做到多劳多得、优绩优酬，调动其积极性。

（十九）加强康复医疗信息化建设。要充分借助云计算、大数据、物联网、智慧医疗、移动互联网等信息化技术，大力推进康复医疗信息化建设，落实网络安全等级保护制度。借助信息化手段，创新发展康复医疗服务新模式、新业态、新技术，优化康复医疗服务流程，提高康复医疗服务效率。积极开展康复医疗领域的远程医疗、会诊、培训、技术指导等，惠及更多基层群众。

（二十）推动康复医疗相关产业发展。鼓励各地通过科技创新、产业转型、成果转化等方式，结合实际和特色优势，培育康复医疗相关产业。优先在老年人、残疾人、伤病患者及儿童等人群的康复医疗方面，推动医工结合。积极支持研发和创新一批高智能、高科技、高品质的康复辅助器具产品和康复治疗设备等，逐步满足人民群众健康需要。

七、组织实施

（二十一）加强组织领导。各有关部门要从全面推进健康中国建设、实施积极应对人口老龄化国家战略，增进人民群众健康福祉的高度，充分认识加快推进康复医疗工作发展的重要意义。切实加强组织领导，形成政策合力，完善支持配套政策。各省级卫生健康行政部门要会同有关部门在 2021 年 10 月底前制定并出台本地区加快发展康复医疗服务的具体实施方案。

（二十二）明确部门职责。各有关部门要明确职责分工，加强政策联动，合力推进康复医疗服务发展。各地卫生健康行政部门要按照要求合理规划布局区域内康复医疗资源，加强康复医疗专业人员培训和队伍建设，规范康复医疗行为，提高康复医疗服务能力，保障医疗质量和安全。教育部门要加强康复医疗相关专业人才教育培养。发展改革、财政部门要按规定落实政府投入政策。医疗保障部门要推进医保支付方式改革，完善医疗服务价格管理机制。民政部门要积极推动康复辅助器具产业发展。中医药主管部门要大力发展中医药特色康复服务。残联组织做好残疾儿童康复救助工作并配合做好残疾人康复医疗相关工作。

（二十三）强化指导评估。各地卫生健康行政部门要会同有关部门建立定期指导评估、重点工作跟踪机制，及时研究解决出现的困难和问题。注重总结经验，推广有益经验。鼓励各地探索将公立康复医院纳入公立医院综合绩效考核体系统筹要求，发挥绩效考核的激励作用，引导康复医院持续健康发展。

（二十四）加大宣传力度。各地要重视和加强康复医疗服务工作的宣传，加大医疗机构医务人员的康复医疗相关政策和业务培训，提升服务能力。要广泛宣传康复理念、康复知识和康复技术等，普及和提高群众对康复的认知和重视，在全社会营造推进康复医疗发展的良好氛围。

工业和信息化部关于切实解决老年人运用智能技术困难便利老年人使用智能化产品和服务的通知

(2021年2月10日 工信部信管函〔2021〕18号)

各省、自治区、直辖市及新疆生产建设兵团工业和信息化主管部门，各省、自治区、直辖市通信管理局，中国电信集团有限公司、中国移动通信集团有限公司、中国联合网络通信集团有限公司，中国信息通信研究院、中国互联网协会，有关行业协会，各互联网企业、终端设备企业：

为深入贯彻习近平总书记关于切实解决老年人运用智能技术困难的重要批示精神，落实《国务院办公厅印发关于切实解决老年人运用智能技术困难实施方案的通知》（国办发〔2020〕45号，以下简称《通知》）有关部署，进一步完善工业和信息化领域便利老年人使用智能化产品和服务的政策措施，确保老年人更好地共享信息化发展成果，现将有关工作通知如下：

一、总体要求

以习近平新时代中国特色社会主义思想为指导，全面贯彻党的十九大和十九届二中、三中、四中、五中全会精神，坚持以人民为中心的发展思想，集中力量解决老年人在日常使用智能化产品、享受智能化服务时遇到的困难，持续推动充分兼顾老年人需求的信息化社会建设，切实维护老年人在信息时代的合法权益，让老年人在信息化发展中有更多的获得感、幸福感、安全感。

二、重点工作

（一）为老年人提供更优质的电信服务。

1. 保留线下传统电信服务渠道，持续完善营业厅"面对面"服务。各基础电信企业要保留一定比例的线下营业厅及"面对面"服务模式，优先接待老年人，设立老年人爱心通道及无障碍设施，不断优化业务办理流程，简化办理手续，为老年人做好引导、解释工作。（部内信息通信管理局，各省、自治区、直辖市通信管理局，各基础电信企业）

2. 持续优化电信客服语音服务，提供针对老年人的定制化电信服务。各基础电信企业要优化电话业务办理流程，实现并完善针对老年人增设的"一键进入"人工客服功能，为老年人提供优先接入服务。鼓励各基础电信企业为老年人聚集生活区提供上门办理业务、专属大字账单等定制化服务。（部内信息通信管理局，各省、自治区、直辖市通信管理局，各基础电信企业）

3. 持续完善网络覆盖，精准降费惠及老年人。继续深入实施电信普遍服务，持续提升老年人聚居的农村及偏远地区宽带网络覆盖水平，具备为农村老年人聚集生活的各类公共场所提供宽带服务能力。各基础电信企业要结合实际情况，推出适合老年人特点的专属优惠资费方案，精准定向惠及广大老年人。（部内信息通信发展司、信息通信管理局，各省、自治区、直辖市通信管理局，各基础电信企业）

4. 推广完善"通信行程卡"服务。重点加强面对老年群体的"通信行程卡"推广工作，持续优化配套服务机制，提升查询服务的稳定性，为没有智能手机的老年人提供方便、快捷的行程验证服务。（部内信息通信管理局，各省、自治区、直辖市通信管理局，各基础电信企业，中国信息通信研究院）

5. 加强电信行业从业人员培训。各基础电信企业要组织培训机构和行业专家对电信行业从业人员开展有针对性的专题培训，从老年人客户的服务难点入手，提升电信行业从业人员服务能力，为老年人提供热心、诚心、耐心地优质电信服务。（部内信息通信管理局，各省、自治区、直辖市通信管理局，各基础电信企业）

（二）开展互联网适老化及无障碍改造专项行动。

6.抓好《互联网应用适老化及无障碍改造专项行动方案》实施。组织首批115个公共服务类网站和43个手机APP完成适老化及无障碍改造，围绕老年人获取信息的需求，优化界面交互、内容朗读、操作提示、语音辅助等功能，切实改善老年用户在使用互联网服务时的体验，提高信息无障碍水平，助力老年人等特殊群体跨过"数字鸿沟"。（部内信息通信管理局，中国信息通信研究院、中国互联网协会，各有关互联网企业、终端设备企业等）

（三）扩大适老化智能终端产品供给。

7.推动手机等智能终端产品适老化改造。各终端制造企业要充分考虑老年人使用手机等智能终端产品的使用需求，使智能终端产品具备大屏幕、大字体、大音量、大电池容量、操作简单等更多方便老年人使用的特点，方便老年人看得见、听得清、用得了，更好地获取信息服务。（部内电子信息司、信息通信管理局，各省、自治区、直辖市及新疆生产建设兵团工业和信息化主管部门，各有关行业协会，各有关互联网企业、终端设备企业等）

8.开展智慧健康养老应用试点示范工作。推进智能辅具、智能家居、健康监测、养老照护等智能化终端产品在示范街道（乡镇）、基地中应用，编制《智慧健康养老产品及服务推广目录》，方便机构养老、社区养老、居家养老等选购使用。研究"十四五"时期智慧健康养老产业发展政策，扩大智慧健康养老产品供给，深化信息技术支撑健康养老事业发展。（部内电子信息司，各省、自治区、直辖市及新疆生产建设兵团工业和信息化主管部门，各有关

行业协会，各有关互联网企业、终端设备企业等）

9. 推进面向智慧健康养老终端设备的标准及检测公共服务平台项目建设。开展智慧健康养老标准体系研究及重点标准制定、检测评估、知识产权分析、应用推广和培训等公共服务，形成智慧健康养老终端设备领域一站式公共服务能力，进一步提高老年服务科技化、信息化水平，加大老年健康科技支撑力度。（部内电子信息司，各平台建设机构、终端设备企业等）

10. 加快实施《关于促进老年用品产业发展的指导意见》。支持老年用品关键技术和产品的研发、成果转化、服务创新及应用推广，培育壮大骨干企业。优先将具有独特功能或使用价值的老年用品纳入升级和创新消费品指南。加快有关标准制修订，指导电商平台利用网络连接线上线下的优势，继续开展老年用品购物活动，为老年人的生活提供便利。（部内消费品工业司，各省、自治区、直辖市及新疆生产建设兵团工业和信息化主管部门，各有关行业协会，各有关互联网企业、终端设备企业）

（四）切实保障老年人安全使用智能化产品和服务。

11. 规范智能化产品和服务中的个人信息收集、使用等活动，降低老年人个人信息泄露风险。研究制定加强个人信息保护的规范性文件，推动制定《APP收集使用个人信息最小必要评估规范》系列相关标准。继续开展APP侵害用户权益专项整治，持续优化、高效推进全国APP技术检测平台建设，加大对违法违规行为的处置曝光力度，切实保障老年人使用手机APP时的信息安全。（部内信息通信管理局，各有关互联网企业、终端设备企业等）

12. 严厉打击电信网络诈骗等违法行为，确保老年人安全享受智能化服务。通过短信、彩信、网络等多种形式发送诈骗风险提醒，重点提高老年人群体的风险防范意识。充分发挥全国诈骗电话防范系统作用，加强对涉诈电话、短信的监测处置。丰富互联网、手机 APP、电话等举报受理渠道,及时受理处置老年用户举报。(部内网络安全管理局,各省、自治区、直辖市通信管理局,各基础电信企业,中国互联网协会)

三、保障措施

(一)加强组织领导。各地工业和信息化主管部门、通信管理局及相关单位要进一步提高政治站位,增强使命感、责任感和紧迫感,高度重视工业和信息化领域适老化工作,加强横向协作和纵向联动,强化政策支持,建立工作台账,抓好组织实施,确保任务分工明确,责任落实到人,推动各项工作措施取得实效。

(二)加强督促指导。各地工业和信息化主管部门、通信管理局要加强对本地区相关企业的督促指导,及时查找老年人使用智能化产品和服务存在的突出问题和薄弱环节,不断完善工作举措。坚持发现解决问题与促进完善制度并重,加快建立系统完备、科学规范、运行有效的解决老年人运用智能技术困难长效机制,为老年人提供更周全、更贴心、更直接的便利化服务。

(三)加强宣传引导。各地工业和信息化主管部门、通信管理局要通过多种宣传手段,向社会广泛介绍工业和信息化领域的具体工作内容、服务方式和取得成效,营造良好的为老年人服务氛围。充分发挥主动性和创造性,及时掌握相关工作实施进展情况,总结可复制、可推广的经验做法。

有关工作开展情况、成效、问题困难以及经验做法,请于2021年6月30日前报送相应部相关责任司局。

工业和信息化部、中国残疾人联合会关于推进信息无障碍的指导意见

(2020年9月11日 工信部联管函〔2020〕146号)

各省、自治区、直辖市及新疆生产建设兵团工业和信息化主管部门、残疾人联合会，各省、自治区、直辖市通信管理局，中国电信集团有限公司、中国移动通信集团有限公司、中国联合网络通信集团有限公司，有关行业协会，有关企业：

信息无障碍是指通过信息化手段弥补身体机能、所处环境等存在的差异，使任何人（无论是健全人还是残疾人，无论是年轻人还是老年人）都能平等、方便、安全地获取、交互、使用信息。近年来，我国信息无障碍建设取得积极进展，但仍存在顶层设计欠缺、市场有效供给不足、产品服务质量不高、社会普遍认知不强等问题。为加快推进我国信息无障碍建设，努力消除"数字鸿沟"，助力社会包容性发展，依据《无障碍环境建设条例》，提出以下意见。

一、总体要求

（一）指导思想。

以习近平新时代中国特色社会主义思想为指导，深入贯彻党的十九大和十九届二中、三中、四中全会精神，坚持以人民为中心的发展思想，聚焦老年人、残疾人、偏远地区居民、文化差异人群等信息无障碍重点受益群体（以下简称"重点受益群体"），着重消除信息消费资费、终端设备、服务与应用等三方面障碍，增强产品服务供给，补齐信息普惠短板，使各类社会群体都能平等方便地获取、使用信息，切实增强人民群众的幸福感、获得感和安全感。

（二）基本原则。

以人为本，需求导向。把增进人民群众福祉作为出发点和落脚点，从重点受益群体的迫切需求入手，注重可操作性和实效性，使人民群众方便、平等地参与社会生活。

政府引导，社会参与。发挥政府引导示范作用，提高信息无障碍公共服务水平，动员企业、高等学校、研究机构、社会团体等多方力量，共同推动信息无障碍的持续发展。

创新驱动，融合发展。积极融合运用新技术，促进产品丰富多样和服务方便可及。推进信息无障碍与城乡信息化建设相衔接，与教育、医疗、就业、交通等多领域融合。

统筹推动，循序渐进。统筹多方资源，形成工作合力，优先突破通信服务、互联网网站、移动互联网应用等重点领域的障碍问题，逐步向其他领域拓展延伸。

（三）主要目标。

到 2021 年底，面向持证残疾人及 60 周岁以上农村老年人的通信服务资费优惠进一步加大，显著减轻重点受益群体通信资费负担。各级政府部门网站、移动互联网应用、基本公共信息指示设施的无障碍普及率显著提高，村镇中小学、卫生院（室）互联网接入与信息化应用水平普遍提升。初步构建起涵盖设备终端、服务应用等领域的无障碍规范标准体系。探索开展网站、移动互联网应用的信息无障碍评级评价。

到 2025 年底，建立起较为完善的信息无障碍产品服务体系和标准体系。建成信息无障碍评价体系，信息无障碍成为城市信息化建设的重要组成部分，信息技术服务全社会的水平显著提升。

二、主要任务

（一）加强信息无障碍法规制度建设。

1. 推进信息无障碍相关立法工作。贯彻依法治国方略，推动将信息无障碍纳入到相关法律法规的制修订工作中，为推进行业规范化、标准化发展提供法治保障。

（二）加快推广便利普惠的电信服务。

2. 完善网络及信息基础设施建设。加强偏远地区村镇中小学、卫生院（室）、图书馆、活动中心等信息基础设施建设，确保宽带网络服务稳定、高质。推动5G在无障碍领域的应用，加快联网智能产品研发推广，提升信息服务水平。

3. 推动电信服务无障碍。简化电信业务办理流程，推广线上办理、电话办理、上门办理等定制化服务。提升电信运营商网上营业厅、移动端服务渠道的无障碍化水平，鼓励电信运营商提供电子版大字账单、语音盲文账单等服务，推进电信经营场所无障碍设施建设与改造。

4. 鼓励推出电信资费优惠举措。支持电信运营商结合持证残疾人、60周岁以上农村老年人等特殊群体需求，提供更大折扣的资费优惠，合理降低使用固定电话、移动电话、宽带网络等服务的费用。支持有关政府部门出台本地推动面向重点受益群体信息消费的相关政策。

（三）扩大信息无障碍终端产品供给。

5. 鼓励信息无障碍终端设备研发与无障碍化改造。培育一批科技水平高、产品性价比优的信息无障碍终端设备制造商，推动现有终端设备无障碍改造、优化，支持开发残健融合型无障碍智能终端产品，鼓励研发生产可穿戴、便携式监测、居家养老监护等智能养老设备。

6. 提升信息辅助器具智能化水平。针对残疾人、老年人功能康复和健康管理需求，加大沟通和信息辅助器具研发力度，提升产品的通用性、安全性和便利性。重点加快智能轮椅、智能导盲设备、文字语音转换、康复机器人等智能终端的设计开发，积极研发虚拟现实、头控、眼控、声控、盲用、带字幕等智能硬件配套产品。

7. 推进公共服务终端设备的无障碍改进。鼓励企业设计开发适应重点受益群体不同服务需求的自助公共服务设备，如银行 ATM 机、机场自助值机设备、地铁自助检票设备、医院自助就医设备、自助售卖设备等。在城市范围内推进公共场所的无障碍自助公共服务设备的部署。

8. 支持新技术在信息无障碍领域的发展与应用。推进人工智能、5G、物联网、大数据、边缘计算、区块链等关键技术在信息无障碍领域的融合和科技成果转化，支持新兴技术在导盲、声控、肢体控制、图文识别、语音识别、语音合成等方面的实际应用。

9. 加强信息无障碍产品宣传与推广。搭建信息无障碍产品供给与需求对接平台，广泛利用残疾人组织、电子商务企业、电信运营商、医疗康复机构以及社团组织等渠道加强产品宣传与推广。

（四）加快推动互联网无障碍化普及。

10. 推进互联网网站无障碍建设。加快提升各级政府门户网站、政务服务平台及网上办事大厅的信息无障碍服务能力，鼓励公共企事业单位加入城市信息无障碍公共服务体系。引导新闻媒体、金融服务、电子商务等网站建设符合信息无障碍通用标准要求，鼓励从事公共服务的其他网站支持信息无障碍功能。支持网站接入服务商搭建互联网信息无障碍共性技术服务平台，为接入网站提供无障碍技术支持。

11. 推动移动互联网应用无障碍优化与研发。丰富满足重点受益群体需求的移动互联网应用（APP）种类和功能，加快无障碍地图产品开发和人工智能技术的融合应用，推进新闻资讯、社交通讯、生活购物、金融服务、旅游出行、工作教育、市政服务、医疗健康等领域移动互联网应用的无障碍改造。引导企业利用最新标准和技术对移动互联网应用进行无障碍优化,将无障碍优化纳入产品日常维护流程。

(五)提升信息技术无障碍服务水平。

12. 深入开展"互联网+科技助残"行动。进一步完善全国残疾人人口基础数据库和残疾人网上服务平台建设。支持电子商务助力残疾人创业就业,为残疾人士提供低成本、高效率、多方式创业的机会。

13. 加快推动智慧养老产业发展。推进社会养老、居家养老与信息无障碍有机结合。持续丰富智慧健康养老产品及服务推广目录,推动一批智慧健康养老服务品牌做优做强,推进智慧健康养老试点示范工作,鼓励试点企业、项目选拔向信息无障碍领域倾斜。

14. 推进公共服务信息无障碍优化。鼓励公共交通系统提供语音提示、信息屏幕系统、手语、盲文等信息无障碍服务。加快推进"互联网+医疗健康"向重点受益群体延伸覆盖,推进医疗服务系统的信息无障碍改造。支持利用信息技术加快推进食品药品信息识别无障碍。

(六)完善信息无障碍规范与标准体系建设。

15. 统筹推进信息无障碍规范与标准体系建设。建设完善包括总体性标准、通用性标准、应用标准及产品标准在内的标准体系,开展信息服务系统、应用软件、终端产品等信息服务载体无障碍要求的研究与制定,建立完善针对疫情、自然灾害等突发公共事件的信息无障碍应急服务规范。

16. 强化信息无障碍规范与标准落地实施。开展信息无障碍重点规范与标准宣贯工作,建立信息无障碍评测机制,指导第三方机构按照无障碍规范与标准进行符合性测试,发布评测认证结果,激励相关行业规范与标准落地应用。

17. 鼓励参与信息无障碍国际标准制定。鼓励支持行业协会、研究机构、高等学校、企业等积极参与国际标准制定，推动相关技术、标准等方面的国际化合作。

（七）营造良好信息无障碍发展环境。

18. 加强与城乡信息化建设融合衔接。支持将信息无障碍建设纳入智慧城市、数字乡村、无障碍环境等城乡信息化建设工作。在城市大数据中心、地理信息服务系统、突发事件管理系统等各类信息服务载体中融入新技术，满足各类群体的无障碍应用。

19. 深化国际交流与合作。积极开展信息无障碍领域国际交流与合作，扩大我国在相关国际事务与国际组织中的影响力。宣传我国信息无障碍发展理念和建设成果，为推动信息无障碍事业发展贡献中国智慧与中国方案。

20. 营造良好社会氛围。通过政府支持、企业联动、公益慈善补充，营造全社会共建信息无障碍的良好氛围。多渠道、多形式普及信息无障碍知识和通用设计理念，倡导爱心企业、社会组织通过捐款捐赠、志愿服务、设立基金等方式，支持和参与信息无障碍建设。

三、保障措施

（一）加强统筹实施。各级残联部门和相关部门要协同配合，制定相关配套政策，推进信息无障碍产品研发和应用，提升本地网络无障碍服务能力。成立信息无障碍工作专家委员会，开展前瞻研究、实地调研、巡回指导及测试评估等工作。建立信息无障碍发展评估机制，评选一批信息无障碍优秀案例，发布信息无障碍发展指数，定期对网站及移动互联网应用等进行评级评价并向社会公开。支持与文明城市、智慧城市建设相结合开展相关示范、创建、评定工作。

（二）加大政策支持。支持各级政府部门通过购买服务、无偿资助、后补助等方式，对重点受益群体进行资助和帮扶，支持无障碍关键技术研发及产业发展。相关行业主管部门对信息无障碍建设贡献突出的企业在企业评优、信用管理、社会责任考核等工作中给予倾斜。落实并完善针对残疾人互联网创业就业的支持政策。推动制定适应当地经济社会发展水平和残疾人需求的扶持政策，引导社会各方力量积极参与。

（三）加强人才保障。鼓励高等学校增加信息无障碍相关课程，开展助残助老理论及技术研究，培养信息无障碍领域人才。广泛开展公益性信息化培训，普及信息无障碍知识，加强针对重点受益群体使用智能化产品和应用的能力培训，引导重点受益群体提升适应就业需求和生活需求的信息技能，鼓励其参与信息无障碍产品的设计、开发、测试等过程。

（四）加强宣传推广。对于满足信息无障碍规范、标准的终端设备、网站、移动互联网应用等，授予"信息无障碍标识"，激励各主体积极参与信息无障碍建设。通过多媒体渠道宣传信息无障碍建设，广泛凝聚社会共识。

关于完善残疾人就业保障金制度更好促进残疾人就业的总体方案

（2019年12月27日　发改价格规〔2019〕2015号）

党中央、国务院高度重视保障残疾人就业工作。残疾人就业保障金制度自上世纪90年代建立以来，对增强全社会保障残疾人就业的责任意识、促进残疾人就业发挥了重要作用。近年来，随着经济社会发展和残疾人就业形势的变化，残疾人就业保障金（以下简称残保金）作用发挥不充分等问题日益突出，亟待加以完善。为更好发挥残保金制度作用,有效有力促进残疾人就业,制定以下方案。

一、总体要求

(一)指导思想。

坚持以习近平新时代中国特色社会主义思想为指导,深入贯彻党的十九大和十九届二中、三中、四中全会精神,坚持以人民为中心的发展思想,坚持稳中求进工作总基调,按照稳定制度框架、优化征收结构、规范资金使用、健全激励约束的思路,以完善残保金征收使用管理制度为切入点,进一步提高残疾人就业能力和残疾人就业服务能力,积极拓展残疾人多元就业渠道,千方百计促进残疾人就业,推动残疾人更好融入社会,共建共享经济社会发展成果。

(二)基本原则。

——坚持统筹兼顾。统筹完善、系统优化残保金征收结构,既稳定残保金征收制度框架,又积极回应企业等用人单位(以下简称用人单位)诉求,更好发挥残保金制度作用,通过"有效的征"促进用人单位增加残疾人就业岗位,逐步形成就业增、成本降的良性循环,实现残疾人就业与用人单位健康发展互利共赢。

——坚持以人为本。禁止在就业中歧视残疾人。进一步用好用足残保金,完善精准奖补政策,鼓励用人单位以岗适人、因人设岗,更好满足残疾人就业需求,创造更具包容和人文关怀的就业环境,通过"有效的用",提升残疾人就业能力,推动残疾人实现更加稳定、更有质量的就业。

——坚持多措并举。针对当前残疾人就业存在的突出问题,以完善残保金制度为抓手,同步健全残疾人就业保护、就业支持、就业服务,着力强弱项、补短板,充分调动残疾人就业创业积极性,发挥多元主体合力,更好保障残疾人就业。

二、优化征收,切实降低用人单位成本

(三)实行分档征收。将残保金由单一标准征收调整为分档征收，用人单位安排残疾人就业比例1%（含）以上但低于本省（区、市）规定比例的，三年内按应缴费额50%征收；1%以下的，三年内按应缴费额90%征收。

（四）暂免征收小微企业残保金。对在职职工总数30人（含）以下的企业，暂免征收残保金。

（五）明确社会平均工资口径。残保金征收标准上限仍按当地社会平均工资的2倍执行，社会平均工资的口径为城镇私营单位和非私营单位就业人员加权平均工资。

（六）合理认定按比例安排就业形式。探索残疾人按比例就业多种实现形式，为用人单位更好履行法定义务提供更多选择。用工单位依法以劳务派遣方式接受残疾人在本单位就业的，残疾人联合会（以下简称残联）在审核残疾人就业人数时相应计入并加强动态监控。

三、规范使用，更好保障残疾人就业

（七）明确残保金优先用于保障就业。残保金优先用于支持残疾人就业，满足相关的培训教育、奖励补贴、就业服务等支出，与残疾人就业直接相关的支出由各省确定。各地要根据当地保障残疾人就业实际需要合理安排相关支出，不得以收定支。

（八）加大对用人单位安排残疾人就业的激励力度。合理调整残疾人就业岗位补贴、保险补贴、设施设备购置改造补贴等补贴标准；加大对超比例安排残疾人就业用人单位的奖励力度，通过正向激励，调动用人单位安排残疾人就业积极性。

（九）支持残疾人自主就业创业。鼓励和引导残疾人利用"互联网+"等形式自主就业创业，在经营场地等方面给予支持，符合条件的可享受相应补贴和金融扶持政策。

（十）提升职业培训质量。积极支持残疾人就业培训，进一步提升资金使用效率。依托残疾人有就业意向的用人单位、专业培训机构开展"师带徒"、定岗式培训,按培训效果付费,将就业转化率和稳定就业时间作为付费依据。根据残疾人特点,制定残疾人职业培训标准。按规定开展残疾人免费职业技能培训行动,提高残疾人就业稳定性。

四、强化监督,增进社会支持

(十一)加强残保金和残疾人按比例就业的社会监督。财政部每年按照预算管理规定向国务院报告上一年残保金收入和残疾人事业支出情况,中国残联等部门和单位向国务院报告支持残疾人就业、用人单位按比例安排残疾人就业的情况。省、市、县三级财政部门会同同级残联将辖区范围内上述情况定期向社会公开,接受社会监督。

(十二)纳入社会信用评价体系。对未按比例安排残疾人就业且拒缴、少缴残保金的用人单位,将其失信行为记入信用记录,纳入全国信用信息共享平台。

五、健全服务,提升残疾人就业质量

(十三)全面摸排残疾人就业需求信息。由残联指导城乡社区服务机构实时跟踪残疾人信息,采取分片包干形式,精准掌握辖区内残疾人就业需求,建立残疾人求职信息档案,配合做好就业对接。建立健全全国联网的残疾人身份认证系统。

(十四)做好残疾人人力资源开发。由残联牵头,组织各方力量,或通过政府购买服务等方式,引入专业化组织和市场机构,为残疾人提供职业康复训练、职业适应评估、职业心理测评、求职定向指导、职业介绍、岗位支持等全链条、个性化服务。

(十五)推动用人单位设置残疾人就业岗位。各级党政机关、事业单位、国有企业应当带头招录(聘)和安置残疾人就业。各级残疾人就业服务机构要主动向用人单位介绍安排残疾人就业优惠政策、提供岗位改造咨询,充分调动用人单位安排残疾人就业的积极性；鼓励和引导用人单位针对残疾人状况，对工作岗位进行主动适应性调整，努力实现"以岗适人"。

（十六）支持就业服务平台发展。充分发挥残疾人就业服务中心、公共就业服务机构、劳务派遣公司、经营性人力资源服务机构在残疾人就业供需对接方面的作用，对推荐残疾人稳定就业一年以上的，按人数给予奖励。

（十七）推动信息互通资源共享。省级财政、税务、人力资源社会保障、残联等相关部门和单位建立残疾人就业及残保金信息共享机制。在保护残疾人隐私的前提下，残联应当向公共就业服务机构、劳务派遣公司、经营性人力资源服务机构和法律援助机构开放与就业相关的残疾人信息数据。推进残疾人求职信息全省联互通，并逐步实现全国信息共享。支持残疾人就业创业网络服务平台建设。

（十八）完善残疾人就业服务保障机制。积极发挥残疾人就业服务机构在事前事中事后全流程服务的作用，鼓励企业、残疾人职工、就业服务机构签订三方协议。大力推广雇主责任险、残疾人意外伤害保险等保险，保费由企业和残疾人合理分担，消除企业和残疾人后顾之忧。

（十九）建立残疾人就业信息跟踪反馈机制。残联和社区要持续跟进了解残疾人就业情况，对残疾人就业和用人单位用工过程中出现的问题，及时协调解决。建立就业辅导员制度，为残疾人提供就业服务，及时协调解决残疾人就业后面临的困难，提高残疾人就业稳定性和就业质量。

六、加强统筹，协同推进政策落地

（二十）加强组织领导。各地要高度重视残疾人就业工作，创造条件帮助用人单位增加残疾人就业，更有效发挥残保金制度作用，为用人单位安排残疾人就业提供更好环境和更多支持。及时协调解决残疾人就业过程中遇到的困难和问题，定期总结促进残疾人就业的好经验、好做法，具备条件的要适时推广。

（二十一）压实部门责任。各级政府和相关部门要将保障残疾人劳动就业权益放在重要位置，明确各方责任，分工合作，齐抓共管，形成合力。人力资源社会保障部门要将残疾人就业工作纳入当地劳动就业与人力资源发展政策体系，依法维护残疾人职工劳动保障权益。残联负责用人单位安排残疾人就业情况的审核，进一步发挥其在项目安排、资金使用等方面的作用。财政部门负责对残保金的征收、资金使用情况进行日常监督。税务部门依据残联审核的残疾人就业情况，负责残保金征收。审计部门依据法律法规开展审计，对审计发现的违法犯罪线索，按规定移送有关部门。

（二十二）营造良好氛围。各有关部门和地方各级人民政府要做好政策解读，加强舆论宣传和典型示范，引导社会各方面正确认识残保金的积极作用，适时组织残疾人就业励志典型和安排残疾人就业先进单位开展宣讲等活动，形成示范效应，鼓励残疾人更好融入社会，号召全社会关心支持残疾人就业。

本方案自 2020 年 1 月 1 日起实施。

残疾人服务机构管理办法

（2018 年 3 月 5 日　民发〔2018〕31 号）

第一章　总　　则

第一条　为维护和保障残疾人的合法权益，加强和规范残疾人服务机构管理，根据《中华人民共和国残疾人保障法》、《残疾预防和残疾人康复条例》等有关法律法规，制定本办法。

第二条 本办法所称残疾人服务机构是指国家、社会和个人举办的，依法登记的专门为残疾人提供供养、托养、照料、康复、辅助性就业等相关服务的机构。属于综合性社会福利机构中内设的残疾人服务机构的管理，参照此办法执行。

《残疾人教育条例》、《特殊教育学校暂行规程》等规定的残疾人职业教育机构不适用于本办法。

第三条 残疾人服务机构应当遵守国家法律、法规和政策，坚持以人为本，保障服务对象的人格尊严和合法权益。

入住残疾人服务机构的残疾人应当遵守机构的规章制度。

第四条 国务院民政、卫生计生、人力资源社会保障等有关部门是残疾人服务机构的行业管理部门，负责对全国残疾人服务机构进行指导、监督和管理。行业管理部门应当按照职能和残疾人服务机构提供服务的主要内容，对残疾人服务机构进行政策和业务指导，履行相关监管责任。

县级以上地方人民政府民政、卫生计生、人力资源社会保障等相关部门，负责对本行政区域内残疾人服务机构进行指导、监督和管理。

中国残疾人联合会及其地方组织依照相关法律法规或者接受政府委托，对残疾人服务机构进行监督。

第五条 残疾人服务机构应当依法登记。国家机关、事业单位举办或其他组织利用国有资产举办的非营利性残疾人服务机构，应当按照《事业单位登记管理暂行条例》等事业单位登记管理规定到事业单位登记（管理）机关办理登记。非营利性残疾人服务机构符合《民办非企业单位登记管理暂行条例》等民办非企业单位（社会服务机构）登记管理有关规定的，应当到民政部门办理登记。营利性残疾人服务机构，应当依据法律法规规定的管辖权限到工商行政管理部门办理登记。

第六条 县级以上地方人民政府民政、卫生计生、人力资源社会保障等相关部门,应当提请本级人民政府根据经济社会发展规划和残疾人数量、分布状况及服务需求,制定并实施残疾人服务机构设置规划,将残疾人服务机构设置纳入基本公共服务体系规划。

第七条 鼓励公民、法人或者其他组织通过捐赠、设置公益慈善项目、提供志愿服务等方式,为残疾人服务机构提供帮助。

第二章 服 务 提 供

第八条 残疾人服务机构接收残疾人,为残疾人提供服务前,应当对残疾人服务需求、身心状况等与服务相关的基本情况进行评估,并根据残疾类型、残疾等级和评估结果制定适合的服务方案,实施分级分类服务。

残疾人服务机构应当对接受服务的残疾人进行定期评估,并根据评估结果适时调整服务方案。

第九条 残疾人服务机构应当与接受服务的残疾人或其代理人签订具有法律效力、权责明晰的服务协议。服务协议一般载明下列事项:

(一)残疾人服务机构的名称、住所、法定代表人或者主要负责人、联系方式;

(二)残疾人或者其代理人指定的经常联系人的姓名、住址、身份证明、联系方式;

(三)服务内容和服务方式;

(四)收费标准以及费用支付方式;

(五)服务期限和地点;

(六)当事人的权利和义务;

(七)协议变更、解除与终止的条件;

（八）违约责任；

（九）争议解决方式；

（十）当事人协商一致的其他内容。

第十条 残疾人服务机构应当依照其登记类型、业务性质、设施设备条件、管理水平、服务质量、护理等级等因素确定服务项目的收费标准。

残疾人服务机构应当在醒目位置公示各类服务项目收费标准和收费依据，并遵守国家和地方政府价格管理有关规定。

残疾人服务机构应当依法接受政府有关部门对财务收支状况、收费项目和调价频次等的监督。

第十一条 残疾人服务机构按照服务协议为接收的残疾人提供的服务，应当符合相关国家标准或者行业标准和规范。

第十二条 对于具有劳动能力的残疾人，残疾人服务机构可以根据其特点，配备专业人员帮助其进行适当的社会康复和职业康复。

对于有就业意愿的残疾人，提供辅助性就业等服务的残疾人服务机构可以组织开展适宜的辅助性生产劳动项目，并与参与劳动的残疾人或残疾人亲属签订相关协议，符合劳动合同法律法规规定的，依法签订劳动合同。

第十三条 残疾人服务机构可以通过设立医疗机构或者采取与医疗机构合作的方式，为残疾人提供医疗服务。残疾人服务机构开展诊疗服务的，应当依法取得《医疗机构执业许可证》。

第十四条 残疾人服务机构可以通过设置康复辅助器具配置室等方式，为残疾人获得和使用康复辅助器具服务提供便利条件。

第十五条 残疾人服务机构应当根据需要为残疾人提供情绪疏导、心理咨询、危机干预等精神慰藉服务。其中，对于智力障碍、精神障碍残疾人应当配备专业人员进行专业服务。

第十六条　残疾人服务机构应当定期开展适合残疾人的文化、体育、娱乐活动，丰富残疾人的精神文化生活。残疾人服务机构开展文化、体育、娱乐活动时，应当为残疾人提供必要的安全防护措施。

第十七条　残疾人服务机构提供服务时，应当注意保护残疾人隐私、尊重残疾人民族风俗习惯、保障服务对象的人身权益。

第十八条　残疾人服务机构因歇业、解散、被撤销或者其他原因暂停或终止服务的，行业管理部门应当指导和督促残疾人服务机构妥善处理后续事宜，最大限度保障残疾人合法权益。

第三章　内部管理

第十九条　残疾人服务机构应当按照国家有关规定建立完善安全、消防、卫生、财务、档案、无障碍环境等管理制度，制定服务标准和工作流程，并予以公开。

第二十条　残疾人服务机构应当配备与服务和运营相适应的工作人员，并依法与其签订聘用合同或者劳动合同，明确工作人员的岗位职责和工作流程，实行岗位责任制。

残疾人服务机构中从事医疗、康复、心理咨询、社会工作等服务的专业技术人员，应当依据相关法律法规持证上岗，或上岗前接受专业技能培训。

残疾人服务机构应当定期组织工作人员进行职业道德教育和业务培训。

第二十一条　残疾人服务机构应当遵循国家统一的财务、会计制度，按规定实施财务管理，依法建立会计账簿并进行会计核算。

第二十二条　残疾人服务机构应当按照《无障碍环境建设条例》等要求，为残疾人提供符合相关技术标准的无障碍设施。

第二十三条 残疾人服务机构应当为残疾人建立基本信息档案，一人一档，并妥善保存相关原始资料。

残疾人服务机构应当保护残疾人的个人信息。

第二十四条 残疾人服务机构申请登记认定为慈善组织、接受和使用捐赠物资等，应当遵守慈善事业有关法律法规。

残疾人服务机构接受社会捐赠、政府补助的，应当专款专用，有详尽的使用记录，并公开接受捐赠的情况和受赠资产使用、管理情况。

第二十五条 残疾人服务机构应当建立健全照料、护理、膳食、特殊设施设备等方面的安全管理制度和工作责任机制，并在公共区域安装实时监控装置。

残疾人服务机构应当制定突发事件应急预案，并按照应急处理程序处置突发事件。突发事件应当及时向行业管理部门和有关部门报告，并有完整的过程和应急处理记录。

第四章　监督检查

第二十六条 行业管理部门应当通过信息化手段等多种方式，加强与登记机关、残疾人联合会对残疾人服务机构的信息共享。

第二十七条 行业管理部门、残疾人联合会可以通过书面检查、随机抽查等方式，对残疾人服务机构进行监督检查，并向社会公布检查结果。上级主管部门可以委托下级部门进行监督检查。

第二十八条 行业管理部门、残疾人联合会可以委托第三方机构对残疾人服务机构的管理水平、服务质量、运行情况等进行专业评估。评估结果可以作为政府购买服务、资助扶持、分级管理的依据。

第二十九条 残疾人服务机构应当经常听取残疾人及家属的意

见和建议，发挥残疾人及家属对于服务和管理的监督促进作用。

第三十条 残疾人服务机构应当以适当方式向社会公开服务对象的重大事项。

行业管理部门应当建立对残疾人服务机构的举报和投诉制度，接到举报、投诉后，应当及时核实、处理。

第三十一条 行业管理部门、残疾人联合会应当定期开展残疾人服务机构行业统计分析工作，残疾人服务机构应当及时准确报送相关信息。

第三十二条 上级行业管理部门应当加强对下级行业管理部门的指导和监督，及时纠正残疾人服务机构管理中的违法违规行为。

第五章 法律责任

第三十三条 残疾人服务机构有下列行为的，行业管理部门可以根据情况给予纠正，直至建议登记（管理）机关撤销登记或吊销营业执照。有关责任人构成犯罪的，依法追究刑事责任。

（一）未与残疾人或者其代理人签订服务协议，或者协议不符合规定的；

（二）未按照国家有关标准和规定开展服务的；

（三）配备的医疗、康复、心理咨询、社会工作等专业技术人员未依据相关法律法规持证上岗或者未经过岗前培训的；

（四）向负责监督检查的管理部门隐瞒有关情况、提供虚假材料或者拒绝提供反映其活动情况真实材料的；

（五）利用残疾人服务机构的房屋、场地、设施开展与服务宗旨无关的活动的；

（六）歧视、侮辱、虐待或者遗弃残疾人以及其他侵犯残疾人合法权益行为的；

（七）擅自暂停或者终止服务的；

（八）法律、法规、规章规定的其他违法行为。

第三十四条 行业管理部门及其工作人员违反本办法有关规定，由上级行政机关责令改正；情节严重的，对直接负责的主管人员和其他责任人员依法给予行政处分；构成犯罪的，依法追究刑事责任。

第六章 附 则

第三十五条 行业管理部门可以根据本办法，结合本领域管理的残疾人服务机构的特点，制定具体实施细则。

第三十六条 本办法自下发之日起施行。

交通运输部、住房城乡建设部、国家铁路局、中国民用航空局、国家邮政局、中国残疾人联合会、全国老龄工作委员会办公室关于进一步加强和改善老年人残疾人出行服务的实施意见

（2018年1月8日 交运发〔2018〕8号）

各省、自治区、直辖市、新疆生产建设兵团交通运输厅（局、委）、住房城乡建设厅（建委、规划国土委）、邮政管理局、残疾人联合会、老龄工作委员会办公室，各地区铁路监督局，民航各地区管理局，中国邮政集团公司：

老年人、残疾人是社会主义大家庭的重要成员，当前，我国60岁以上老年人约2.3亿人，残疾人8500多万人。为数量庞大的老年人、残疾人提供出行便利，进一步加强和改善老年人、残疾人出行服务，是推进基本公共服务均等化、全面建成小康社会的重要任务，是推动交通运输改革发展成果更好惠及人民群众、满足人民美好生活需要的重要举措，是弘扬敬老助残的社会风尚、积极应对人口老龄化的迫切要求。为深入贯彻党中央、国务院关于老年人、残疾人工作有关决策部署，落实《国务院办公厅关于制定和实施老年人照顾服务项目的意见》（国办发〔2017〕52号）等文件及相关法律、行政法规要求，加快推进交通运输无障碍环境建设，加强和改善老年人、残疾人出行服务，保障老年人、残疾人出行权益，现提出以下实施意见：

一、总体要求

（一）指导思想。

全面贯彻党的十九大精神，以习近平新时代中国特色社会主义思想为指引，按交通强国建设的总体要求，以加强和改善老年人、残疾人无障碍出行服务为核心，积极推进理念创新和手段创新，补齐发展短板，加快无障碍交通基础设施建设和改造，鼓励推广应用无障碍出行新技术、新设备，提升服务水平，完善政策保障，不断满足广大老年人和残疾人安全、便捷、舒适、温馨的无障碍出行服务需要。

（二）基本原则。

人民为本，服务为先。着力践行以人民为中心的发展思想，切实保障和改善老年人、残疾人交通出行权益；以提升无障碍出行服务品质为核心，创新服务模式，统筹服务资源，倡导志愿服务，为老年人、残疾人提供优质出行服务。

需求导向，因地制宜。科学把握老年人、残疾人出行需求和特征，根据不同运输方式服务特点，结合当地经济发展水平等因素，因地制宜，稳步推进无障碍出行服务体系建设。

政府主导，社会参与。既要突出政府责任，又要广泛动员行业协会、残疾人组织等社会各方力量，充分发挥市场机制作用，满足老年人、残疾人等群体多层次、多样化出行需求。

（三）总体目标。

到2020年，交通运输无障碍出行服务体系基本形成，无障碍出行服务水平、出行服务适老化水平和服务均等化水平明显提升，无障碍交通设施设备不断满足出行需要，无障碍交通运输服务的"硬设施"和"软服务"持续优化，老年人、残疾人出行满意度和获得感不断增强。

具体目标是：新建或改扩建的铁路客运站、高速公路服务区、二级及以上汽车客运站、城市轮渡、国际客运码头（含水路客运站）、民用运输机场航站区、城市轨道交通车站无障碍设施实现全覆盖，引导辅助服务覆盖率有效提升；邮政对老年人、残疾人的信件、印刷品、汇款通知等实现邮件全部按址投递；鼓励具备条件的城市新增公交车辆优先选择低地板公交车，500万人口以上城市新增公交车辆全部实现低地板化。

到2035年，覆盖全面、无缝衔接、安全舒适的无障碍出行服务体系基本建成，服务环境持续改善，服务水平显著提升，能够充分满足老年人、残疾人出行需要。

二、加快无障碍交通基础设施建设和改造

（四）完善设施布局。各级交通运输主管部门要充分考虑人口老龄化发展因素，根据人口老龄化发展趋势、老年人口和残疾人口分布特点，加强无障碍建设和适老化改造，在综合交通运输体系规划及各专项规划中，明确铁路、公路、水路（含港口）、民航、邮政、城市客运等各领域无障碍交通基础设施建设和改造的重点任务和配套政策。积极会同有关部门，将无障碍交通基础设施改造纳入无障碍环境建设发展规划，不断完善无障碍交通基础设施布局。

（五）加大建设改造力度。各地新建、改建、扩建铁路客运站、高速公路服务区、二级及以上汽车客运站、客运码头（含水路客运站，下同）、民用运输机场、城市轨道交通车站、城市公共交通枢纽等，应落实《无障碍环境建设条例》相关要求，并符合《无障碍设计规范》《铁路旅客车站无障碍设计规范》《民用机场旅客航站区无障碍设施设备配置》等有关标准规范。加大高速公路服务区、普通国省干线公路服务区无障碍服务设施建设改造。完善陆岛交通客运码头、轮渡渡口和客运船舶无障碍设施设备和标志标识。因地制宜逐步推进现有二级及以上汽车客运站、有条件的邮政营业场所等设施无障碍改造。推进客运列车、客运船舶、民用航空器、公共汽电车、城市轨道交通车辆等交通运输工具逐步完善无障碍设备配置。

三、提升出行服务品质

（六）创新服务模式。加大为老年、残疾乘客的贴心服务力度，加快服务模式创新，进一步提升服务的系统化、精细化水平。具备条件的地区，要在铁路客运站、汽车客运站、客运码头、民用运输机场等人流密集场所为老年人、残疾人设立优先无障碍购票窗口、专用等候区域和绿色通道，提供礼貌友好服务。在醒目位置设置老年人、残疾人等服务标志，鼓励采取专人全程陪护、预约定制服务、允许亲属接送站等措施，提供服务车、轮椅等便民辅助设备，保障行动不便乘客安全、便捷出行。要充分考虑不同交通运输方式的无障碍衔接换乘，做好点对点服务配套。鼓励对老年人、残疾人实行快递门到门服务，有条件的地区开行服务老年人、残疾人的康复巴士。

（七）建设出行信息服务体系。加强无障碍信息通用产品、技术的研发与推广应用。在铁路客运站、汽车客运站、客运码头、民用运输机场、城市轨道交通车站、城市公共交通枢纽等场所及交通运输工具上提供便于老年和残疾乘客识别的语音报站和电子报站服务，依据相关标准要求完善站场、枢纽、车辆设施的盲文标志标识配置、残疾人通讯系统、语音导航和导盲系统建设，积极推广应用微信、微博、手机APP、便民热线预约服务等创新方式，为老年人、残疾人提供多样化、便利化的无障碍出行信息服务。

（八）提高服务水平。鼓励运营企业制定完善老年人、残疾人等乘坐交通运输工具的服务细则。组织开展从业人员面向老年人、残疾人服务技能培训，提升服务标准化水平。鼓励地方残联、老龄委牵头会同交通运输主管部门，组建志愿者团队，组织开展专题培训和宣传教育活动，建立服务老年人、残疾人出行的预约门到门志愿服务团队。坚持用心服务、优先服务，积极鼓励社会力量参与，开展专业化、多元化无障碍出行服务，使老年人、残疾人等行动不便的乘客能够安全出行，便利出行。

（九）保障安全出行。各地交通运输主管部门要强化部门联动，密切分工协作，督促运营企业严格落实安全生产主体责任，提高安全出行服务保障水平。引导老年人、残疾人合理安排出行计划，鼓励错峰出行，避免客流拥挤对行动不便乘客出行造成安全隐患。加强无障碍交通设施安全运行维护和管理，提升信息化和智能化管理水平，做好对无障碍交通设施设备使用的合理引导，建立完善无障碍交通设施安全检查制度，及时发现安全隐患，妥善处理，为老年人、残疾人提供安全可靠的无障碍出行服务。

四、优化出行政策体系

（十）落实扶持政策。积极争取各级人民政府政策支持，在旧城改造和新城规划建设中，结合邮政及快递、城市公共交通、出租汽车等的实际需求，配合有关部门加快配套建设必要的无障碍设施，对铁路客运站、高速公路和普通国省干线公路服务区、民用运输机场等，在方便位置施划残疾人专用停车位，并设置明显标识。积极争取对因用地原因无法进行无障碍环境改造的老旧汽车客运站、客运码头、公交枢纽等项目优先立项审批，支持三级以上汽车客运站建设、完善无障碍设施。要积极配合财政等部门，对运营企业更新无障碍铁路列车车辆、无障碍客运船舶、低地板城市公交车辆、无障碍出租车辆和改扩建客运码头等给予资金支持。进一步贯彻落实铁路残疾人旅客专用票额、残疾人航空运输管理等有关规定要求，做好残疾人铁路、航空运输服务。

（十一）建立配套制度。支持城市公共交通为老年人提供优惠和便利，鼓励铁路、公路、民航等交通运输工具为老年人提供便利服务。各级残联、老龄委要会同相关部门，积极争取城市人民政府支持，对老年人、残疾人优惠乘车予以补贴补偿。各级交通运输主管部门、残联要研究制定出台导盲犬乘坐城市公共交通工具等配套政策，保障持残疾人证、导盲犬工作证、动物健康免疫证明等相关证件的视障人士携带导盲犬进站、乘车，完善交通运输场站、设施导盲犬服务配套制度建设。督促各运营企业按有关标准规定在交通运输工具上设置老幼病残孕优先座椅和轮椅专用停放区，对老年人、残疾人购检票乘车等实行专人引导、优先办理。

（十二）完善标准体系。加紧完善铁路、公路、水运、民航、邮政、城市客运等相关领域的无障碍服务标准体系建设。推动落实《铁路旅客车站无障碍设计规范》《民用机场旅客航站区无障碍设施设备配置》《无障碍低地板、低入口城市客车技术要求》等标准要求，推进公路服务设施设计规范、汽车客运站级别划分和建设要求等行业标准的制修订。充分考虑老年人和残疾人安全、便利出行的实际需要，促进运输工具设计、生产的规范化。鼓励各地因地制宜制定相关地方标准，进一步规范和强化无障碍设施设备的建设、管理和维护。指导各地加强对相关标准规范的宣贯实施工作，鼓励相关单位积极实施应用。

五、保障措施

（十三）加强组织领导。各地区、各有关部门要充分认识做好老年人、残疾人无障碍出行服务工作的重要意义，加强统筹协调，明确责任分工，将其列入议事日程和民生实事，纳入目标管理绩效考核内容。不断健全交通运输无障碍环境建设工作体制机制，充分发挥政府引导、社会治理、公众参与等不同层面的作用，推进交通运输、城市规划建设、技术装备等不同领域和部门协同合作。

（十四）加大资金投入。创新和优化无障碍出行服务提供方式，加大政府购买服务力度。鼓励采用政府与社会资本合作等模式，吸引社会资本参与交通运输无障碍设施建设和改造，拓宽支持无障碍环境建设的资金来源渠道。

（十五）强化监督检查。各地区、各部门要加大对提升交通运输各领域无障碍出行服务水平的指导力度，明晰工作任务，建立检查机制。要充分发挥社会公众监督作用，有效提升交通运输无障碍出行服务水平。

（十六）加强宣传引导。充分发挥舆论引导作用，利用电视、报纸、网络、新媒体等多种媒介，在学校、社区、企业、公共场所等开展无障碍交通出行宣传活动。继续通过"公交都市"创建、"公交出行宣传周"等载体，积极开展无障碍出行文化建设，爱护无障碍设施设备，不随意占用盲道，营造服务老年人、残疾人安全、舒适、便捷、温馨出行的良好社会氛围。

国家邮政局、中国残疾人联合会关于进一步加强邮政行业无障碍环境建设等相关工作的通知

(2017年7月19日)

各省、自治区、直辖市邮政管理局、残疾人联合会，中国邮政集团公司，新疆生产建设兵团、黑龙江垦区残联：

我国共有8500万残疾人。残疾人是一个数量众多、特性突出、特别需要帮助的社会群体。党和政府历来十分关心残疾人，高度重视发展残疾人事业，采取了一系列重大举措，推动残疾人事业不断发展，残疾人参与社会生活的环境和条件明显改善，生活水平和质量不断提高。

为了创造无障碍环境，保障残疾人等社会成员平等参与社会生活，2012年，国务院颁布实施了《无障碍环境建设条例》，住房和城乡建设部发布了《无障碍设计规范》，无障碍环境建设法律法规、标准规范、组织管理体系基本建立，无障碍理念日益深入人心。

长期以来，邮政行业积极贯彻《中华人民共和国邮政法》和相关法规、政策要求，加强和改进邮政普遍服务和特殊服务，无障碍环境建设和为残疾人服务的能力取得了显著进步。为大力弘扬"人民邮政为人民"的宗旨，进一步加强和改进残疾人客户邮政服务工作，保障残疾人合法权益，加快推进残疾人小康进程，提升邮政行业服务水平，发挥示范引领作用，促进全社会无障碍环境建设，现就有关事项通知如下：

一、提升邮政行业服务残疾人事业理念

（一）做好邮政行业服务残疾人工作，是贯彻落实《中华人民共和国残疾人保障法》《中华人民共和国邮政法》《无障碍环境建设条例》《无障碍设计规范》等法律法规、标准的必然要求，是保障残疾人等特殊群体方便就近办理业务、公平获得邮政服务的重要措施，是提高邮政行业服务水平和质量、履行社会责任、实现邮政行业可持续发展的组成部分。各地要高度重视，充分认识做好邮政行业无障碍环境建设等相关工作的重要意义，把这件利国利民的实事抓实、好事抓好。

二、落实邮政设施无障碍建设与改造

（二）各地新建、改建、扩建邮政营业场所等邮政基础设施时，应符合《无障碍环境建设条例》要求，参照《无障碍设计规范》进行无障碍设计和建设。

（三）对现有邮政营业场所等设施，各地要因地制宜，逐步推进无障碍改造。在改造过程中应力争场所出入口、柜台等达到无障碍标准，如有电梯、卫生间等设施，也宜进行无障碍改造。

三、完善信息交流无障碍措施

（四）邮政营业场所应逐步完善语音提示、盲文、电子信息显示屏幕、配备手写板、无障碍设施标识等信息交流无障碍措施，方便残疾人办理业务。

四、提高无障碍服务水平。

（五）邮政企业应按照相关规定和根据残疾人的特点及需求，丰富服务内容，改进服务方式。邮政企业应执行视力残疾人携带导盲犬出入公共场所的相关规定；试情为重度残疾人客户提供上门服务等相关特殊服务；定期对员工开展手语、助残服务知识和技能的培训，提高为残疾人客户服务的能力和水平。

（六）各级邮政管理部门要加强对快递企业的指导，推进快递

企业完善无障碍措施，利用移动客户端、智能快件箱等技术，为用户提供更加便捷和高效的快递服务，鼓励为听力言语残疾人客户接快件提供短信沟通等个性化服务，保障听力言语残疾人客户权益。

五、积极发展残疾人公益事业

（七）邮政企业应积极落实《中华人民共和国残疾人保障法》等相关规定，对盲人读物给予免费寄递。

（八）邮政企业应积极落实《残疾人保障法》、《残疾人就业条例》等相关规定，积极创造条件安排残疾人就业。

（九）在残疾人事业重大节日、重大活动之际，深入研究利用以残疾人事业为主题发行纪念邮资凭证或纪念封等，加大残疾人事业宣传力度，扩大社会影响。

（十）邮政、快递企业应进一步倡导扶残助残的良好社会风尚，履行企业社会责任，积极关心关爱残疾人公益事业，为残疾人提供捐助和志愿服务。

六、加强对无障碍环境建设工作的领导

（十一）各级邮政管理部门、残联要建立工作协调机制，加强沟通合作，制定计划，定期研讨推进本地邮政行业无障碍环境建设工作。

（十二）邮政、快递企业应加强政策落实情况的监督检查，推进无障碍环境建设工作持续发展。

（十三）各级残联要切实代表残疾人利益，向邮政管理部门和邮政、快递企业反映残疾人的特点、困难和需求，积极开展残疾人体验、座谈等多种活动，提出工作建议，配合做好无障碍设施改造、完善信息交流无障碍、助残服务知识和技能培训等相关工作。

残疾人参加普通高等学校招生全国统一考试管理规定

(2017年4月7日 教学〔2017〕4号)

第一条 为维护残疾人的合法权益，保障残疾人平等参加普通高等学校招生全国统一考试（以下简称高考），根据《中华人民共和国教育法》《中华人民共和国残疾人保障法》《残疾人教育条例》和《无障碍环境建设条例》以及国家相关规定，制定本规定。

第二条 各级教育考试机构应遵循《残疾人教育条例》和高考组织规则，为残疾人参加高考提供必要支持条件和合理便利。

教育部考试中心负责牵头协调有关部门，研究、提升和完善合理便利的种类及技术水平；省级教育考试机构负责本行政区域残疾人参加高考的组织管理和实施工作。

第三条 符合高考报名条件、通过报名资格审查，需要教育考试机构提供合理便利予以支持、帮助的残疾人（以下简称残疾考生）参加高考，适用本规定。

第四条 有关残疾考生参加高考的考务管理工作，除依本规定提供合理便利外，其他应按照教育部《普通高等学校招生全国统一考试考务工作规定》和省级教育考试机构制定的考务工作实施细则的规定执行。

第五条 教育考试机构应在保证考试安全和考场秩序的前提下，根据残疾考生的残疾情况和需要以及各地实际，提供以下一种或几种必要条件和合理便利：

（一）为视力残疾考生提供现行盲文试卷、大字号试卷（含大字号答题卡）或普通试卷。

（二）为听力残疾考生免除外语听力考试。

（三）允许视力残疾考生携带答题所需的盲文笔、盲文手写板、盲文作图工具、橡胶垫、无存储功能的盲文打字机、无存储功能的电子助视器、盲杖、台灯、光学放大镜等辅助器具或设备。

（四）允许听力残疾考生携带助听器、人工耳蜗等助听辅听设备。

（五）允许行动不便的残疾考生使用轮椅、助行器等，有特殊需要的残疾考生可以自带特殊桌椅参加考试。

（六）适当延长考试时间：使用盲文试卷的视力残疾考生的考试时间，在该科目规定考试总时长的基础上延长50%；使用大字号试卷或普通试卷的视力残疾考生、因脑瘫或其他疾病引起的上肢无法正常书写或无上肢考生等书写特别困难考生的考试时间，在该科目规定考试总时长的基础上延长30%。

（七）优先进入考点、考场。

（八）设立环境整洁安静、采光适宜、便于出入的单独标准化考场，配设单独的外语听力播放设备。

（九）考点、考场配备专门的工作人员（如引导辅助人员、手语翻译人员等）予以协助。

（十）考点、考场设置文字指示标识、交流板等。

（十一）考点提供能够完成考试所需、数量充足的盲文纸和普通白纸。

（十二）其他必要且能够提供的合理便利。

第六条 省级教育考试机构应将残疾人报考办法、途径、针对残疾考生的合理便利措施等纳入当年普通高等学校招生考试报名办法，并提前向社会公布。

第七条 申请合理便利的一般程序应包括：

（一）报名参加高考并申请提供合理便利的残疾考生，应按省级教育考试机构规定的时间、地点、方式提出正式书面申请。申请内容应包括本人基本信息、残疾情况、所申请的合理便利以及需自带物品等，并提供本人的第二代及以上《中华人民共和国残疾人证》以及省级教育考试机构规定的有效身份证件的原件和复印件（扫描件）。

（二）教育考试机构负责受理并审核在本地参加考试的残疾考生提出的正式申请，并牵头组织由有关教育考试机构、残联、卫生等相关部门专业人员组成的专家组，对残疾考生身份及残疾情况进行现场确认，结合残疾考生的残疾程度、日常学习情况、提出的合理便利申请以及考试组织条件等因素进行综合评估，并形成书面评估报告。

（三）省级教育考试机构根据专家组评估意见，形成《普通高等学校招生全国统一考试残疾考生申请结果告知书》（以下简称《告知书》），在规定的时限内将《告知书》送达残疾考生，由残疾考生或法定监护人确认、签收。《告知书》内容应包含残疾考生申请基本情况、考试机构决定的详细内容以及决定的理由与依据、救济途径等。

第八条 残疾考生对《告知书》内容有异议，可按《告知书》规定的受理时限，向省级教育行政部门提出书面复核申请。

省级教育行政部门的复核意见应按相关程序及时送达残疾考生。

第九条 经申请批准后免除外语听力考试残疾考生的外语科成绩，按"笔试成绩×外语科总分值/笔试部分总分值"计算。

外语听力免考的残疾考生，听力考试部分作答无效。其他考生进行外语听力考试期间，外语听力免考的残疾考生不得翻看试卷和作答。听力考试结束后，方可答题。

第十条 涉及制作盲文试卷、大字号试卷等特殊制卷的，原则上由负责制卷的教育考试机构联合当地残联，提前协调特殊教育学校（院）、盲文出版社等机构，选聘遵纪守法，熟悉业务，工作认真负责，身体健康，且无直系亲属或利害关系人参加当年高考的盲文专业技术人员参加入闱制卷工作。

教育考试机构应当指定专职的盲文专业技术人员分别负责试卷的翻译、校对和制卷工作。盲文试卷制作过程应始终实行双岗或多岗监督。盲文试卷、大字号试卷的包装应有明显区别于其他试卷的标识。

第十一条 省级教育考试机构应当将已确定为其提供合理便利的残疾考生情况提前通知其所在地教育考试机构。当地相关教育考试机构及考点应提前做好相应的准备和专项技能培训工作，并按照省级教育考试机构确定的合理便利做好残疾考生的服务、检查、施考工作。考试过程应全程录音、录像并建档备查。

第十二条 所有获得合理便利服务的残疾考生，每科目考试开始时间与最早交卷离场时间按省级教育考试机构的规定执行。

第十三条 省级教育考试机构应组织专门的学科评卷小组，对无法扫描成电子格式实施网上评卷的残疾考生答卷进行单独评阅，评卷工作严格按照教育部考试中心发布的高考评卷工作有关规定执行。

涉及盲文试卷的，省级教育考试机构应组织具有盲文翻译经验、水平较高且熟悉学科内容的专业人员（每科目不少于2人），将盲文答卷翻译成明眼文答卷，在互相校验确认翻译无误后，交由各科评卷组进行单独评阅。盲文答卷的翻译工作应在评卷场所完成，并按照高考评卷工作的有关规定进行管理。

第十四条 省级教育考试机构应在已有的突发事件应急预案基础上，制定具有适用于残疾考生特点的专项预案，并对相关考务工作人员进行必要的培训和演练。

第十五条 在组织残疾人参加考试过程中违规行为的认定与处理，按照《国家教育考试违规处理办法》及相关的法律法规执行。

第十六条 省级教育考试机构可依据本规定，结合当地的实际制订工作实施细则。

第十七条 本规定由教育部负责解释，并自发布之日起施行。

第十八条 残疾人参加其他国家教育考试需要提供合理便利的，可参照本规定执行。

附件：（略）

促进残疾人就业增值税优惠政策管理办法

（2016年5月27日　国家税务总局公告2016年第33号公告）

第一条 为加强促进残疾人就业增值税优惠政策管理，根据《财政部 国家税务总局关于促进残疾人就业增值税优惠政策的通知》（财税〔2016〕52号）、《国家税务总局关于发布〈税收减免管理办法〉的公告》（国家税务总局公告2015年第43号）及有关规定，制定本办法。

第二条 纳税人享受安置残疾人增值税即征即退优惠政策，适用本办法规定。

本办法所指纳税人，是指安置残疾人的单位和个体工商户。

第三条 纳税人首次申请享受税收优惠政策，应向主管税务机关提供以下备案资料：

（一）《税务资格备案表》。

（二）安置的残疾人的《中华人民共和国残疾人证》或者《中华人民共和国残疾军人证（1 至 8 级）》复印件，注明与原件一致，并逐页加盖公章。安置精神残疾人的，提供精神残疾人同意就业的书面声明以及其法定监护人签字或印章的证明精神残疾人具有劳动条件和劳动意愿的书面材料。

（三）安置的残疾人的身份证明复印件，注明与原件一致，并逐页加盖公章。

第四条 主管税务机关受理备案后，应将全部《中华人民共和国残疾人证》或者《中华人民共和国残疾军人证（1 至 8 级）》信息以及所安置残疾人的身份证明信息录入征管系统。

第五条 纳税人提供的备案资料发生变化的，应于发生变化之日起 15 日内就变化情况向主管税务机关办理备案。

第六条 纳税人申请退还增值税时，需报送如下资料：

（一）《退（抵）税申请审批表》。

（二）《安置残疾人纳税人申请增值税退税声明》（见附件）。

（三）当期为残疾人缴纳社会保险费凭证的复印件及由纳税人加盖公章确认的注明缴纳人员、缴纳金额、缴纳期间的明细表。

（四）当期由银行等金融机构或纳税人加盖公章的按月为残疾人支付工资的清单。

特殊教育学校举办的企业，申请退还增值税时，不提供资料（三）和资料（四）。

第七条 纳税人申请享受税收优惠政策，应对报送资料的真实性和合法性承担法律责任。主管税务机关对纳税人提供资料的完整性和增值税退税额计算的准确性进行审核。

第八条 主管税务机关受理退税申请后，查询纳税人的纳税信用等级，对符合信用条件的，审核计算应退增值税额，并按规定办理退税。

第九条　纳税人本期应退增值税额按以下公式计算：

本期应退增值税额＝本期所含月份每月应退增值税额之和

月应退增值税额＝纳税人本月安置残疾人员人数×本月月最低工资标准的4倍

月最低工资标准，是指纳税人所在区县（含县级市、旗）适用的经省（含自治区、直辖市、计划单列市）人民政府批准的月最低工资标准。

纳税人本期已缴增值税额小于本期应退税额不足退还的，可在本年度内以前纳税期已缴增值税额扣除已退增值税额的余额中退还，仍不足退还的可结转本年度内以后纳税期退还。年度已缴增值税额小于或等于年度应退税额的，退税额为年度已缴增值税额；年度已缴增值税额大于年度应退税额的，退税额为年度应退税额。年度已缴增值税额不足退还的，不得结转以后年度退还。

第十条　纳税人新安置的残疾人从签订劳动合同并缴纳社会保险的次月起计算，其他职工从录用的次月起计算；安置的残疾人和其他职工减少的，从减少当月计算。

第十一条　主管税务机关应于每年2月底之前，在其网站或办税服务厅，将本地区上一年度享受安置残疾人增值税优惠政策的纳税人信息，按下列项目予以公示：纳税人名称、纳税人识别号、法人代表、计算退税的残疾人职工人次等。

第十二条　享受促进残疾人就业增值税优惠政策的纳税人，对能证明或印证符合政策规定条件的相关材料负有留存备查义务。纳税人在税务机关后续管理中不能提供相关材料的，不得继续享受优惠政策。税务机关应追缴其相应纳税期内已享受的增值税退税，并依照税收征管法及其实施细则的有关规定处理。

第十三条　各地税务机关要加强税收优惠政策落实情况的后续管理，对纳税人进行定期或不定期检查。检查发现纳税人不符合财税〔2016〕52号文件规定的,按有关规定予以处理。

第十四条 本办法实施前已办理税收优惠资格备案的纳税人,主管税务机关应检查其已备案资料是否满足本办法第三条规定,残疾人信息是否已按第四条规定录入信息系统,如有缺失,应要求纳税人补充报送备案资料,补录信息。

第十五条 各省、自治区、直辖市和计划单列市国家税务局,应定期或不定期在征管系统中对残疾人信息进行比对,发现异常的,按相关规定处理。

第十六条 本办法自2016年5月1日起施行。

附件: 安置残疾人纳税人申请增值税退税声明(略)

特殊教育教师专业标准(试行)

(2015年8月21日 教师〔2015〕7号)

为促进特殊教育教师专业发展,建设高素质特殊教育教师队伍,根据《中华人民共和国义务教育法》《中华人民共和国教师法》《中华人民共和国残疾人保障法》《残疾人教育条例》,特制定本标准。

特殊教育教师是指在特殊教育学校、普通中小学幼儿园及其他机构中专门对残疾学生履行教育教学职责的专业人员,要经过严格的培养与培训,具有良好的职业道德,掌握系统的专业知识和专业技能。本标准是国家对合格特殊教育教师的基本专业要求,是特殊教育教师实施教育教学行为的基本规范,是引领特殊教育教师专业发展的基本准则,是特殊教育教师培养、准入、培训、考核等工作的重要依据。

一、基本理念

（一）师德为先

热爱特殊教育事业，具有职业理想，践行社会主义核心价值观，履行教师职业道德规范，依法执教。具有人道主义精神，关爱残疾学生（以下简称学生），尊重学生人格，富有爱心、责任心、耐心、细心和恒心；为人师表，教书育人，自尊自律，公平公正，以人格魅力和学识魅力教育感染学生，做学生健康成长的指导者和引路人。

（二）学生为本

尊重学生权益，以学生为主体，充分调动和发挥学生的主动性；遵循学生的身心发展特点和特殊教育教学规律，为每一位学生提供合适的教育，最大限度地开发潜能、补偿缺陷，促进学生全面发展，为学生更好地适应社会和融入社会奠定基础。

（三）能力为重

将学科知识、特殊教育理论与实践有机结合，突出特殊教育实践能力；研究学生，遵循学生成长规律，因材施教，提升特殊教育教学的专业化水平；坚持实践、反思、再实践、再反思，不断提高专业能力。

（四）终身学习

学习先进的教育理论，了解国内外特殊教育改革与发展的经验和做法；优化知识结构，提高文化素养；具有终身学习与持续发展的意识和能力，做终身学习的典范。

二、基本内容

维度	领域	基本要求
专业理念与师德	职业理解与认识	1. 贯彻党和国家教育方针政策，遵守教育法律法规。 2. 理解特殊教育工作的意义，热爱特殊教育事业，具有职业理想和敬业精神。 3. 认同特殊教育教师职业的专业性、独特性和复杂性，注重自身专业发展。 4. 具有良好的职业道德修养和人道主义精神，为人师表。 5. 具有良好的团队合作精神，积极开展协作交流。
	对学生的态度与行为	6. 关爱学生，将保护学生生命安全放在首位，重视学生的身心健康发展。 7. 平等对待每一位学生，尊重学生人格尊严，维护学生合法权益。不歧视、讽刺、挖苦学生，不体罚或变相体罚学生。 8. 理解残疾是人类多样性的一种表现，尊重个体差异，主动了解和满足学生身心发展的特殊需要。 9. 引导学生正确认识和对待残疾，自尊自信、自强自立。 10. 对学生始终抱有积极的期望，坚信每一位学生都能成功，积极创造条件，促进学生健康快乐成长。
	教育教学的态度与行为	11. 树立德育为先、育人为本、能力为重的理念，将学生的品德养成、知识学习与能力发展相结合，潜能开发与缺陷补偿相结合，提高学生的综合素质。 12. 尊重特殊教育规律和学生身心发展特点，为每一位学生提供合适的教育。 13. 激发并保护学生的好奇心和自信心，引导学生体验学习乐趣，培养学生的动手能力和探究精神。 14. 重视生活经验在学生成长中的作用，注重教育教学、康复训练与生活实践的整合。 15. 重视学校与家庭、社区的合作，综合利用各种资源。 16. 尊重和发挥好少先队、共青团组织的教育引导作用。
	个人修养与行为	17. 富有爱心、责任心、耐心、细心和恒心。 18. 乐观向上、热情开朗、有亲和力。 19. 具有良好的耐挫力，善于自我调适，保持平和心态。 20. 勤于学习，积极实践，不断进取。 21. 衣着整洁得体，语言规范健康，举止文明礼貌。

续表

维度	领域	基本要求
专业知识	学生发展知识	22. 了解关于学生生存、发展和保护的有关法律法规及政策。 23. 了解学生身心发展的特殊性与普遍性规律，掌握学生残疾类型、原因、程度、发展水平、发展速度等方面的个体差异及教育的策略和方法。 24. 了解对学生进行青春期教育的知识和方法。 25. 掌握针对学生可能出现的各种侵犯与伤害行为、意外事故和危险情况下的危机干预、安全防护与救助的基本知识与方法。 26. 了解学生安置和不同教育阶段衔接的知识，掌握帮助学生顺利过渡的方法。
	学科知识	27. 掌握所教学科知识体系的基本内容、基本思想和方法。 28. 了解所教学科与其他学科及社会生活的联系。
	教育教学知识	29. 掌握特殊教育教学基本理论，了解康复训练的基本知识与方法。 30. 掌握特殊教育评估的知识与方法。 31. 掌握学生品德心理和教学心理的基本原理和方法。 32. 掌握所教学科的课程标准以及基于标准的教学调整策略与方法。 33. 掌握在学科教学中整合情感态度、社会交往与生活技能的策略与方法。 34. 了解学生语言发展的特点，熟悉促进学生语言发展、沟通交流的策略与方法。
	通识性知识	35. 具有相应的自然科学和人文社会科学知识。 36. 了解教育事业和残疾人事业发展的基本情况。 37. 具有相应的艺术欣赏与表现知识。 38. 具有适应教育内容、教学手段和方法现代化的信息技术知识。
专业能力	环境创设与利用	39. 创设安全、平等、适宜、全纳的学习环境，支持和促进学生的学习和发展。 40. 建立良好的师生关系，帮助学生建立良好的同伴关系。 41. 有效运用班级和课堂教学管理策略，建立班级秩序与规则，创设良好的班级氛围。 42. 合理利用资源，为学生提供和制作适合的教具、辅具和学习材料，支持学生有效学习。 43. 运用积极行为支持等不同管理策略，妥善预防、干预学生的问题行为。

续表

维度	领域	基本要求
专业能力	教育教学设计	44. 运用合适的评估工具和评估方法,综合评估学生的特殊教育需要。 45. 根据教育评估结果和课程内容,制订学生个别化教育计划。 46. 根据课程和学生身心特点,合理地调整教学目标和教学内容,编写个别化教学活动方案。 47. 合理设计主题鲜明、丰富多彩的班级、少先队和共青团等群团活动。
	组织与实施	48. 根据学生已有的知识和经验,创设适宜的学习环境和氛围,激发学生学习的兴趣和积极性。 49. 根据学生的特殊需要,选择合适的教学策略与方法,有效实施教学。 50. 运用课程统整策略,整合多学科、多领域的知识与技能。 51. 合理安排每日活动,促进教育教学、康复训练与生活实践紧密结合。 52. 整合应用现代教育技术及辅助技术,支持学生的学习。 53. 协助相关专业人员,对学生进行必要的康复训练。 54. 积极为学生提供必要的生涯规划和职业指导教育,培养学生的职业技能和就业能力。 55. 正确使用普通话和国家推行的盲文、手语进行教学,规范书写钢笔字、粉笔字、毛笔字。 56. 妥善应对突发事件。
	激励与评价	57. 对学生日常表现进行观察与判断,及时发现和赏识每一位学生的点滴进步。 58. 灵活运用多元评价方法和调整策略,多视角、全过程评价学生的发展情况。 59. 引导学生进行积极的自我评价。 60. 利用评价结果,及时调整和改进教育教学工作。
	沟通与合作	61. 运用恰当的沟通策略和辅助技术进行有效沟通,促进学生参与、互动与合作。 62. 与家长进行有效沟通合作,开展教育咨询、送教上门等服务。 63. 与同事及其他专业人员合作交流,分享经验和资源,共同发展。 64. 与普通教育工作者合作,指导、实施随班就读工作。 65. 协助学校与社区建立良好的合作互助关系,促进学生的社区融合。
	反思与发展	66. 主动收集分析特殊教育相关信息,不断进行反思,改进教育教学工作。 67. 针对特殊教育教学工作中的现实需要与问题,进行教育教学研究,积极开展教学改革。 68. 结合特殊教育事业发展需要,制定专业发展规划,积极参加专业培训,不断提高自身专业素质。

三、实施意见

（一）各级教育行政部门要将本标准作为特殊教育教师队伍建设的基本依据。根据特殊教育改革发展的需要，充分发挥本标准的引领和导向作用，深化教师教育改革，建立教师教育质量保障体系，不断提高特殊教育教师培养培训质量。制定特殊教育教师专业证书制度和准入标准，严把教师入口关；制定特殊教育教师聘任（聘用）、考核、退出等管理制度，保障教师合法权益，形成科学有效的特殊教育教师队伍管理和督导机制。

（二）开展特殊教育教师教育的院校要将本标准作为特殊教育教师培养培训的主要依据。重视特殊教育教师职业特点，加强特殊教育学科和专业建设。完善特殊教育教师培养培训方案，科学设置教师教育课程，改革教育教学方式；重视特殊教育教师职业道德教育，重视社会实践和教育实习；加强特殊教育师资队伍建设，建立科学的质量评价制度。

（三）实施特殊教育的学校（机构）要将本标准作为教师管理的重要依据。制订特殊教育教师专业发展规划，注重教师职业理想与职业道德教育，增强教师教书育人的责任感与使命感；开展校本研修，促进教师专业发展；完善教师岗位职责和考核评价制度，健全特殊教育教师绩效管理机制。

（四）特殊教育教师要将本标准作为自身专业发展的基本依据。制定自我专业发展规划，爱岗敬业，增强专业发展自觉性；大胆开展教育教学实践，不断创新；积极进行自我评价，主动参加教师培训和自主研修，逐步提升专业发展水平。

残疾人就业保障金征收使用管理办法

(2015年9月9日　财税〔2015〕72号)

第一章　总　　则

第一条　为了规范残疾人就业保障金（以下简称保障金）征收使用管理，促进残疾人就业，根据《残疾人保障法》、《残疾人就业条例》的规定，制定本办法。

第二条　保障金是为保障残疾人权益，由未按规定安排残疾人就业的机关、团体、企业、事业单位和民办非企业单位（以下简称用人单位）缴纳的资金。

第三条　保障金的征收、使用和管理，适用本办法。

第四条　本办法所称残疾人，是指持有《中华人民共和国残疾人证》上注明属于视力残疾、听力残疾、言语残疾、肢体残疾、智力残疾、精神残疾和多重残疾的人员，或者持有《中华人民共和国残疾军人证》（1至8级）的人员。

第五条　保障金的征收、使用和管理应当接受财政部门的监督检查和审计机关的审计监督。

第二章　征收缴库

第六条　用人单位安排残疾人就业的比例不得低于本单位在职职工总数的1.5%。具体比例由各省、自治区、直辖市人民政府根据本地区的实际情况规定。

用人单位安排残疾人就业达不到其所在地省、自治区、直辖市人民政府规定比例的，应当缴纳保障金。

第七条　用人单位将残疾人录用为在编人员或依法与就业年龄段内的残疾人签订1年以上（含1年）劳动合同（服务协议），且实际支付的工资不低于当地最低工资标准，并足额缴纳社会保险费的，方可计入用人单位所安排的残疾人就业人数。

用人单位安排1名持有《中华人民共和国残疾人证》（1至2级）或《中华人民共和国残疾军人证》（1至3级）的人员就业的，按照安排2名残疾人就业计算。

用人单位跨地区招用残疾人的，应当计入所安排的残疾人就业人数。

第八条　保障金按上年用人单位安排残疾人就业未达到规定比例的差额人数和本单位在职职工年平均工资之积计算缴纳。计算公式如下：

保障金年缴纳额＝（上年用人单位在职职工人数×所在地省、自治区、直辖市人民政府规定的安排残疾人就业比例－上年用人单位实际安排的残疾人就业人数）×上年用人单位在职职工年平均工资。

用人单位在职职工，是指用人单位在编人员或依法与用人单位签订1年以上（含1年）劳动合同（服务协议）的人员。季节性用工应当折算为年平均用工人数。以劳务派遣用工的，计入派遣单位在职职工人数。

用人单位安排残疾人就业未达到规定比例的差额人数，以公式计算结果为准，可以不是整数。

上年用人单位在职职工年平均工资，按用人单位上年在职职工工资总额除以用人单位在职职工人数计算。

第九条　保障金由用人单位所在地的地方税务局负责征收。没有分设地方税务局的地方，由国家税务局负责征收。

有关省、自治区、直辖市对保障金征收机关另有规定的，按其规定执行。

第十条 保障金一般按月缴纳。

用人单位应按规定时限向保障金征收机关申报缴纳保障金。在申报时，应提供本单位在职职工人数、实际安排残疾人就业人数、在职职工年平均工资等信息，并保证信息的真实性和完整性。

第十一条 保障金征收机关应当定期对用人单位进行检查。发现用人单位申报不实、少缴纳保障金的，征收机关应当催报并追缴保障金。

第十二条 残疾人就业服务机构应当配合保障金征收机关做好保障金征收工作。

用人单位应按规定时限如实向残疾人就业服务机构申报上年本单位安排的残疾人就业人数。未在规定时限申报的，视为未安排残疾人就业。

残疾人就业服务机构进行审核后，确定用人单位实际安排的残疾人就业人数，并及时提供给保障金征收机关。

第十三条 保障金征收机关征收保障金时，应当向用人单位开具省级财政部门统一印制的票据或税收票证。

第十四条 保障金全额缴入地方国库。

地方各级人民政府之间保障金的分配比例，由各省、自治区、直辖市财政部门商残疾人联合会确定。

具体缴库办法按照省级财政部门的规定执行。

第十五条 保障金由税务机关负责征收的，应积极采取财税库银税收收入电子缴库横向联网方式征缴保障金。

第十六条 自工商登记注册之日起3年内，对安排残疾人就业未达到规定比例、在职职工总数20人以下（含20人）的小微企业，免征保障金。

第十七条 用人单位遇不可抗力自然灾害或其他突发事件遭受重大直接经济损失，可以申请减免或者缓缴保障金。具体办法由各省、自治区、直辖市财政部门规定。

用人单位申请减免保障金的最高限额不得超过1年的保障金应缴额，申请缓缴保障金的最长期限不得超过6个月。

批准减免或者缓缴保障金的用人单位名单，应当每年公告一次。公告内容应当包括批准机关、批准文号、批准减免或缓缴保障金的主要理由等。

第十八条 保障金征收机关应当严格按规定的范围、标准和时限要求征收保障金，确保保障金及时、足额征缴到位。

第十九条 任何单位和个人均不得违反本办法规定，擅自减免或缓征保障金，不得自行改变保障金的征收对象、范围和标准。

第二十条 各地应当建立用人单位按比例安排残疾人就业及缴纳保障金公示制度。

残疾人联合会应当每年向社会公布本地区用人单位应安排残疾人就业人数、实际安排残疾人就业人数和未按规定安排残疾人就业人数。

保障金征收机关应当定期向社会公布本地区用人单位缴纳保障金情况。

第三章 使用管理

第二十一条 保障金纳入地方一般公共预算统筹安排，主要用于支持残疾人就业和保障残疾人生活。支持方向包括：

（一）残疾人职业培训、职业教育和职业康复支出。

（二）残疾人就业服务机构提供残疾人就业服务和组织职业技

能竞赛（含展能活动）支出。补贴用人单位安排残疾人就业所需设施设备购置、改造和支持性服务费用。补贴辅助性就业机构建设和运行费用。

（三）残疾人从事个体经营、自主创业、灵活就业的经营场所租赁、启动资金、设施设备购置补贴和小额贷款贴息。各种形式就业残疾人的社会保险缴费补贴和用人单位岗位补贴。扶持农村残疾人从事种植、养殖、手工业及其他形式生产劳动。

（四）奖励超比例安排残疾人就业的用人单位，以及为安排残疾人就业做出显著成绩的单位或个人。

（五）对从事公益性岗位就业、辅助性就业、灵活就业，收入达不到当地最低工资标准、生活确有困难的残疾人的救济补助。

（六）经地方人民政府及其财政部门批准用于促进残疾人就业和保障困难残疾人、重度残疾人生活等其他支出。

第二十二条　地方各级残疾人联合会所属残疾人就业服务机构的正常经费开支，由地方同级财政预算统筹安排。

第二十三条　各地要积极推行政府购买服务，按照政府采购法律制度规定选择符合要求的公办、民办等各类就业服务机构，承接残疾人职业培训、职业教育、职业康复、就业服务和就业援助等工作。

第二十四条　地方各级残疾人联合会、财政部门应当每年向社会公布保障金用于支持残疾人就业和保障残疾人生活支出情况，接受社会监督。

第四章　法律责任

第二十五条　单位和个人违反本办法规定，有下列情形之一的，依照《财政违法行为处罚处分条例》和《违反行政事业性收费和罚没收入收支两条线管理规定行政处分暂行规定》等国家有关规定追究法律责任；涉嫌犯罪的，依法移送司法机关处理：

（一）擅自减免保障金或者改变保障金征收范围、对象和标准的；

（二）隐瞒、坐支应当上缴的保障金的；

（三）滞留、截留、挪用应当上缴的保障金的；

（四）不按照规定的预算级次、预算科目将保障金缴入国库的；

（五）违反规定使用保障金的；

（六）其他违反国家财政收入管理规定的行为。

第二十六条 用人单位未按规定缴纳保障金的，按照《残疾人就业条例》的规定，由保障金征收机关提交财政部门，由财政部门予以警告，责令限期缴纳；逾期仍不缴纳的，除补缴欠缴数额外，还应当自欠缴之日起，按日加收5‰的滞纳金。滞纳金按照保障金入库预算级次缴入国库。

第二十七条 保障金征收、使用管理有关部门的工作人员违反本办法规定，在保障金征收和使用管理工作中滥用职权、玩忽职守、徇私舞弊的，依法给予处分；涉嫌犯罪的，依法移送司法机关。

第五章 附 则

第二十八条 各省、自治区、直辖市财政部门会同税务部门、残疾人联合会根据本办法制定具体实施办法，并报财政部、国家税务总局、中国残疾人联合会备案。

第二十九条 本办法由财政部会同国家税务总局、中国残疾人联合会负责解释。

第三十条 本办法自2015年10月1日起施行。《财政部关于发布〈残疾人就业保障金管理暂行规定〉的通知》（财综字〔1995〕5号）及其他与本办法不符的规定同时废止。

住房和城乡建设部、民政部、财政部、中国残疾人联合会、全国老龄工作委员会办公室等部门关于加强老年人家庭及居住区公共设施无障碍改造工作的通知

(2014年7月8日)

各省、自治区住房城乡建设厅、民政厅、财政厅、残联、老龄办，直辖市建委（建交委）、规划委、民政局、财政局、残联、老龄办，新疆生产建设兵团建设局、民政局、财务局、残联、老龄办：

为贯彻落实《国务院关于加快发展养老服务业的若干意见》（国发〔2013〕35号，以下简称《意见》），加强老年人家庭及居住区无障碍设施改造工作，现就有关事项通知如下：

一、提高对老年人家庭及居住区公共设施无障碍改造工作重要性的认识

为老年人提供安全、便利的无障碍设施，是改善民生、为老服务的重要举措，也是完善以居家为基础、社区为依托、机构为支撑的社会养老服务体系的重要工作。各地积极推进无障碍环境建设，促进了老年人家庭和居住区公共设施无障碍改造，无障碍环境有效改善。但与养老服务业发展目标、养老服务需求等还有较大差距。各地住房城乡建设、民政、财政、残联、老龄等主管部门要高度重视，履职尽责，加强配合，认真贯彻落实《意见》提出的"推动

和扶持老年人家庭无障碍设施改造，加快推进坡道、电梯等与老年人日常生活密切相关的公共设施改造"的工作任务。

二、切实推进老年人家庭及居住区公共设施无障碍改造

按照中央和省级人民政府要求，在推进老年人家庭和居住区公共服务设施无障碍改造工作中，要加强业务指导，积极筹措资金；要加强沟通协调，畅通意见反馈渠道。无障碍改造方案应征求受助家庭和相关居民意见。

（一）老年人家庭无障碍改造

各地住房城乡建设主管部门要会同民政、财政、残联、老龄等主管部门制定年度老年人家庭无障碍改造计划，明确目标任务、工作进度、质量标准和检查验收要求，并对改造完成情况进行汇总。老年人家庭无障碍改造应体现个性化需求，并重点解决居家生活基本需要。年度改造计划制定应遵循公平、公正、公开原则，优先安排贫困、病残、高龄、独居、空巢、失能等特殊困难老年人家庭。

对纳入年度改造计划的贫困老年人家庭，县级以上地方人民政府可以给予适当补助，由民政主管部门会同财政主管部门确定资金补助标准，并明确资金监管要求，财政主管部门要对补助资金使用进行审核和监管。

各地民政、老龄主管部门要明确老年人家庭无障碍改造的申请条件、审核、公示、监管、用户反馈等工作程序以及实施要求，对拟纳入年度改造计划的老年人家庭情况进行复核。

各地残联要积极推进贫困残疾老年人家庭无障碍改造工作，并将改造完成情况纳入当地老年人家庭无障碍改造统计范围。

（二）居住区公共设施无障碍改造

各地住房城乡建设主管部门要会同民政、财政、残联、老龄等主管部门，制定年度居住区公共设施无障碍改造计划，明确责任单位、目标任务、工作进度、质量标准和检查验收要求，并对改造完成情况进行汇总。居住区公共设施无障碍改造计划可结合老（旧）居住（小）区整治、棚户区改造、建筑抗震加固等专项工作以及创建无障碍环境市县工作统筹安排。

居住区公共设施无障碍改造应严格执行无障碍设施建设相关标准规范，提高无障碍设施安全性和系统性，重点推进居住区缘石坡道、轮椅坡道、人行通道，以及建筑公共出入口、公共走道、地面、楼梯、电梯候梯厅及轿厢等设施和部位的无障碍改造。

居住区公共设施无障碍改造资金应列入地方政府财政预算，由民政主管部门会同财政主管部门确定资金补助标准，并明确资金监管要求，财政主管部门要对补助资金使用进行审核和监管。

三、加强老年人家庭及居住区公共设施无障碍改造标准规范宣贯培训和咨询服务

各地住房城乡建设主管部门要组织开展无障碍设施建设有关标准规范宣贯培训，从2014年起，将无障碍设施建设有关标准规范纳入相关专业注册执业人员继续教育培训内容，提高从业人员掌握标准和执行标准的能力；督促承担老年人家庭和居住区公共设施无障碍改造的单位与人员严格执行《无障碍设计规范》、《无障碍设施施工验收及维护规范》等工程建设标准，并参照《无障碍建设指南》和《家庭无障碍建设指南》的要求，提高设施无障碍改造的实效。

各地住房城乡建设主管部门要组织有关单位或组建技术指导组，为老年人家庭和居住区公共设施无障碍改造提供技术指导、咨询和服务；可根据当地实际和工作需要，制定老年家庭和居住区公共设施无障碍改造地方标准。

四、开展老年人家庭及居住区公共设施无障碍改造情况监督检查

各地住房城乡建设主管部门要会同民政、财政、残联和老龄等主管部门，每年应至少开展一次老年人家庭和居住区公共设施无障碍改造情况全面监督检查。监督检查主要内容包括：年度改造计划执行情况、工程质量和标准实施情况、补助资金使用情况等。

住房城乡建设部将适时会同民政部、财政部、中国残联、全国老龄办，对各地老年人家庭和居住区公共设施无障碍改造情况进行抽查检查。

五、加强老年人家庭及居住区公共设施无障碍改造工作协作和宣传

各地住房城乡建设主管部门要加强与民政、财政、残联、老龄等主管部门沟通协调和工作协作，建立健全相关管理制度，并做好无障碍改造情况统计汇总。

各地民政、残联和老龄主管部门要加强老年人家庭和居住区公共设施无障碍改造的宣传，及时反映无障碍设施改造的需求、意见和建议，配合住房城乡建设主管部门做好无障碍设施改造宣贯培训、监督检查等工作，共同营造良好社会氛围。

各地住房城乡建设主管部门应将老年人家庭和居住区公共设施无障碍改造工作进展情况于每季度末、监督检查报告和全年工作总结于每年12月15日前，报送住房城乡建设部标准定额司。

团体规定

辅助器具进校园工程实施方案

(2022年8月9日　中国残疾人联合会　教育部办公厅)

辅助器具是残疾人克服障碍、改善功能、提高独立生活、学习和工作能力的重要手段。为深入贯彻党中央、国务院关于办好特殊教育的决策部署，促进医疗康复和特殊教育融合，为义务教育阶段残疾学生科学提供辅助器具适配及相关服务，提高残疾学生学习生活的便利性和安全性，推动特殊教育高质量发展，特制定本方案。

一、总体要求

（一）指导思想。

以习近平新时代中国特色社会主义思想为指导，全面贯彻党的十九大和十九届历次全会精神，深入落实习近平总书记关于教育事业和残疾人事业重要论述和指示批示精神，坚持以人民为中心的发展思想，牢固树立新发展理念，以适宜融合为目标，以完善特殊教育保障机制为宗旨，进一步提高特殊教育质量，促进残疾学生实现最大限度的发展，为残疾儿童青少年健康成长创造有利条件。

（二）基本原则。

——坚持以人为本。尊重残疾学生意愿，注重全面改善其功能、活动和参与状况，鼓励残疾学生及其家长主动参与辅助器具适配。

——坚持普惠公益。面向所有有需求的残疾学生，结合本地实际，通过实物配发或货币补贴等形式提供基本型辅助器具适配服务。

——坚持安全适用。根据个性化需求，科学评估、合理配置辅助器具，突出结果导向，注重功能补偿、安全适用。

——坚持协调发展。现有的康复服务、辅助器具补贴等相关制度对残疾学生予以重点关注和保障，做好辅助器具适配后的跟踪及后续服务。

（三）工作目标。

到"十四五"末，有需求的义务教育阶段特殊教育学校残疾学生辅助器具适配服务全覆盖。

2022年至2023年8月底，鼓励各省（区、市）选择特殊教育基础扎实、辅助器具适配技术与服务好、组织落实能力强的地区开展试点，积累经验。

2023年9月至2024年底，根据试点工作情况，推进辅助器具适配拓展到所有义务教育阶段特殊教育学校。

2025年，有条件的地区结合实际逐步推广到随班就读和送教上门学生。

二、主要措施和流程

（一）加强政策宣传。各级残联组织会同教育行政部门做好政策宣传和解读，推动辅助器具适配有关政策进校园、进家庭，提高学校、学生、家长对辅具适配服务的认识。

（二）做好需求统计。秋季学期开学一个月内，各相关学校统计残疾学生辅助器具适配需求，特别关注农村地区残疾学生需求，10月底前报县（市、区）教育行政部门，统计审核后汇总形成需求信息清单。

（三）开展科学评估。根据县（市、区）教育行政部门提供的需求信息清单，县级残联安排所属或指定的残疾人辅助器具服务机构，于11月底前进入学校或残疾人家庭，针对残疾学生的身体功能、学习生活环境及对辅具的个性化需求，开展初始评估及复评，形成评估档案。

（四）提供适配服务。残疾人辅助器具服务机构根据评估档案，开展辅具配置、使用训练、回访、辅具维修等工作，确保辅具服务的质量和有效性，提升辅具的使用率。

（五）加强培训指导。各方共同推动以融合教育、辅助器具日常调试等相关知识为主要内容，通过多种形式开展面向特殊教育学校教师、随班就读普通学校教师、残疾学生家长的培训，促进家校合作。

三、工作要求

（一）加强组织领导。各级残联组织和教育行政部门要将"辅助器具进校园"工程纳入年度工作计划，予以推动落实。省级残联组织和教育行政部门要加强组织指导，做好相关工作总结并上报年度工作开展情况。县级残联组织、教育行政部门、辅助器具服务机构、教育装备中心、相关学校各司其职、形成合力，做好需求统计、审核、辅助器具适配、教师和家长培训、必要的无障碍环境改造等工作。

（二）加大经费投入。各地要加大残疾人辅具适配服务投入，相关资源和工作经费优先支持残疾学生辅助器具适配。鼓励有条件的地方实施公益性残疾学生辅助器具适配项目，为家庭经济困难的残疾学生适配大额辅助器具提供补贴。

（三）强化规范服务。承担辅助器具适配服务的机构要将义务教育阶段残疾学生作为重点服务人群，规范做好需求确认、评估、辅助器具选配、训练和服务档案管理、设施无障碍改造等工作。特别要注重对残疾学生的随访和适配效果评价，切实提高残疾学生辅具适配服务质量，保障适配安全与效果。

（四）注重信息安全。工作中要切实保护残疾学生隐私，坚决防止信息泄露。每年12月底前，县级残联联合教育行政部门填写本年度残疾学生辅具适配信息汇总表（见附件1），省级残联康复部门汇总后，填写数据统计表（见附件2），由教育就业部对接省级教育行政部门基础教育处确认，以加密光盘形式同时报送中国残联教育就业部和教育部基础教育司。

（五）做好总结指导。各地教育行政部门要主动协调当地残联组织，加强对"辅助器具进校园"的跟踪指导，做好典型案例和经验的宣传推广，提高医疗康复和特殊教育融合的针对性和有效性，助力推动特殊教育高质量发展。

附件：1."辅助器具进校园"工程实施信息汇总表（略）
2."辅助器具进校园"工程实施情况统计表（略）

关于"十四五"推进困难重度残疾人家庭无障碍改造工作的指导意见

（2021年10月28日　残联发〔2021〕48号）

各省、自治区、直辖市残联、发展改革委、民政厅（局）、财政厅（局）、住房和城乡建设厅（局、委、管委）、乡村振兴局，新疆生产建设兵团残联、发展改革委、民政局、财政局、住房和城乡建设局、乡村振兴局：

对困难重度残疾人家庭进行无障碍改造，是提高残疾人生活质量、解放残疾人家庭劳动力、促进残疾人参与社会生活、共享改革发展成果的一项重要举措。《中华人民共和国国民经济和社会发展第十四个五年规划和2035年远景目标纲要》第五十章第四节"提升残疾人保障和发展能力"提出"支持困难残疾人家庭无障碍设施改造"，"专栏19 社会关爱服务行动"明确"补贴110万户困难重度残疾人家庭无障碍设施改造"。为推进"十四五"困难重度残疾人家庭无障碍改造工作，制定本意见。

一、指导思想

以习近平新时代中国特色社会主义思想为指导，全面贯彻党的十九大和十九届二中、三中、四中、五中全会精神，认真落实习近平总书记关于残疾人事业重要论述、关于无障碍环境建设重要指示精神，坚持以人民为中心的发展思想，立足新发展阶段，贯彻新发展理念，构建新发展格局，坚持问题导向、目标导向、结果导向，着力消除残疾人家庭生活障碍，提高残疾人居住环境和生活品质，助力残疾人全面发展和共同富裕。

二、目标任务

"十四五"期间补贴110万户困难重度残疾人家庭无障碍设施改造，优先安排一户多残、老残一体等特殊困难残疾人家庭，兼顾各类别残疾人需求，扩大残疾人家庭无障碍改造覆盖面。

三、基本原则

（一）聚焦重点，统筹规划。

立足经济发展水平和城乡发展实际，聚焦城乡困难重度残疾人家庭，因地制宜推进改造工作；完成困难重度残疾人家庭无障碍改造任务的，可对其他有需求的残疾人家庭进行无障碍改造。

（二）政府主导，社会参与。

部门加强合作，整合资源，统一部署改造工作，形成政策合力；采取措施调动社会力量参与困难重度残疾人家庭无障碍改造，建立可持续发展长效机制。

（三）保障基本，分类施策。

依据经济发展水平、城乡地域差别，按照保基本、广覆盖的原则，根据各类别残疾人的特点、需求与居住环境，充分尊重残疾人家庭意愿，兼顾共性与个性，不搞一刀切。

（四）精细管理，加强监督。

完善和规范困难重度残疾人家庭无障碍改造、验收等工作流程，确保工作程序规范，改造方案落实落细，改造质量安全可靠，资金使用合规有效。

四、工作措施

（一）科学分解任务。

各地要坚持需求和问题导向，根据当地确定的困难家庭认定标准和办法，对"十四五"困难重度残疾人家庭无障碍改造任务（见附件）做进一步细化分解，编制资金预算，落实改造措施。

（二）纳入党委、政府工作大局。

各地要积极向党委、政府汇报"十四五"困难重度残疾人家庭无障碍改造需求，汇报家庭无障碍改造对于提高残疾人生活质量、促进残疾人共同富裕的重要意义和典型事例，推动将困难重度残疾人家庭无障碍改造纳入党委、政府工作大局，纳入本省（区、市）"十四五"残疾人保障和发展规划及相关规划，纳入党委、政府为民办实事工程等相关行动计划，切实加大改造力度。

（三）分级分类施策。

各地要根据区域经济水平和残疾人类别、程度、特点及需求，科学确定困难重度残疾人家庭无障碍改造内容，完善改造方案，杜绝以简单配发辅助器具代替家庭无障碍改造的情况，有条件的地方可研究丰富本地区改造项目，引入新技术、新材料，增加智能化改造内容；根据地域特点和改造规模，可采取集中改造、个人分散改造并行，通过政府采购法规定的采购方式确定改造承接单位或者发放补贴等多种形式，丰富改造工作模式，确保改造落到实处。

（四）加强工作考核。

各地要切实制定并落实困难重度残疾人家庭无障碍改造实施方案和年度计划；将困难重度残疾人家庭无障碍改造工作纳入各职能部门工作绩效评价和考核体系，加大督促检查力度；按照要求持续开展项目绩效评价，对项目完成时限、资金使用效益、残疾人满意度实施细化量化考核，根据考核结果及时调整项目方案，完善管理制度。

（五）录入汇总数据。

各地民政、住房和城乡建设、残联等部门在开展相关无障碍改造工作时，同步统计实施困难重度残疾人家庭无障碍改造数据，实现部门间数据共享互认。各省级残联要指导地方加强对一线数据库录入人员的培训，明确工作职责，规定完成时限，将"十四五"各渠道支持完成的改造数据一并准确录入、导入中国残联"困难重度残疾人家庭无障碍改造数据库系统"；要建立抽查验收制度，每年随机抽取数据库中的残疾人家庭进行回访和满意度调查，加强对数据库录入情况监督和检查。

五、组织保障

（一）明确责任分工。

发展改革委指导各地切实将困难重度残疾人家庭无障碍改造工作纳入政府规划，并作为重大工程项目予以保障，压实地方责任；民政部门在实施特殊困难老年人家庭适老化改造工作中，与困难重度残疾人家庭无障碍改造工作有效衔接，将特殊困难重度残疾老年人家庭作为重点改造对象之一予以优先支持；财政部门按规定对困难重度残疾人家庭无障碍改造予以支持，加强资金使用监管；住房和城乡建设部门加强家庭无障碍设施建设技术指导，结合推进城镇老旧小区改造和农村危房改造等工作，支持有需求的困难重度残疾人家庭同步实施无障碍改造；乡村振兴部门将困难重度残疾人家庭无障碍改造纳入巩固拓展脱贫攻坚成果同乡村振兴有效衔接工作统筹推进，指导各地在乡村振兴工作中加强困难重度残疾人家庭无障碍改造工作；残联积极向相关部门反映残疾人家庭无障碍改造需求，协调共同推进困难重度残疾人家庭无障碍改造工作。

（二）完善投入机制。

"十四五"困难重度残疾人家庭无障碍改造责任主体是地方人民政府，地方政府统筹落实投入责任；中央财政通过现行渠道给予支持；推动将困难重度残疾人家庭无障碍改造纳入东西部协作、对口支援等帮扶机制；要充分动员发挥红十字会、狮子会、慈善协会、相关基金会等作用，出台政策鼓励和引导社会力量，倡导爱心企业、社会组织通过捐款捐赠、志愿服务、设立基金等多种参与方式，对困难重度残疾人家庭无障碍改造工作予以支持；发挥社区居（村）委会或居民自治组织作用，通过鼓励居民捐资捐物、组织党员开展帮扶等多种形式筹资落实改造任务。

（三）加大宣传力度。

各地要通过多种途径广泛宣传开展困难重度残疾人家庭无障碍改造工作的意义，宣传残疾人的特殊困难和需求，宣传家庭无障碍改造给残疾人生活带来的便利，发挥典型案例的示范效应和带动作用，进一步争取政府、社会等各方力量支持，营造全社会关心支持残疾人事业、帮助残疾人的浓厚氛围。

中国残联、国家发展改革委、民政部、财政部、住房和城乡建设部、国家乡村振兴局将加强调研督导，对年度工作实施情况进行检查，并适时公布各省（区、市）工作实施情况。

附件："十四五"困难重度残疾人家庭无障碍改造任务

附件

"十四五"困难重度残疾人家庭无障碍改造任务（户）

省（区、市）	困难重度残疾人家庭无障碍改造任务
北京市	7819
天津市	16044

续表

省（区、市）	困难重度残疾人家庭无障碍改造任务
河北省	23895
山西省	23288
内蒙古自治区	29391
辽宁省	58330
吉林省	55891
黑龙江省	68881
上海市	19924
江苏省	15758
浙江省	15022
安徽省	68811
福建省	14508
江西省	62412
山东省	20658
河南省	77370
湖北省	80630
湖南省	71451
广东省	37980
广西壮族自治区	51766
海南省	6839
重庆市	33974
四川省	74956
贵州省	32030
云南省	41178
西藏自治区	1232
陕西省	46829
甘肃省	31786
青海省	7480
宁夏回族自治区	9777

续表

省（区、市）	困难重度残疾人家庭无障碍改造任务
新疆维吾尔自治区	19930
新疆生产建设兵团	8098
总计	1133938

机关、事业单位、国有企业带头安排残疾人就业办法

（2021年10月27日 残联发〔2021〕51号）

第一章 总 则

第一条 【依据】 为促进机关、事业单位、国有企业带头安排残疾人就业，根据《中华人民共和国公务员法》、《中华人民共和国残疾人保障法》、《事业单位人事管理条例》、《残疾人就业条例》、《无障碍环境建设条例》以及国家相关规定，制定本办法。

第二条 【适用范围】 本办法适用于机关、事业单位、国有企业通过公开录用、遴选、选调、公开招聘等方法安排残疾人担任公务员、工作人员或职工。

第三条 【对用人单位的要求】 机关、事业单位、国有企业应当积极采取措施，按比例安排残疾人就业，依法办理入职手续或签订劳动（聘用）合同；安排残疾人就业未达到规定比例的，应当依法采取缴纳残疾人就业保障金等其他方式履行法定义务。

第四条 【合理便利】 国家或招录（聘）机关（单位）举办的各类录用、遴选、选调、招聘、职业资格考试（包括笔试、面试

等），有残疾人参加的，应当采取适当措施，为残疾人提供必要支持条件与合理便利。

机关、事业单位、国有企业应当对就业场所进行无障碍环境改造，为残疾人就业创造必要的劳动保障条件。

第五条　【"十四五"规划目标】到2025年，安排残疾人就业未达到规定比例的省级、地市级编制50人（含）以上的党政机关至少安排1名残疾人，编制67人（含）以上的事业单位（中小学、幼儿园除外）至少安排1名残疾人就业。县级及以上残联机关干部队伍中要有15%以上的残疾人。

安排残疾人就业未达到规定比例的国有企业应当根据行业特点，积极开发适合残疾人就业的岗位，安排残疾人就业。

第六条　【原则性要求】在坚持具有正常履行职责的身体条件的前提下，对残疾人能够胜任的职位、岗位，在同等条件下优先录（聘）用残疾人。

第二章　安排计划与招考（聘）公告

第七条　【招录公告】机关、事业单位、国有企业制定的招录（聘）计划，公务员主管部门、事业单位及其主管部门、事业单位人事综合管理部门制定、发布的招考招聘公告，除特殊职位、岗位外，不得设置限制残疾人报考的资格条件。

限制残疾人报考的特殊职位、岗位，公务员主管部门、事业单位人事综合管理部门、国有资产监督管理部门应会同同级残联予以充分论证后发布。

第八条　【安排计划的拟定】符合本办法第五条规定的机关、事业单位未安排残疾人就业的，应当拟定一定期限内达到招录（聘）残疾人规定的具体计划，采取专设职位、岗位面向残疾人招录（聘）

等措施，多渠道、多形式安排残疾人，确保按时完成规定目标。

国有企业安排残疾人就业未达到规定比例的，在有适合岗位的情况下，应当在招聘计划中单列一定数量的岗位，根据规定的原则和程序定向招聘符合要求的残疾人。

第九条 【定向招录】机关、事业单位、国有企业专设残疾人职位、岗位招录（聘）时，公务员主管部门、事业单位人事综合管理部门、国有资产监督管理部门可以给予适当放宽开考比例、年龄、户籍等倾斜政策。

第十条 【安排计划的落实】机关、事业单位招录（聘）残疾人就业的计划按有关规定报送主管部门。未能按招录（聘）计划及时安排残疾人就业的，应当及时提出新的招录（聘）计划。

第三章 考　　试

第十一条 【合理便利申请】残疾人参加招录（聘）、职业资格考试（包括笔试、面试等），确需安排无障碍考场，提供特殊辅助工具，采用大字试卷、盲文试卷、电子试卷或由专门工作人员予以协助等合理便利的，经残疾人本人申请，由考试主管或组织单位会同同级残联审核确认，各级残联应当协助考试组织单位提供技术和人员支持。

第十二条 【能力测评的特殊规定】机关、事业单位、国有企业专设职位、岗位招录（聘）残疾人的，可以采取适合的考试方法进行测评。

第四章 体检与考察

第十三条 【体检标准的制定】省级及以下机关、事业单位面向残疾人招录（聘）的职位、岗位体检条件由省级公务员主管部门、事业单位人事综合管理部门会同同级有关部门确定。残疾人进入机关、事业单位、国有企业就业，需要职业资格证书的，不得额外增加与职位、岗位要求无关的身体条件要求。

第十四条　【体检信息填报】残疾人有权保护个人隐私，机关、事业单位、国有企业在审核报考人信息时，不得以残疾本身作为是否健康的依据。除明确要求外，不得以残疾人未主动说明残疾状况作为拒绝录（聘）用的理由。

第十五条　【考察】招录（聘）机关（单位）按照有关规定对专项职位、岗位招录（聘）的残疾人报考资格进行复审时，分别由同级残联、退役军人事务部门协助核验残疾人证、残疾军人证信息是否真实、准确。

第五章　公示与监督

第十六条　【招录公示与录用】机关、事业单位、国有企业面向残疾人招录（聘）的，按有关规定进行公示后，除规定不得录（聘）用的情形和发现有其他影响录（聘）用问题外，不得拒绝录（聘）用。

第十七条　【按比例就业公示】公务员主管部门、事业单位人事综合管理部门、国有资产监督管理部门应当按照有关规定协助开展机关、事业单位、国有企业安排残疾人就业情况定期公示工作。

第十八条　【按比例就业年审提供情况】公务员主管部门、事业单位主管部门每年应当向同级政府残工委办公室提供当年录（聘）用残疾人情况，按照残疾人按比例就业年审工作相关要求，协助开展相关数据查询、比对、核实等工作。

253

第十九条 【残联责任】各级残联应当为机关、事业单位、国有企业招录（聘）残疾人在面试、体检、岗前培训、无障碍沟通等方面提供帮助和服务，向国有企业介绍和推荐适合人选，帮助其开发适合残疾人的岗位。

第二十条 【用人单位责任】机关、事业单位、国有企业未按比例安排残疾人就业，且未采取缴纳残疾人就业保障金等其它方式履行法定义务的，不能参评先进单位，其主要负责同志不能参评先进个人。

第二十一条 【国有企业责任】国有企业应当将安排残疾人就业情况纳入企业社会责任报告予以披露。

第二十二条 【个人责任】面向残疾人招录（聘）的职位、岗位，报考或申请人在报名时提供虚假残疾信息或证件（证明）的，一经查实，取消其报考及录（聘）用资格。

第二十三条 【救济】机关、事业单位、国有企业以不具备正常履职身体条件为由，拒绝招录（聘）进入体检环节的残疾人的，应当向主管部门、人事综合管理部门进行充分说明，并将有关情况通报同级残联。经核实残疾人合法权益受到侵犯的，依据有关规定和程序处理。

第六章 附 则

第二十四条 本办法所称机关，是指各级党的机关、人大机关、行政机关、政协机关、监察机关、审判机关、检察机关和各民主党派机关、群团机关；事业单位，是指国家为了社会公益目的，由国家机关举办或者其他组织利用国有资产举办的，从事教育、科技、文化、卫生等活动的社会服务组织；国有企业，是指国有、国有控股和国有资本占主导地位的企业。

第二十五条　本办法由中国残疾人联合会商中共中央组织部、中央机构编制委员会办公室、人力资源和社会保障部、国务院国有资产监督管理委员会等负责解释。

第二十六条　本办法自发布之日起施行。

"十四五"提升残疾人文化服务能力实施方案

(2021年9月1日)

一、背景

"十三五"期间，在党中央、国务院的格外关心、格外关注下，残疾人文化服务得到进一步加强，残疾人文化需求得到进一步满足，平等参与共享公共文化服务的权益得到进一步保障，残疾人文体活动参与率逐年提升。社会主义核心价值观和现代文明社会的残疾人观不断深入人心，扶残助残的社会氛围日益浓厚，人道主义精神广泛弘扬。但是，基层特别是农村的残疾人文化建设相对滞后，文化活动形式和内容不够丰富，参与率不高；残疾人文化艺术人才短缺，文化产业发展不平衡，缺乏有效扶持和保障机制等问题仍然存在，必须采取切实有力、行之有效的措施，不断提升残疾人文化服务能力。

《"十四五"残疾人保障和发展规划》明确把"提升残疾人公共文化服务"、"营造全社会助残和残疾人自强的文明社会氛围"作为重点任务。为在全面建设社会主义现代化国家新征程上，把握新发展阶段、贯彻新发展理念、融入新发展格局，保障残疾人平等享有公共文化服务权益，多层次、多样化提供优秀文化产品和服务，依据《"十四五"残疾人保障和发展规划》，制定本实施方案。

二、任务目标

紧紧围绕统筹"五位一体"总体布局和协调推进"四个全面"战略布局，坚持以社会主义核心价值观为引领，坚定文化自信，坚持守正创新，围绕举旗帜、聚民心、育新人、兴文化、展形象的使命任务，推动残疾人文化工作高质量发展，促进满足残疾人文化需求和增强残疾人精神力量相统一。到2025年，基本形成城乡均衡、便利可及、供给丰富、保障有力的残疾人文化服务体系，建成具有较强传播力、影响力、引导力、公信力，资源集聚、优势互补、上下联动的面向残疾人的媒体矩阵；人道主义精神、"平等·参与·共享"理念更加深入人心；残疾人特殊艺术和文化产业独具特色、彰显魅力、富有活力；基层残疾人文化服务能力明显提升，基本文化需求有效满足，残疾人文化素养和文明素质显著增强。

——进一步建立残疾人公共文化服务网络，公共文化场所和残疾人综合服务设施为残疾人提供文化服务的能力明显提高。

——文化供给质量明显增强，残疾人参与基本公共文化服务及活动需求得到有效满足。

——城乡残疾人普遍参与社区文化生活，走出家门，融入社会，更多的残疾人能够经常性参与文化活动。

——特殊艺术发展整体水平明显提升，残疾人文化产业活力增强，规模不断壮大，文化艺术品牌作用发挥更加明显。

三、主要措施

（一）强化理论武装，推动习近平新时代中国特色社会主义思想入脑入心。

1. 坚持用习近平新时代中国特色社会主义思想统领残疾人宣传文化工作。把深入学习贯彻习近平新时代中国特色社会主义思想、学习宣传习近平总书记关于残疾人事业重要论述作为重大政治任务，在学懂弄通做实上下功夫，持续推动往深里走、往心里走、往实里走,不断增强"四个意识"、坚定"四个自信"、做到"两个维护",为残疾人宣传文化工作高质量发展提供坚强政治保证和思想基础。

2. 推动"学听跟"活动持续开展。推动习近平新时代中国特色社会主义思想入脑入心、落地生根。广泛传播"平等·参与·共享"现代文明理念,用残疾人喜闻乐见的方式、便捷可用的宣传文化产品,把习近平新时代中国特色社会主义思想和习近平总书记关于残疾人事业重要论述讲清楚、讲明白,让残疾人听得懂、能接受,不断筑牢团结奋进新征程的思想基础,团结引领广大残疾人听党话、跟党走。

3. 营造自强和助残的文明社会氛围。坚持以社会主义核心价值观为引领,将扶残助残纳入公民道德建设、文明创建工程和新时代文明实践中心建设,弘扬人道主义精神和扶残助残美德。鼓励残疾人自尊、自信、自强、自立,倡导志愿助残理念,实施助残文明行动,褒扬公益助残行为,营造理解、尊重、关心、帮助残疾人的文明社会氛围。

(二)围绕中心,服务大局,讲好残疾人故事,为残疾人事业发展营造良好氛围。

4. 充分利用"全国助残日"、"国际残疾人日"、"残疾预防日"、"爱耳日"、"爱眼日"等重要节点和残疾人事业重大活动契机,组织开展形式多样主题宣传文化活动,推出一批残疾人自强模范和助残先进的典型报道,动员社会更加关心关爱残疾人,关注支持残疾人事业。

5. 充分发挥已有的残疾人服务、活动场所的作用,通过举办展览展示、组织实地采访等方式开展社会宣传活动,生动展示残疾人事业发展成果、展示广大残疾人自强不息、积极向上的精神风貌。

6. 加大信息发布力度。加强网络宣传阵地建设，有条件的县市残联开设工作网站，开设微信公众号、官方微博和政务客户端并切实发挥其作用，及时宣传本地残疾人事业发展成果，主动引导、主动发声，提升信息服务水平。

7. 积极开展对外宣传。加大与中央外宣媒体、港澳台和海外华文媒体、国际友好媒体的合作力度，加强英文网站、残疾人频道建设，通过组织撰写残疾人事业蓝皮书，刊登专版、专刊、专稿，编印外宣画册、折页等形式，讲好中国残疾人的故事，传播好中国残疾人事业的好声音，提高国际传播能力，树立中国保护残疾人合法权益、发展残疾人事业的良好国际形象。

（三）整合资源，融入发展，加强残疾人事业全媒体传播能力建设。

8. 加强残疾人融媒体平台建设。以中国残联推进传统媒体、新媒体融合发展为契机，整合残联系统宣传文化资源，加快残疾人事业图片资源库和视频资源库等基础设施建设，支持"中国残疾人网"建设，打造中国残联融媒体中心。建设国家、省、市、县四级宣传矩阵，依托网络视听媒体开设残疾人文化宣传专题节目。加强与县级融媒体中心、农家书屋等阵地的融合，聚焦服务基层残疾人群众，提高信息服务水平。

9. 持续办好中央人民广播电台和各级人民广播电台、电视台已有的残疾人专题节目和手语栏目。鼓励电视台、广播电台、网络视听媒体和融媒体中心开设残疾人专题节目。鼓励影视作品、网络视频加配盲人观影音轨、字幕，鼓励有条件的省市级电视台开播国家通用手语和实时字幕栏目。

10. 建立健全网上网下互动衔接的服务平台和工作机制。完善各级残联新闻发言人制度，建立舆情应对机制。组织中央媒体、各地主流媒体记者、专家，定期举办交流研讨、专题培训等活动，重点培训对残疾人事业宣传报道有热情、有经验的百名新闻媒体记者、百名网评员、百名宣传骨干、百名专家的舆论发声队伍。适时举办"四力"培训，不断提升残疾人宣传文化工作服务能力。

11. 加强各级残疾人事业新闻宣传促进会的组织建设。充分发挥残疾人事业新闻宣传促进会的作用，组织开展形式多样的社会宣传和文化活动。组织每两年一次的残疾人事业好新闻评选和各地人民广播电台残疾人专题节目展播活动，开展残疾人事业新闻人物和助残人物推举等宣传品牌活动，制作反映残疾人事业发展的宣传文化产品。

（四）加强残疾人公共文化服务，纳入国家公共文化服务体系。

12. 各级公共图书馆、文化馆（站）、博物馆（纪念馆）、美术馆、非遗展示馆和文物建筑及遗址类博物馆等公共文化设施要有为残疾人提供服务的场地和内容，要免费或优惠向残疾人开放，并提供无障碍服务。各级公共图书馆、文化馆（站）要面向不同残疾类别人群，开展形式多样的个性化差异化文化服务。

13. 国家实施的送戏曲、送电影、送展演、送科普等一系列文化活动，以及在都市商圈、文化园区等区域创新打造的"城市书房"、"文化驿站"等新型文化业态，乡村优秀传统文化活化利用和创新发展、因地制宜建设的文化礼堂、乡村戏台、文化广场、非遗传习场所等主题功能空间，要针对残疾人的特点和特殊需求，提供必要的服务内容和参与条件，让文化助残更有实效、文化惠残更加精准，服务内容更加丰富均等。

14. 扶持有条件的省、市、县三级公共图书馆建立盲人阅览室（区），增加盲文图书和视听文献资源，配备盲文图书及有关阅读设备，为盲人提供盲文读物、有声读物、大字读物、无障碍版本的电影、电视剧等产品，做好盲人阅读服务。扶持全国50个地市级公共图书馆、200个县级公共图书馆的盲人阅览室建设。

15. 持续开展"全国残疾人文化周"、"共享芬芳·共铸美好"、"书香中国·阅读有我"等残疾人群众性文化艺术活动，为基层残疾人参与文化活动搭建平台。鼓励各级残疾人艺术团队深入基层开展公益演出，实施文化进社区、进残疾人家庭"五个一"文化项目，为 10 万户困难、重度残疾人家庭开展读一本书、看一场电影、游一次园、参观一次展览、参加一次文化活动文化服务，把文化送到基层、送到社区、送到残疾人身边。

16. 依托新时代文明实践中心和基层文化设施，增添必要的文化设备，推动基层创建一批残健融合文化服务示范中心（站、点），组织开展形式多样、内容丰富的残疾人文化活动，不断满足残疾人文化需求，增强残疾人精神力量。加强中西部和农村地区重度残疾人文化服务，支持革命老区、民族地区、边疆地区残疾人文化事业加快发展。

17. 持续实施盲人读物出版工程、盲人数字阅读推广工程，重点支持出版 50 种残疾人题材或残疾人作者的图书、音像制品；扶持优秀残疾人作家的作品翻译对外出版；鼓励残疾人题材优秀影片、纪录片、公益广告、网络视听节目制作播出；鼓励电影院线、有线电视提供无障碍影视服务。推动线上无障碍影视作品制作播放。

（五）发展残疾人特殊艺术，培育残疾人文化艺术品牌。

18. 持续扶持 200 家以特殊教育学校为主的残疾人特殊艺术人才培养基地建设，加强残疾人特殊艺术人才和师资培养。

19. 支持中国残疾人艺术团创编精品舞台演出剧目，培育"我的梦"特殊艺术品牌。扶持各类残疾人文化艺术团体建设，鼓励残疾人参与文化艺术创作。举办国际特殊艺术交流活动，开展残疾人文化艺术国际交流，用特殊艺术讲好中国残疾人的故事，向世界展示我国残疾人事业和残疾人特殊艺术发展成就。

20. 举办第十届、第十一届全国残疾人艺术汇演，推出更多反映残疾人奋斗新时代、奋进新征程精神风貌、展现残疾人自强不息精神和陶冶高尚情操的优秀文艺作品，展示残疾人特殊艺术才华，培养特殊艺术人才。支持残疾儿童少年艺术教育，支持开展残疾儿童书法、绘画、朗诵、艺术表演等文化活动，丰富残疾儿童精神文化生活，满足广大残疾儿童对美好生活的向往。

（六）推动残疾人文化产业发展，满足残疾人文化旅游需求。

21. 持续扶持 200 家残疾人文化产业基地建设，制定残疾人文化产业基地规范标准，培训和指导从业残疾人。鼓励残疾人参与文化产业，支持手工制作等残疾妇女就业创业项目。推动残疾人文化产业转型升级，提高质量效益和竞争力。

22. 鼓励残疾人参与文化艺术创作和非物质文化遗产保护传承，扶持一批残疾人非物质文化遗产基地建设和残疾人非遗工匠。举办残疾人文化艺术博览会、非遗产品交流会，鼓励各级各类文化艺术博览会设立残疾人文化艺术展区（专区），鼓励将残疾人非遗基地有机融入旅游产品和线路，展示残疾人特殊文化艺术及非遗成果。

23. 探索建立残疾人文化艺术产品销售平台，不断拓宽销售渠道。鼓励各类产业园区、旅游景区免费或优惠为残疾人文化创业提供必要展示空间，支持残疾人发挥特殊艺术才能，参与文化创业。

24. 各级文化和旅游部门要针对各类残疾人特殊需求，推出更多定制化旅游产品、旅游线路，开发适合残疾人的体验性、互动性强的旅游项目，满足残疾人特殊性、多层次旅游需求。

25. 文化和旅游部门要将无障碍旅游公共服务有关要求纳入相关标准规范，加强残疾人无障碍、便利化旅游设施建设；有条件的博物馆、纪念馆和旅游景区，鼓励运用智能化、大数据、互联网、云计算等现代科技手段，提供移步导读和必要的信息引导、人工帮扶等服务，满足不同类别残疾人共享文化旅游服务需求。

(七）建立健全残疾人文化工作队伍，提高服务水平和能力。

26. 加大培训工作力度，建立自上而下、分级负责的残疾人文化管理人员和残疾人文化艺术指导员培养培训机制。以基层文艺工作者、残疾人工作者、特教学校教师、残疾人亲友为主体，各级残联、文化和旅游部门培养一批热心于残疾人文化服务事业、具备残疾人文化艺术咨询指导能力、项目拓展能力和活动组织能力的基层文化队伍。

四、保障措施

（一）加强组织领导。各级残联及文化和旅游行政部门要进一步落实推进残疾人公共文化服务体系建设的主体责任，加强对残疾人文化工作的指导。各级主管部门要把提升残疾人文化服务能力、繁荣和发展残疾人文化事业纳入工作规划，统筹安排，同步实施。

（二）加大经费投入。各级主管部门要不断加大支持力度，多渠道筹措资金支持残疾人文化艺术和文化产业发展。

（三）强化督导评估。各地要结合本省（区、市）对《"十四五"残疾人保障和发展规划》执行情况的督导评估，及时发现和解决本实施方案执行中的问题。要按照中国残疾人事业统计要求，如实上报统计数据。信息公开形式：主动公开

中国残联办公厅关于做好中国残疾人就业创业网络服务平台推广应用工作的通知

（2018年1月17日）

各省、自治区、直辖市及计划单列市残联，新疆生产建设兵团残联，黑龙江垦区残联：

为深入学习贯彻习近平新时代中国特色社会主义思想和党的十九大精神,扎实推进新时代残疾人事业发展的新部署新要求,落实《残疾人就业促进"十三五"实施方案》和中国残联关于完善和推广残疾人就业创业网络服务平台建设的任务要求,加快推进残疾人就业创业服务信息化建设,加强全方位就业服务,助力残疾人脱贫攻坚和就业创业奔小康,在前期试点的基础上,中国残联决定全面启动中国残疾人就业创业网络服务平台(以下简称平台)的推广应用工作,现将有关要求通知如下:

一、平台概况

平台包括网站端(www.cdpee.org.cn)和移动客户端(APP和微信公众号),服务对象涵盖残疾人、用人单位、就业服务机构和社会助残机构,平台以"功能全面、业务开放、服务精准、管理严格"为原则,汇集各类就业信息并开展动态化管理,将线下服务与线上功能有机结合,实现横向互联、纵向贯通,可为残疾人和用人单位提供职介服务、职业培训、职业能力测评、创业指导、产品展示和政策宣传等服务,平台将成为全国残疾人就业服务的数据中心、资源中心、展示中心和服务中心。

二、工作目标

通过全面推广应用平台,建立残疾人就业大数据,逐步推进残疾人求职和用人单位招聘、残疾人和残疾人企业生产的产品销售、残疾人职业能力软件测评、残疾人职业能力培训发布、残疾人网络就业创业、残疾人就业有关政策查询等服务通过平台实现,残疾人就业服务工作实现线上线下相结合,并为残疾人和用人单位提供全面、便捷、精准和全方位服务,促进残疾人就业创业。

三、工作任务

(一)做好信息处理

1. 数据对接。已有残疾人就业服务信息系统的省份,就业服务机构要积极协调信息中心等有关部门,按照相关数据标准,对照本地数据结构完成接口改造,实现与平台的数据对接。

2. 就业信息。各级残疾人就业服务机构和培训机构要将通过入户采集、服务窗口登记或其他方式掌握的就业年龄段内有就业需求的残疾人简历信息、用人单位信息、岗位招聘信息,职业培训信息等要全部录入平台。

3. 政策新闻。各级残联及就业服务机构要将党政机关、残工委成员单位、残联、残疾人就业服务机构印发的扶持残疾人就业创业的各项法规、规章和规范性文件,促进残疾人就业创业的各类新闻报道及时通过平台发布。

4. 产品信息。各级残疾人就业服务机构要积极帮助有一定生产规模、质量合格、产量稳定、安排就业人数较多的残疾人或集中使用残疾人企业生产的产品纳入平台进行销售。

(二)做好平台应用

1. 审核工作。各级平台管理员要对在平台注册的企业信息、店铺信息和产品信息等进行审核;对在平台报名参加职业培训的残疾人信息进行审核。

2. 职介服务。各级残疾人就业服务机构要通过平台职介服务功能进行人岗匹配,向未就业残疾人进行岗位推荐服务,向招聘企业进行残疾人简历推荐服务,并与线下跟踪服务相结合,提高残疾人求职成功率。

3. 职业能力测评。各级残疾人就业服务机构要根据《关于科学开展残疾人职业能力评估工作的意见》要求,积极引导有条件的听力、言语和肢体残疾人进入平台规范开展职业能力评估与测评。要科学运用测评结果,做好与就业和培训的衔接工作,促进残疾人稳定就业。

4. 数据应用。各级残疾人就业服务机构要以平台数据为依据,通过加强数据分析应用，形成对政策制定、培训项目设立与开展、就业岗位开发与劳动力转移、扶贫项目开发与对接、创业孵化培训与指导、技能人才培养与职业能力提升等方面的科学指导，有针对性地开展各项工作。有条件的省份要建立以大数据为基础的数据显示指挥中心，实现跨层级、跨地域协同管理与服务。

5. 社会化服务。各级残疾人就业服务机构要充分利用平台的社会化就业服务渠道，为残疾人提供远程培训、网络居家就业和产品销售等多种形式的服务，提升残疾人就业技能，拓宽残疾人就业增收渠道。要积极引入社会机构进入平台，为残疾人和用人单位提供更加专业、优质的服务。

（三）做好宣传推广

1. 媒体宣传。各级残联宣文部门要与残疾人就业服务机构积极配合，通过电视、报纸等各类传统新闻媒体，微信、微博等网络新媒体，残联内部刊物、网站等渠道对平台进行广泛宣传，不断扩大平台知名度。各级残联和就业服务机构官网均要设置平台链接。

2. 工作宣传。各级残疾人就业服务机构要常年在残疾人就业服务大厅摆放平台宣传页、展板等宣传物料；要利用按比例就业年审、雇主培训等向用人单位大力推广平台，引导用人单位进入平台；要结合残疾人专场招聘会、就业援助月、职业技能竞赛、职业培训、助残日等活动，通过多种形式向社会广泛宣传。

（四）做好本地化建设

1. 本地化建设。本地化建设是在平台基础上，各级残疾人就业服务机构根据个性化业务及信息化目标搭建的子站系统，子站系统作为平台的一部分，集中展示本地区的服务资讯，就业资源和经办业务，满足残疾人和用人单位获取本地化就业服务的需求。

2. 本地化运营。各级残疾人就业服务机构要以政府购买服务的方式，引入社会资源参与平台及子系统的运营推广工作，通过社会化手段对平台进行内容维护、宣传推广、用户服务等内容，及时响应本地用户的个性化服务需求，使平台能够切实发挥作用，真正起到促进残疾人就业创业的作用。

四、工作要求

（一）统一思想，提供保障

加快建立和推广应用平台是响应党的十九大报告提出的"提供全方位公共就业服务"要求的实际行动，是"十三五"残疾人就业工作的重要内容，也是新形势下残疾人就业服务工作的一项重要任务，是实现残疾人就业服务从被动、传统、粗放向主动、互联网、精准服务转变的重要举措。各地要统一思想，提高认识，制定工作方案，统一部署。各级残疾人就业服务机构作为具体执行部门，残联教就部和宣文部门要积极配合。要以应用推广平台为工作重点，建立稳定的市、县级管理员队伍，并对所有就业服务机构工作人员和基层就业指导员开展培训。要充分发挥残疾人就业保障金等政府就业专项经费作用，提供经费保障，确保各项工作顺利实施。

（二）狠抓落实，督导考核

中国残联将把平台应用推广工作作为考核各地残疾人就业工作的重要指标，并对各地的工作任务完成情况进行年度总结通报。各级残联要将此项工作列为考核就业服务机构目标责任的重要内容，并将其作为考核下级残联就业工作重要指标，建立逐级督导考核机制，确保各项工作落到实处。

（三）提高意识，强化安全

各地要高度重视平台信息安全工作，落实保密责任。加强管理员账号管理，切实提高平台管理员及机构账号使用人员的安全责任意识，加强安全教育与培训，确保平台各项信息数据的安全。

附 录

最高人民法院、中国残疾人联合会
残疾人权益保护十大典型案例（节录）①

......

案例十

王某某诉某康复器具公司侵权责任纠纷案

（一）基本案情

王某某因交通事故手术截肢，向某康复器具公司购买假肢产品。2016年4月25日，双方签署《产品配置单》，约定由某康复器具公司为王某某提供假肢产品，并根据王某某的个人适应性提供修正装配方案以及终生免费调整、保养、维修等专业技术服务。某康复器具公司根据王某某情况先为其装配了临时假肢，王某某支付相应价款8000元。2017年4月18日，王某某因左下肢残端溃烂住院治疗，支付医疗费52725.42元。王某某称其安装假肢后不到十天出现溃疡，向某康复器具公司业务员反映情况，对方称需磨合，慢慢会好，故未及时入院治疗。王某某起诉请求某康复器具公司赔偿其购买假肢费用8000元、医疗费52725.42

---

① 《最高人民法院、中国残疾人联合会残疾人权益保护十大典型案例》，载最高人民法院网站，https：//www.court.gov.cn/zixun/xiangqing/334501.html，2023年7月4日访问。

元、住院伙食补助费 5500 元、营养费 11500 元、护理费 17400 元、交通费 2000 元。

（二）裁判结果

北京市丰台区人民法院经审理认为，某康复器具公司未向王某某提供足够的假肢佩戴指导和跟踪服务，导致王某某在使用假肢的过程中出现残端溃烂的损害后果，应对王某某的损害后果承担侵权责任，遂判决某康复器具公司退还王某某假肢款 8000 元，赔偿王某某医疗费 52725.42 元、住院伙食补助费 5500 元、护理费 11500 元、营养费 5750 元、交通费 500 元。二审中双方调解结案。

（三）典型意义

残疾辅助器具对残疾人生活具有重大影响。残疾辅助器具的质量是否合格，以及能否安全有效地使用，与辅助器具使用人的身体健康和人身、财产权益密切相关。残疾辅助器具产品除了具有物的属性外，还包含服务属性，任何一项属性存在缺陷都有可能对使用者造成损害。本案确立了残疾辅助器具侵权责任纠纷的基本裁判规则，即残疾辅助器具的经营者在向购买人出售产品后，除应保证产品质量合格外，还应根据产品性能及合同约定，为购买人提供装配、调整、使用指导、训练、查访等售后服务，若因服务缺失导致购买人产生人身损害，经营者应根据其过错程度承担相应的侵权责任。

残疾人权益保障检察公益诉讼典型案例（节录）[①]

1. 福建省晋江市人民检察院督促保障残疾人就业行政公益诉讼案

【关键词】

行政公益诉讼诉前程序　促进残疾人就业　盲人医疗按摩　亲清护企

【要旨】

盲人医疗按摩是残疾人就业创业的典范之一。检察机关以保障盲人医疗按摩人员的合法权益、规范盲人医疗按摩活动作为积极稳妥开展残疾人权益保障领域公益诉讼的切入点和着力点，依法能动履职，督促协同相关职能部门主动作为，调动社会各界扶残助残积极性，多渠道、多形式促进残疾人就业创业。

【基本案情】

近年来，晋江市盲人医疗按摩行业蓬勃发展，但行业管理不规范问题突出，存在假借盲人名义进行虚假宣传、违规开展诊疗活动、盲人按摩师劳动权益保障不到位、部分盲人按摩机构未登记注册、经营场所存在安全隐患等情况，侵犯了合规从业盲人的正当权益，损害盲人医疗按摩行业的健康有序发展，侵害社会公共利益。

[①] 《残疾人权益保障检察公益诉讼典型案例》，载最高人民检察院网站，https://www.spp.gov.cn/xwfbh/wsfbt/202205/t20220513_556792.shtml#2，2023年7月10日访问。

【调查和督促履职】

福建省晋江市人民检察院（以下简称晋江市院）在开展无障碍环境建设公益诉讼"回头看"中发现上述线索，遂于2022年4月6日启动行政公益诉讼立案程序。经调查核实，辖区内盲人按摩行业存在以下问题：一是假借盲人名义开办按摩机构问题突出，78家挂"盲人按摩"招牌的机构中，有16家机构没有盲人按摩师，9成以上的盲人非医疗按摩机构违规开展诊疗活动；二是盲人按摩师劳动权益保障缺失，部分机构未与盲人按摩师签订劳动合同，未办理养老保险、医疗保险，未组织进行职业技能培训；三是盲人按摩就业经营场所存在卫生、消防等安全隐患。根据《中华人民共和国劳动法》《盲人医疗按摩管理办法》《医疗机构管理条例实施细则》等相关规定，相关职能部门在就业保障、卫生消防安全、注册登记等方面存在监管缺位。为此，晋江市院向市场监管、卫生健康等部门发出诉前检察建议，督促规范盲人医疗按摩行业，维护从业盲人合法权益。

为了以"我管"促进"都管"，晋江市院联合市残疾人工作委员会，召集相关行政机关、人大代表、政协委员、人民监督员、盲人代表召开诉前圆桌会议，共同研究盲人医疗按摩行业规范化建设方案。会后，相关部门积极履职尽责，残疾人联合会、人力资源社会保障部门为盲人按摩师培训共60人次，新颁盲人按摩师证件19人次，签订或补签劳动合同31份；市场监管、民政部门为20家符合条件的盲人医疗按摩机构进行登记注册；卫生健康、消防部门监督15家营业场所改造设施，消除安全隐患。在检察机关的推动下，晋江市正在积极发挥区域示范作用，带动影响周边地区规范建设盲人医疗按摩机构，为泉州市乃至福建省推进相关医疗、康复、培训等基础设施建设，组建相应医疗管理团队，规范开展培训和继续教育，加快行业标准建设，多渠道开发盲人就业新形态，探索和积累经验。晋江市院还结合监督办案，主动向市人大提出完善盲人医疗按摩管理地方立法的建议，促进盲人医疗按摩行业规范化、品牌化、法治化发展。

在此基础上，晋江市院深化全国检察机关"亲清护企"十佳文化品牌，将盲人按摩就业促进行动拓展为"就业帮扶·平等共享"公益诉讼专项活动。目前已促成"爱心企业"开发504个公益性岗位定向招聘残疾人；搭建晋江市疗养院为辅助性就业平台，已吸纳8名精神残疾人就地就业，12名提交就业意向；助力税务部门年征收残疾人就业保障金7000余万元；与全国首批本科职业学校泉州职业技术大学等职业院校共建，计划每年组织特教学生、残疾人群体学习非遗技艺200人次，免费培训残疾人300名，促进非遗传承、就业创业同步发展，以共商共建共享之举取得双赢多赢共赢之效。

【典型意义】

就业是最大的民生。促进残疾人就业，是残疾人保障和发展的重中之重。检察机关坚持"小切口，大作为"，通过依法扶持和规范盲人医疗按摩行业发展，进而激活政府、企业、社会等各方力量，增设公益性岗位，加大资金投入和保障，为残疾人参加职业技能培训、就业创业提供无障碍支持服务，拓宽残疾人文化艺术、心理卫生等领域就业渠道，促进残疾人就近就便参加生产劳动、进行职业康复、实现社会融合，为残疾人依法享有广泛充分、真实具体、有效管用的人权，让残疾人的获得感、幸福感、安全感更加充实、更有保障、更可持续，贡献了检察力量。

……

3. 浙江省杭州市人民检察院督促落实残疾人驾照体检服务行政公益诉讼系列案

【关键词】

行政公益诉讼诉前程序 残疾人驾照体检 道路交通安全 益心为公检察云

【要旨】

残疾人通过体检获得医疗机构出具有关身体条件的证明，是依法申请或者更换机动车驾驶证的法定条件。检察机关可以依托道路交通安全领域拓展残疾人权益保障公益诉讼，督促卫生健康行政部门落实定点医疗机构为残疾人办理驾照提供体检服务，既保障残疾人参与社会生活和就业的平等权利，也促进防控残疾人无证驾驶等道路交通安全隐患，平衡保护公共利益。

【基本案情】

近年来，为保障残疾人驾车权益，国家相关部委相继印发关于做好残疾人驾驶汽车工作的部门规章，规定右下肢残疾人、双下肢残疾人、单眼视力障碍人士、上肢残疾人驾驶汽车的身体条件，并明确由卫生健康行政部门认定的专门医疗机构为残疾人办理驾照进行体检、出具证明。部分医疗机构未依法依规开展残疾人驾照体检服务，相关职能部门未严格依法履职，致使残疾人难以进行驾照体检，侵害残疾人合法权益，损害社会公共利益。

【调查和督促履职】

2022年2月，"益心为公检察云"平台志愿者、杭州市肢残人汽车专业委员会负责人向浙江省杭州市人民检察院（以下简称杭州市院）反映杭州市某家残疾人驾照体检定点医疗机构长期未开展相关服务。经查，为贯彻执行《机动车驾驶证申领和使用规定》和《右下肢、双下肢残疾人驾驶机动车身体条件规定》《单眼视力障碍、部分上肢残疾人驾驶机动车身体条件规定》，浙江省相关职能部门发布全省残疾人驾照体检定点医疗机构名单，杭州辖区内共计9家医疗机构被确定为定点体检医院，负责对残疾人的视力、坐立能力、徒手握力、手指功能等基本驾车能力进行重点评估并出具身体条件证明。杭州市院充分发挥一体化办案优势，组织全市各区、县（市）检察机关对辖区定点体检医疗机构进行调查核实，并邀请部分公益志愿者参与现场勘查。针对查明的萧山区、临平区、临安区、建德市、桐庐县、淳安县6家定点医疗机构或因不知晓政策而从未开展体检业务，或在开设体检业务后因体检人数较少予以取消，导致有需要的残疾人因体检渠道不畅影响后续驾照申领、换证等权利的公益受损情形，杭州检察机关依据属地管辖分别向辖区卫生健康行政部门发出行政公益诉讼诉前检察建议，督促其依法全面履行监管职责，及时整改违法情形，切实保障残疾人合法权益。

相关职能部门在收到检察建议书后第一时间约谈定点驾照体检医疗机构负责人，6家定点医疗机构及时落实残疾人驾照体检业务，并对外公布通知或通报辖区残疾人联合会。其中，萧山区、临平区、桐庐县、淳安县在医院体验中心增设服务，临安区、建德市定点医疗机构分别在驾驶培训机构和车管所内增设服务，方便残疾人体检。截至2022年4月，已有10余名残疾人在上述定点医疗机构完成驾照体检，依法取得驾驶人身份条件证明。此外，萧山区定点医疗机构还进一步完善体检场所无障碍设施，邀请残疾人现场体验；临安区职能部门组织定点医疗机构开展相关业务培训；淳安县职能部门开通残疾人驾照体检报告网上传递渠道，实现与交警部门办事窗口的实时信息交互，方便残疾人驾照申领、换证。在此基础上，浙江省人民检察院组织全省检察机关开展专项排查，推动残疾人驾照体验工作进一步落实落地。

【典型意义】

保障符合法定条件的残疾人通过体验、办理驾照，体现了对残疾人平等权利和尊严的保护，对于促进残疾人社会融合、促进残疾人就业具有重要意义，也是保障社会公众对残疾人驾驶汽车放心的安全阀。检察机关通过"益心为公检察云"平台，从残疾人群体精准获取案件线索，以专项办案推进系统监督，督促相关职能部门依法履行监管职责，打通有关法律政策落地落实"最后一公里"，促进全域范围内残疾人驾照体检服务无障碍、全覆盖，共同营造为残疾人驾驶汽车提供便利的良好社会氛围。

4. 贵州省罗甸县人民检察院督促保护残疾人盲道安全行政公益诉讼案

【关键词】

行政公益诉讼　残疾人盲道安全　公开听证　溯源治理

【要旨】

针对盲道安全监管不力，残疾人交通安全未得到有效保护的问题，检察机关加强与残疾人联合会的协作配合，向行政机关发出诉前检察建议，全程跟进监督，对整改不到位的依法提起行政公益诉讼，以公开听证协同推进问题整改，推动建立多部门齐抓共管长效工作机制。

【基本案情】

2021年4月，贵州省罗甸县人民检察院（以下简称罗甸县院）在履职中发现，罗甸县城区内东环路、解放中路、河滨路、斛兴路等多个路段上的多处盲道缺失、毁损；拐弯及尽头处未按要求铺设提示砖、盲道与路口衔接处未设置缓坡；部分盲道建设未避开树木、电杆等障碍物；其中两处盲道上还压有配电箱、消防栓等危险物品。盲道建设问题影响了残疾人交通安全，侵害了残疾人合法权益，损害了社会公共利益。

【调查和督促履职】

2021年5月10日，罗甸县院对上述线索依法立案办理，针对辖区内盲道铺设不连续、未避开障碍物、不同砖块混用、被违法占用的问题，全面排查固定证据、查找相关法律法规、厘清盲道监管责任部门职责。罗甸县院认为，根据《中华人民共和国道路交通安全法》《中华人民共和国残疾人保障法》《无障碍环境建设条例》《贵州省残疾人保障条例》等法律法规规定，罗甸县住房和城乡建设局（以下简称罗甸县住建局）对城区内道路无障碍设施（盲道）负有管理和维护的职责，并于2021年5月20日向罗甸县住建局发出诉前检察建议，建议该局及时对城区的盲道等无障碍设施建设情况进行全面排查，对存在问题积极进行整改，保障残障人士出行安全。2021年7月19日，罗甸县住建局回复称部分路段已整改完毕，部分路段因客观原因暂不能整改，另有部分路段陆续安排整改中，预计2021年8月10日前整改完毕。罗甸县院分别于8月3日、8月11日实地跟进监督，发现东环路、河滨路、商业街等路段均未全面整改。8月13日，罗甸县院发函致罗甸县住建局，要求该局于8月16日前回复最新整改情况。8月25日，罗甸县住建局复函称已对县城内河滨南路、湖滨大道、兴华路等路段盲道进行全面整改，现已整改完毕。2021年9月6日，罗甸县院再次派员到现场勘查，发现东环路、河滨路、斛兴路等路段盲道仍然存在不连续、未避开障碍物、不同砖块混用等问题。同年9月14日，罗甸县院到罗甸县残疾人联合委员会（以下简称罗甸县残联）了解县域内盲人有关情况及盲道设施建设情况，罗甸县残联向罗甸县院提交了《关于县城区盲道建设使用中存在有关问题的建议》。9月15日-16日，罗甸县院联合罗甸县残联走访了县城区部分盲人，他们反映盲道上有许多障碍物、许多该铺设提示砖的地方没有铺设和一些地方盲道只铺了部分。9月17日、10月12日，又先后派员到上述路段进行现场勘查，发现盲道存在的问题依然没有整改，社会公共利益仍持续受到侵害。

【诉讼过程】

2021年10月13日，经层报贵州省人民检察院审批同意，罗甸县院按照行政诉讼集中管辖规定，向龙里县人民法院提起行政公益诉讼，请求判令：1.确认罗甸县住建局对辖区内多处盲道缺失、设置不合理等问题未依法全面履行监管职责的行为违法；2.罗甸县住建局继续采取有效措施对城区内问题盲道依法履行监管职责，保障视障群体的出行安全。

2021年11月29日，罗甸县住建局申请延期开庭，表示现已完成5条主干道无障碍通道改造，还剩8条路段盲道还未整改，已制定整改计划逐步推进整改，并致函罗甸县院要求撤回起诉。12月3日，罗甸县院联合县残联就罗甸县住建局履职情况、问题盲道整改效果、是否符合撤回起诉条件等问题进行公开听证，并邀请县人大代表、政协委员、律师代表、行政机关代表、盲人代表参加，听证员及盲人代表对罗甸县住建局采取有效措施对5条主干道盲道进行整改予以认可，但认为县城区内仍有8条问题盲道仍未能得到全面整改，残疾人出行交通安全隐患仍然存在，检察机关诉讼请求未能全部实现，不符合撤回起诉条件。

2022年3月31日，龙里县人民法院公开开庭审理本案，庭审围绕罗甸县住建局是否已依法全面履职展开辩论。罗甸县住建局辩称，已对主干道盲道问题进行整改，其余路段问题盲道在持续整改中。检察机关认为罗甸县住建局已部分履职，但未全面履职到位，法院完全采纳检察机关意见。于 2022 年 5 月 9 日依法判决：责令被告罗甸县住房和城乡建设局对审理查明的罗甸县城区内仍未整改的 8 条道路盲道 35 处问题自本判决生效之日起两个月内整改完毕。罗甸县住建局表示不上诉，正积极整改中。

同时，罗甸县院结合个案办理，与罗甸县残联、罗甸县住建局、罗甸县综合执法局联合会签《关于在残疾人权益保障公益诉讼中加强协作配合实施办法》，从信息共享、线索移送、联席会议、协同协作等方面作了具体规定，形成了对残疾人权益保护合力，从源头上筑牢残疾人权益保护机制。

【典型意义】

盲道建设是城市无障碍建设的重要组成部分，事关残疾人交通出行安全，进而影响残疾人其他权益保障。本案中，检察机关针对行政机关对盲道安全监管不到位的情形，在发出检察建议的同时，加强与当地残联协作配合，持续跟进监督。因行政机关未全面履职整改，依法提起行政公益诉讼，针对诉讼过程中行政机关申请延期开庭、要求撤回起诉的问题，检察机关通过公开听证让第三方参与评价整改效果，对诉讼请求未能全部实现的拒绝撤诉，继续通过诉讼判决督促问题盲道全面整改，建立完善工作机制，以公益诉讼职能作用助力溯源治理。

5. 上海市徐汇区人民检察院督促履行人行天桥无障碍设施建设监管职责行政公益诉讼案

【关键词】

行政公益诉讼诉前程序　　无障碍环境建设　　公开听证　　类案

监督

【要旨】

检察机关以改善人行天桥无障碍环境作为服务特定群体的切入点和着力点，充分发挥检察机关与政府部门之间的桥梁纽带作用，以公益诉讼督促、协同的特有功能，搭建公开听证、诉前磋商的平台，以"我管"促"都管"，合力推动无障碍设施建设。

【基本案情】

2021年初，上海市人民检察院在听取人大代表意见建议时，有代表提出了关于开展对人行天桥进行适应特定群体改造的建议。其中，徐汇区肇嘉浜路宛平路人行天桥未设置电梯，现有无障碍环境无法满足老、幼、病、残、孕等特定群体的出行需求。

【调查和督促履职】

上海市人民检察院在听取人大代表意见建议时了解到该线索，遂交办徐汇区人民检察院（以下简称徐汇区院），徐汇区院于2021年4月立案审查，通过实地勘察对全区18座人行天桥中7座应改未改的天桥进行了逐项分析，查摆原因，并向相关行政机关了解改建工程进展情况。其中，肇嘉浜路宛平路天桥地处徐家汇，南侧居民区密集，西北侧有徐家汇公园等城市公共设施，人流量较高。该天桥桥身高达十多米，仅设有步行上下楼梯，无法满足老、幼、病、残、孕等特定群体的出行需求。经查，虽然肇嘉浜路宛平路天桥已列入该区无障碍设施改造计划，但因天桥所在范围内市政管线错综复杂，周边地下有地铁、22万伏高压线及其他各类公用管线，若增设无障碍电梯必须对管线、绿化进行大规模改迁，施工难度大，故该天桥的改建工程迟迟没有进展。

根据《上海市无障碍环境建设与管理办法》第六条规定，住房城乡建设部门负责公共建筑、居住建筑、居住区无障碍设施工程建设活动的监督管理。因此徐汇区院在全面排查人行天桥的环境、交通和人流现状，系统梳理、研究无障碍环境建设相关法律规定后，与徐汇区建设和管理委员会开展多次诉前磋商，督促多部门协同履职，推动天桥无障碍设施改造进展。2021年6月2日，徐汇区院会同区建设和管理委员会召开全市首例无障碍设施检察公益诉讼公开听证会，邀请3名市人大代表担任听证员，同时邀请徐汇区市政管理中心和承担天桥设计工作的工程设计研究院参会，共商解决方案。徐汇区民政部门、残疾人联合会代表分别发表了意见。听证员围绕是否存在比加装电梯更优的无障碍通行方案、施工技术难点、推进改造工程需协调解决问题、设施运维的可持续性等问题开展评议。通过与会各方的动态论证，一致认可给人行天桥加装电梯是平衡兼顾桥下市区主干路快速通行与天桥附近人群便捷安全出行两类社会公共利益的最优选择，并最终形成了较为科学合理的"斜挂式升降平台+上下行自动扶梯"改造方案作为磋商结论。同时会议邀请市人大、市残联等10余家单位，以及18家检察机关公益诉讼部门参与旁听，积极推动全市一类问题的解决。

2021年9月6日，肇嘉浜路宛平路人行天桥改造工程取得了初步设计及概算批复，计划于2022年竣工。目前，区域绿化和南侧管线基本搬迁，天桥装饰部件和北侧旧楼梯段基本拆除，两侧钢楼梯基础施工均已完成。下一阶段，徐汇区院将针对辖区内3座符合改造条件但存在跨行政区划难点的人行天桥，积极探索与相邻检察机关开展跨行政区划办案，协同两区相关职能部门、企事业单位、社会组织共同推动区域无障碍环境建设。

【典型意义】

探索开展无障碍环境建设公益诉讼，是深入开展党史学习教育，坚持检察为民办实事的生动实践。规范的人行天桥无障碍设施建设，是保障特定群体平等参与社会生活、满足应急需求的标准配置，更是城市形象、品质的亮丽名片。本案中，检察机关认真落实人大代表提出的人行天桥适老性改造建议，通过诉前磋商和检察听证，在释法说理的基础上，推动各方协同履职，以科学论证的方式共同研究人行天桥改造的可行性方案，并以个案办理为契机，探索跨行政区划治理，推动当地行政部门激活创新"试验场"，将无障碍环境建设公益诉讼监督从"散点"到"条线"、从"局部"向"领域"推进，让检察公益诉讼和协同治理的成果更广泛惠及特定群体。

6. 浙江省建德市人民检察院督促健全120急救调度系统文字报警功能行政公益诉讼案

【关键词】

行政公益诉讼诉前程序　特定群体权益　120急救调度系统文字报警功能　公开听证

【要旨】

120急救调度系统因欠缺文字报警功能，听力障碍、言语障碍人士的自主呼救权益难以保障。检察机关积极履行公益诉讼职能，通过公开听证广泛听取意见，协同督促120急救调度系统功能优化，打通特定群体120急救报警渠道，助力信息无障碍环境共建共治共享。

【基本案情】

浙江省建德市医疗急救指挥中心是建德市域内负责医疗急救指挥调度的唯一机构，其使用的指挥调度系统仅具备普通来电、110联动、122联动等电话呼救功能，不具备文字信息报送和文字呼叫功能，无法满足听力障碍、言语障碍人士在紧急情况下的自主呼救需求，损害了社会公共利益。

【调查和督促履职】

2021年1月，浙江省建德市人民检察院（以下简称建德市院）收到群众反映线索，称辖区120急救调度系统仅能够接收电话呼救，对听力障碍、言语障碍群体自主报警造成客观障碍，生命健康安全难以有效保障，遂立案审查。建德市院赴建德市医疗急救指挥中心进行调查核实，查明该中心负责建德市域医疗急救指挥的统一调度工作，日常使用的急救调度系统"安克120院前调度系统V7.0标准版"仅具备普通来电、110联动、122联动等电话呼救功能，不具备文字报警功能，违反了《无障碍环境建设条例》第二十四条、《浙江省实施〈无障碍环境建设条例〉办法》第十七条第四款等规定。建德市卫生健康局（以下简称建德市卫健局）作为辖区医疗服务行业监督管理部门，存在未依法履职情形，致使社会公共利益受到侵害。

2021年1月27日，建德市院针对医疗急救系统增设文字信息报送和文字呼叫功能的必要性与完善路径问题，组织召开公开听证会，邀请残疾人联合会、老年人协会等社会组织代表，卫生、财政等有关职能部门以及人大代表、政协委员、人民监督员、无障碍环境建设专家等参会，各方充分发表意见建议，一致认为，120急救调度系统文字报警功能的建设是保障听力障碍、言语障碍群体及其家属生命健康权益的重要举措，完善医疗急救文字报警系统建设确有必要。听证会结束后，建德市院向建德市卫健局送达诉前检察建议，建议其督促建德市医疗急救指挥中心尽快完善呼救系统相关功能，切实保护特定群体合法权益。

2021年3月20日，建德市卫健局向检察机关作出书面回复，表示已积极联系调度系统设计研发公司完善软件开发，文字报警功能即将上线。同年4月1日，"互联急救"平台正式启动，建德市院邀请人大代表、医疗行业专家、特定群体代表等参与平台运行调试。经验收,"互联急救"目前已具备"一键呼救"的便捷操作功能,并能实时定位注册患者,有效提升调度救援效率,市民亦可通过发送文字内容至指定号码实现文字报警。

在本案办理基础上,浙江省杭州市人民检察院(以下简称杭州市院)指导区县检察机关对辖区其他八个医疗急救指挥中心进行排查,发现指挥调度系统不具备文字报警功能的情形具有普遍性。2021年5月18日,杭州市院与杭州市无障碍环境建设领导小组办公室联合召开协调会,邀请卫健、残联等相关职能部门参加,形成《杭州市一键急救及文字报警系统建设推进会议纪要》,明确由市卫健部门牵头制定全市医疗急救文字报警系统建设完善方案并组织实施。2021年7月9日,杭州市卫生健康委员会下发《关于做好杭州市推进一键急救及文字报警系统建设的通知》,要求各相关区、县(市)卫健部门切实推进医疗急救文字报警系统建设、投入使用及长效管理。截至2021年12月底,全市120急救调度系统均已具备文字报警功能。

【典型意义】

医疗急救等紧急呼叫系统文字报警功能是听力障碍、言语障碍等特定群体的应急保障。检察机关运用"公开听证+检察建议+评估验收"等方式,督促协同有关职能部门推动医疗急救调度系统完善文字报警功能。立足个案开展类案监督,推动全市120急救调度系统实现文字报警功能全覆盖,取得"办理一案,治理一片"的社会实效。

……

图书在版编目（CIP）数据

无障碍环境建设法适用指引／中国法制出版社编.—北京：中国法制出版社，2023.7
ISBN 978-7-5216-3617-8

Ⅰ.①无… Ⅱ.①中… Ⅲ.①残疾人-城市道路-城市建设-法律适用-中国②残疾人-城市公用设施-城市建设-法律适用-中国③残疾人住宅-城市建设-法律适用-中国 Ⅳ.①D922.182.35

中国国家版本馆 CIP 数据核字（2023）第 107810 号

责任编辑：白天园　　　　　　　　　　封面设计：杨鑫宇

无障碍环境建设法适用指引
WUZHANG'AI HUANJING JIANSHEFA SHIYONG ZHIYIN

编者／中国法制出版社
经销／新华书店
印刷／三河市紫恒印装有限公司
开本／880 毫米×1230 毫米　32 开　　　印张／9.25　字数／184 千
版次／2023 年 7 月第 1 版　　　　　　　2023 年 7 月第 1 次印刷

中国法制出版社出版
书号 ISBN 978-7-5216-3617-8　　　　　　　　　　定价：35.00 元

北京市西城区西便门西里甲 16 号西便门办公区
邮政编码：100053　　　　　　　　　　传真：010-63141600
网址：http://www.zgfzs.com　　　　　编辑部电话：010-63141792
市场营销部电话：010-63141793　　　　印务部电话：010-63141606

（如有印装质量问题，请与本社印务部联系。）